SOUVENIRS
ET
NOTES BIOGRAPHIQUES

PAR

DÉSIRÉ NISARD
DE L'ACADÉMIE FRANÇAISE

AVEC UN PORTRAIT GRAVÉ A L'EAU-FORTE

II

PARIS
CALMANN LÉVY, ÉDITEUR
RUE AUBER, 3, ET BOULEVARD DES ITALIENS, 15
A LA LIBRAIRIE NOUVELLE

1888

SOUVENIRS
ET
NOTES BIOGRAPHIQUES

II

CALMANN LÉVY, ÉDITEUR

OUVRAGES
DE
DÉSIRÉ NISARD
De l'Académie française

Format grand in-18

CONSIDÉRATIONS SUR LA RÉVOLUTION FRANÇAISE ET SUR NAPOLÉON Ier...............	1 vol.
LES QUATRE GRANDS HISTORIENS LATINS. — César, Salluste, Tite-Live, Tacite.............	1 —
NOUVEAUX MÉLANGES D'HISTOIRE ET DE LITTÉRATURE. — Louis XIV, Marie-Antoinette et Madame Élisabeth, Daniel Stern, Rubens, Sainte-Beuve, etc.................................	1 —
PORTRAITS ET ÉTUDES D'HISTOIRE LITTÉRAIRE. — La Littérature facile. — Victor Hugo, Lamartine, Armand Carrel, Lord Byron. — Le Procès de Marie Stuart, etc....................	1 —
RENAISSANCE ET RÉFORME. — Érasme, Thomas Morus, Mélanchton........................	2 —
SOUVENIRS DE VOYAGE. — France, Belgique, Prusse rhénane, Angleterre.................	2 —

Imprimeries réunies, B, rue Mignon, 2.

SOUVENIRS

ET
NOTES BIOGRAPHIQUES

PAR

DÉSIRÉ NISARD
DE L'ACADÉMIE FRANÇAISE

AVEC PORTRAIT GRAVÉ A L'EAU-FORTE

II

PARIS

CALMANN LÉVY, ÉDITEUR

ANCIENNE MAISON MICHEL LÉVY FRÈRES

3, RUE AUBER, 3

1888

Droits de reproduction et de traduction réservés.

SOUVENIRS ET NOTES BIOGRAPHIQUES

SECONDE PARTIE

CHAPITRE VI

Mes relations avec Sainte-Beuve et mes variations littéraires.

Occasion de ce chapitre. — I. Une épigramme et une injure. — II. Frédéric Dübner. — Que penser de l'ingratitude de l'Université de France envers Frédéric Dübner. — Une lettre de M. Delzons à Sainte-Beuve. — F. Dübner à la commission des livres, au Ministère de l'Instruction publique. — Ses procédés envers moi à propos d'un article que je publie sur l'éminent philologue hollandais, M. Cobet. — III. Commencement de mes relations avec Sainte-Beuve. — Le dîner aux Roches, à Bièvre, dans la maison de campagne de M. Bertin l'aîné. — Je loue dans le *Journal des Débats* les poésies de Sainte-Beuve. — Nous nous rencontrons au *National* sans nous rapprocher. — La publication de mes *Études de mœurs et de critique sur les poètes de la décadence latine* rend nos rapports encore plus réservés. — Sainte-Beuve croit s'y reconnaître. — Sa critique de l'ouvrage dans la *Revue des Deux Mondes*. — Papirius Enisus. — Où je suis de l'avis de mon juge. — IV. Opinion politique que me prête Sainte-Beuve. — Ma réponse. — Motifs auxquels il attribue ma fidélité à la cause de la tradition. — V. Mes variations en littérature. — Mes articles au *Journal des Débats*. — Duviquet. — Son office au journal. — A quel vers de

Racine il préfère toute l'œuvre de Victor Hugo. — Réserve de Saint-Marc Girardin, et franche opposition de Sylvestre de Sacy. — On me regarde comme un classique hérétique. — Plus tard je serai qualifié d'apostat. — Mes premiers dégoûts pour les nouveautés. — Quelle a été ma vraie et constante doctrine. — VI. A partir de 1852, nous nous rapprochons Sainte-Beuve et moi. — Nos sentiments communs pour le second Empire. — Nos dissidences. — *Causerie* du lundi 10 juin 1861. — Réflexions de Sainte-Beuve à propos d'un passage des articles de M. J.-J. Weiss sur mon *Histoire de la littérature française.*— Nous sommes appelés en même temps à l'École normale supérieure. — Sainte-Beuve maître de conférences. — Il reprend les *Causeries du lundi*. — Il est nommé au Sénat. — Conseil qu'il me donne pour y être nommé à mon tour. — VII. Son discours au Sénat sur les bibliothèques populaires. — Adresse des élèves de l'École normale supérieure à Sainte-Beuve.— Conséquences de cette démarche — Les élèves quittent l'école. — VIII. Sainte-Beuve modifie son jugement sur mon *Histoire de la littérature française.* — Il tombe malade. — Je lui fais demander si une visite de moi lui serait agréable. — Nous nous revoyons au Sénat. — Il y fait un nouveau discours qu'on refuse d'écouter. — IX. Mon opinion dernière et invariable sur l'œuvre critique de Sainte-Beuve.

Dans le tome XIe des *Nouveaux lundis* de Sainte-Beuve, à la suite d'un discours qui fut lu en son nom, à l'inauguration d'un monument élevé à Frédéric Dübner[1], une note explicative répond à des réclamations suscitées par un passage de ce discours. L'Université française y est accusée d'avoir fait mauvais accueil au savant allemand et à sa *Grammaire grecque*. A mon grand étonnement

1. Le 15 octobre 1868.

je me vois nommé dans cette note. « L'Université française, dit Sainte-Beuve, a bien des qualités; mais à la prendre par le haut, elle a toujours manqué essentiellement de générosité. Je le dis pour avoir connu de près ses chefs et ses héros, Cousin et Villemain, et au-dessous d'eux, Nisard. »

Sainte-Beuve est un écrivain si considérable, il a persuadé à tant de gens qu'il sait voir au fond des esprits et des œuvres, qu'un homme sur lequel il s'est trompé a bien le droit d'en appeler de son jugement au public.

C'est ce que j'entends faire dans les pages qu'on va lire. Je n'y oublie pas d'ailleurs que celui dont je me plains est mort, et qu'à certaines heures il m'a voulu du bien.

I

Il y a, dans la phrase que j'ai citée, une épigramme et une injure. L'épigramme serait méritée, s'il m'était jamais arrivé de laisser voir l'impardonnable prétention d'être égalé à MM. Cousin et Villemain. Non que je n'aie pensé, plus d'une fois, dans l'indépendance de mon goût, que la politique a beaucoup fait pour le crédit philosophique de M. Cousin et pour l'autorité littéraire de M. Villemain, et que le jour où elle leur retirerait sa faveur et ses illusions, on trouverait peut-être que l'invention a manqué au philosophe et la profondeur au critique. Mais avant de le dire tout haut, j'y aurais longtemps regardé. Quant à le dire, même tout bas, avec la pensée de m'élever moi-même de tous les degrés dont les aurait fait descendre le retour des choses, c'est un travers dont je ne prendrai pas la peine de me défendre. Laissons donc là l'épigramme. Je n'en avais pas besoin pour me mettre à ma place. C'est un trait comme en lance le vieux Priam ; il n'a pas touché le but.

Je ne prends pas si aisément mon parti de l'injure. Ce trait-là, je l'avoue, a porté. Ce serait une mauvaise compagnie pour ma vieillesse, qu'une conscience qui me reprocherait d'avoir manqué de générosité, alors que la générosité n'était que de la justice. Quand M. Villemain fut rétabli du grand trouble d'esprit qui l'avait éloigné des affaires en 1845, et qu'il eut repris son train de vie accoutumé, un de ses propos habituels aux gens qu'il rencontrait, était « qu'il aurait pu leur faire du bien. » Je ne veux pas avoir à me dire à moi-même ni à m'entendre dire qu'en fait de justice, je n'ai pas voulu, dans ma vie publique, tout ce que j'ai pu. Je repousse donc l'injure. Mais comment prouver qu'on n'a pas été généreux? Ah! le coup est bien habile quand on met un homme dans l'impossibilité de se défendre sans se vanter. Aussi ne me défendrai-je pas. Qu'il me suffise de dire que si Sainte-Beuve eût trouvé l'Université tout entière d'accord avec lui pour me mettre, en fait d'esprit, *au-dessous* de MM. Cousin et Villemain, il n'eût trouvé personne pour me mettre, en fait de générosité, à leur niveau.

Je ferai quelque chose de plus commode et de plus selon mon goût que mon propre éloge. Je dirai ce qui m'a valu cette boutade du célèbre écrivain. Chemin faisant, je raconterai mes relations avec lui, et j'expliquerai, en manière d'addition à ces *Notes biographiques,* quelles ont été mes *variations* en littérature.

Parlons d'abord du personnage qui a été l'occasion de tout ceci. Ce personnage, c'est l'Allemand Dübner envers lequel, au dire de son panégyriste, l'Université française n'aurait pas été généreuse. Quelle part ai-je méritée dans le reproche adressé à tous? Qu'ai-je été pour Dübner? Qu'a-t-il été pour moi?

II

C'est vers 1858 que je fis sa connaissance. Je le rencontrais de loin en loin à la librairie Didot, où il travaillait si efficacement à la belle collection des auteurs grecs. Je savais d'ailleurs avec tout le monde en quelle estime le tenaient les hellénistes. Son air de bonhomie m'attirait. Beaucoup de tabac sur ses habits, un peu d'encre à ses doigts n'y gâtaient rien. C'était la toilette du travailleur. Il venait me voir; il voulait bien quelquefois partager mon déjeuner; il lui arriva même un jour d'en apporter le dessert, cueilli le matin aux treilles de son petit jardin de Montreuil.

Je trouvais si beau qu'il traduisît le grec à livre ouvert, que je lui demandai un jour de m'en rendre témoin. Il s'y prêta de la meilleure grâce. Je pris un Homère, et lui indiquai un passage que j'avais lu et relu à loisir, avec tous les secours, et que je croyais bien entendre. Il m'en donna couramment la traduction. Nous causâmes du morceau, et du divin poète. Il n'y a pas besoin d'exagérer le mérite d'un savant qui en avait tant. Pour l'exactitude, l'explication verbale, la notion de chaque mot, c'était merveilleux. Mais pour le sentiment, il me sembla qu'il n'eût pas expliqué d'une autre façon un morceau d'Apollonius de Rhodes. Je me mis à commenter le passage à la manière française. Quand j'eus fini, Dübner me dit : « Pour que le grec ait tout son prix, il y faut l'explication philologique allemande et le commentaire français. » Je ne poussai pas la modestie jusqu'à n'être pas de son avis.

En dépit de ces bonnes apparences, il n'y avait entre nous d'autre lien que « l'amour du grec ». Pour mon compte, je ne pensai jamais à aller plus loin. Il y avait trop d'obscurités dans le personnage. Je ne savais quel était au fond ce bonhomme officieux, obséquieux, toujours prêt à donner du Monseigneur aux gens[1]. Obséquiosité et médisance sont sœurs. Je le soupçonnais de dire du mal de notre Université à l'oreille de l'enseignement libre.

---

1. C'est le faible des savants de son pays. Témoin ce mot du célèbre Hase à un domestique du marquis de Fortia d'Urban. « Vous êtes un des serviteurs de M. le marquis? — Oui, monsieur. — Cela fait autant d'honneur au serviteur qu'au maître. »

Mais tel est l'attrait du vrai mérite, que, sauf l'amitié, tout ce qui est bon sentiment, je l'eus pour Dübner. Je faisais le plus grand cas de ses travaux, et je ne manquais aucune occasion d'en parler avec éloge. J'étais d'avis que l'Université lui ouvrît ses rangs. A défaut d'une des places qui se donnent aux grades, je voulais que, soit par voie d'équivalence, soit autrement, elle s'adjoignît un tel auxiliaire. Je le dis à plusieurs reprises aux ministres d'alors; je louais sa vie si laborieuse, ses services si utiles aux études classiques et si peu rétribués. Je priai Dübner de m'y aider, et de s'y aider lui-même, en parlant avec moins d'âpreté des livres et des méthodes de l'Université. Par malheur il n'en faisait rien, et il ne pardonnait pas à nos auteurs de livres de classe de faire concurrence aux siens. Je ne suis donc pas surpris qu'il ne trouvât pas faveur dans les bureaux, défenseurs naturels de ces livres, et qu'entre les illustrations de l'Université française et l'étranger qui les attaquait, on n'y prît pas le parti de l'étranger.

Sur cette querelle entre l'Université et Dübner, la vérité vraie, la vérité sans contradiction possible, est dans une remarquable lettre qu'écrivit à Sainte-

Beuve, à l'occasion de son discours funèbre, et pour en rectifier les insinuations anti-universitaires, Delzons, enlevé prématurément à l'Université et à la haute critique verbale, le « modèle des humanistes », dit avec raison Sainte-Beuve, le modèle de l'honnête homme, disent avec regret tous ceux qui l'ont connu. Philologue de la sévère école française, avec la précision, la finesse, le goût délicat de l'écrivain, il connaissait à fond Dübner, pour avoir pratiqué l'homme et ses œuvres. Nul n'était plus compétent pour décider entre l'Université et son ardent contradicteur[1]. Sainte-Beuve n'a cité qu'une seule phrase de la lettre de Delzons, qu'il a d'ailleurs louée en gros. Il n'avait qu'une manière de la louer dignement, c'était d'amender son discours et de ne pas y ajouter de note explicative.

Voici cette lettre[2] :

1. C'est à Delzons que la maison Didot a demandé de terminer le tome II de l'*Anthologie grecque* commencée par Dübner, et de beaucoup le meilleur des travaux de ce savant, parce qu'il a été achevé par Delzons.

2. J'en dois la communication à un ami de Delzons, un philologue aussi et un humaniste de cette école, mais heureusement pour nous, craignant moins de se faire imprimer, M. Jacquinet, auteur d'un livre très distingué sur les prédicateurs du commencement du xviie siècle.

« Monsieur,

« Je viens de lire le discours ingénieux et touchant que vous avez écrit pour l'inauguration du monument de Fr. Dübner, et dans lequel vous avez si délicatement honoré et poétisé sa mémoire. Comme admirateur, et jusqu'à un certain point élève et ami de ce laborieux et savant homme, je me fais un devoir de vous témoigner le sentiment de plaisir et de véritable reconnaissance que j'ai éprouvé à la lecture de ce digne éloge funèbre. Je n'avais pas pu l'entendre avant-hier, retenu que j'étais ici par mon service. Les pages du *Moniteur* dédommageront comme moi tous les amis de Dübner qui manquaient autour de son tombeau.

« En lisant ces pages charmantes, je n'ai qu'un regret, Monsieur, c'est que vous ayez cru devoir rappeler les tristes débats que Dübner a provoqués et soutenus pour sa grammaire et pour sa prétendue réforme de l'enseignement. L'Université n'a pas besoin d'être défendue à ce sujet, et je ne parle pas, Dieu merci, par esprit de corps. Mais je suis maintenant assez au fait de toute cette histoire pour ne pas craindre de dire que Dübner a commis dans sa vie deux grandes maladresses : la première, d'entreprendre dans des conditions très défavorables de fonder un pensionnat libre; l'autre, d'écrire en français une grammaire grecque, et de croire qu'il avait là une panacée pour tous les vices de l'enseignement classique en France. Pour ne parler que de cette seconde erreur, je crois que la grammaire grecque de Dübner est en effet un ouvrage manqué, malgré des parties très estimables, un livre mal accommodé à l'esprit soit de nos maîtres, soit de nos élèves, et qui, enfin, ne méritait pas tout le bruit qu'il en a fait ; comme aussi l'intérêt de son débit n'autorisait pas les attaques passionnées et intéressées auxquelles il s'est laissé entraîner contre l'ouvrage de M. Burnouf, sans égard pour les travaux et les services eminents de ce maître si solidement savant, si dévoué aux lettres, et qui avait donné une si heureuse impulsion aux études grammaticales dans notre Université

« Dübner a été injuste envers M. Burnouf, comme il l'avait été auparavant envers M. Le Clerc. Il était cependant lui-même bon et simple de cœur ; mais ses préjugés d'Allemand, les illusions produites par la loi de 1850, puis par le système de M. Fortoul, et surtout les excitations de quelques gens ennemis du parti de l'Université, ou de certains universitaires déclassés, lui firent alors faire fausse route, le piquèrent à un jeu peu digne de lui, et à la fin troublèrent son jugement et aigrirent son caractère. On peut lui appliquer le mot de Tite-Live sur Caton : *Simultates nimis plures exercuerunt eum, et ipse exercuit eas.* Une fois en lutte avec l'Université comme maître de pension, et avec les librairies classiques comme auteur d'une grammaire et éditeur de petits livres, il s'écarta de plus en plus de sa voie naturelle et se fit imprudemment homme de parti et de spéculation. Mais il n'était homme à réussir que pour le bénéfice d'autrui et ne travaillait que pour de plus habiles. Sa malheureuse grammaire n'a eu de succès qu'en Belgique, remaniée par un associé ; en France, il n'a pu la débiter, même dans les séminaires et les établissements libres. Au lieu de la mettre modestement à l'épreuve en vue de l'améliorer, de l'approprier et de la rendre plus commode, il a voulu tout d'abord l'imposer à l'opinion et à l'enseignement ; pour cela, il a eu recours à des moyens fâcheux ; il a été (j'en ai les preuves en main) jusqu'à payer des drôles de la presse pour *battre la caisse* en l'honneur de son livre et des réformes chimériques qu'il y rattachait. Les saltimbanques empochaient l'argent du pauvre homme et se moquaient de lui.

« Voilà, Monsieur, la vérité, et je pourrais vous en dire bien plus long. Non, l'Université, ni en corps, ni en particulier, n'a repoussé M. Dübner. Si quelques professeurs, engagés dans les intérêts d'une librairie ou d'un journal, ont écrit contre lui, il en a lui-même attaqué et maltraité bien d'autres, soit publiquement, soit par des notes fournies sous main pour des articles malveillants, soit dans ses rapports à la commission d'examen des livres classiques. Sa polémique était souvent acerbe, et il faisait sévèrement (je suis loin de l'en blâmer) son office de Rhadamanthe pédagogique.

« Ce dernier emploi lui avait enfin mis un pied dans l'Université, et il ne lui aurait pas été difficile d'y entrer plus tôt et d'y faire son chemin, je ne dis pas dans l'enseignement des collèges, mais à l'École Normale; de là peut-être au Collège de France ou à la Sorbonne, et ainsi d'arriver jusqu'à l'Institut, où il aurait été si utile pour ses grandes publications de textes. L'Université, qui a possédé quelque temps M. de Sinner, M. Fix et d'autres étrangers encore, et qui ne s'est pas privée volontairement de leurs services, aurait aussi volontiers payé ceux de M. Dübner, s'il avait voulu être juste pour elle, au lieu de faire cause ordinairement avec ses adversaires les plus violents et les plus aveugles. En cela il a, selon moi, tout à fait manqué du jugement et du plus simple esprit de conduite. C'est qu'avec de très grands mérites Dübner n'était pas un homme supérieur. Correcteur et réviseur universel et infatigable plutôt que critique consommé; ouvrier incomparable, mais qui n'a jamais pu passer maître parce qu'il s'était trop asservi aux commandes et aux exigences des libraires; trop livré à un parti très peu libéral, trop acoquiné à des gens de lettres infiniment au-dessous de lui et qui exploitaient son faible; trop adonné, enfin, à une habitude de gagner sa vie de tous côtés, à une sorte de πολυπραγμοσύνη philologique, de βαναυσία littéraire, qui a nui beaucoup à son indépendance, à sa liberté d'esprit et un peu à sa considération..... Où est le tort de l'Université là-dedans? Vous qui savez si bien, Monsieur, voir le fond des choses et apprécier les personnes, je regrette que vous n'ayez pas mieux aimé tirer complètement le rideau sur ces querelles où Dübner ne s'est guère fait honneur, où il a perdu beaucoup de temps et d'argent, pour le seul résultat de blesser quelques marchands de livres. Belle occupation d'un interprète de Virgile, d'Horace, de Tacite et de saint Augustin!

« C'est à vous seul, Monsieur, que j'envoie cette simple protestation pour l'Université, ou plutôt pour ce que je crois être la vérité; je ne m'adresse point au public. Mais je serais heureux si vous vouliez bien, quand vous réimprimerez dans vos œuvres les pages du *Moniteur,* atténuer et réduire à des termes plus équitables et plus conciliants une imputation que l'Université ne mérite pas. Ses chefs et ses membres en général n'ont jamais eu que de l'estime et de bons sentiments pour M. Dübner; c'est bien lui qui s'est fait tort et qui a compromis ses véritables intérêts en s'abandonnant mal à propos contre elle à une humeur caustique à laquelle manquaient l'esprit de discernement, le bon goût et la mesure.

« J'ose espérer, Monsieur, que vous verrez dans ces observations un acte de bonne foi, sans nulle intention critique. J'ai toujours aimé et honoré les grands talents de Dübner et il a eu bien justement, selon moi, cet autre bonheur, dont vous n'avez point parlé, d'être goûté de son vivant et loué après sa mort par un homme tel que vous.

« Daignez agréer la nouvelle assurance du profond respect avec lequel j'ai l'honneur d'être, Monsieur,

« Votre très humble et très dévoué serviteur,

« DELZONS,

« Professeur de seconde au lycée Saint-Louis. »

Paris, 15 octobre 1868.

Je n'avais pas laissé que d'obtenir à la fin quelque chose pour Dübner. Ce n'était qu'une marque d'estime, mais elle pouvait en amener d'autres plus fructueuses. Il y avait alors au Ministère de l'Instruction publique une commission d'examen des livres classiques. Supprimée depuis, parce qu'elle avait le triple tort d'exister, d'être légale, et de rendre des services, cette institution était assez bien famée pour tenter les ambitions honnêtes. J'ai vu siéger dans la commission d'examen, à côté des plus éminents universitaires, le savant abbé Cruice, directeur de l'École des Carmes, mort évêque de Marseille, le profond et ingénieux chimiste Berthelot, le mathématicien Bienaimé, membre de l'Institut. J'y ai entendu la plus noble des victimes de la Commune, Mgr Darboy, lire d'excellents rapports sur de petits

livres écrits pour nos écoles. Mon illustre confrère,
M. Dumas, présidait la commission. Je la présidais moi-même en son abence. Je proposai au
ministre de cette époque, M. Rouland, de nous
adjoindre M. Dübner. M. Rouland avait deux
grandes qualités, les deux qualités d'obligation
pour tout ministre de l'Instruction publique : il
touchait peu aux choses, et il était bienveillant
pour les personnes. Dübner fut nommé. Bien qu'il
eût beaucoup médit de la maison, notre Allemand
était fort aise d'y avoir un pied.

On lui renvoyait tout ce qui concernait les études
grecques, et ses rapports, très bien motivés, passaient sans objection. J'ignore s'il lui arriva de
faire porter à quelque grammaire du cru universitaire la peine de ses anciennes rancunes; Delzons semble l'avoir cru, et s'il l'a dit, c'est qu'il
avait ses raisons pour le croire. En tout cas, la
commission ne s'en aperçut pas, tant la compétence de Dübner en ces matières prévenait favorablement ses collègues, et tant ses motifs étaient
plausibles. Pour mon compte, j'y avais la plus
grande confiance, et plus d'une fois, en mettant
aux voix ses conclusions, j'accompagnai le nom
du rapporteur d'une épithète flatteuse, qui n'était

point contredite. Il me paraissait que nous faisions acte de courtoisie française envers un savant étranger, l'hôte de notre pays.

Après plusieurs années de relations de cette sorte où, de mon côté, tout avait été bon office et bonne volonté, je laisse à juger si je devais m'attendre à ce qui vint y mettre fin.

Au retour d'une excursion en Hollande dans l'automne de 1864, j'avais publié au *Journal officiel* un article dont la Hollande n'était que l'occasion, et dont le sujet véritable était l'éminent philologue M. Cobet, professeur à l'université de Leyde. Voulant être agréable à la fois à la philologie et à l'un de ses plus célèbres représentants, j'avais tenu à être exact, et surtout à éviter ces louanges banales qui ne sont guère moins désobligeantes que les critiques. Aussi avais-je consulté à Leyde même, sur l'opinion qu'on s'y faisait de M. Cobet, sur sa méthode, sur son tour d'esprit, sur les effets de son enseignement, un de ses anciens collègues, bibliothécaire de l'Université, habile philologue lui-même, et ami très particulier de M. Cobet. Tout ce qui était renseignement venait de lui. Je n'avais en propre, dans mon article, que la mise en œuvre, et quelques impressions personnelles qui m'étaient restées d'une trop courte visite à M. Cobet. Inutile de dire qu'il n'avait rien su de mon projet, et que j'étais convenu avec son ami de garder le secret sur mes autorités.

Qui fut le premier à me faire compliment de l'article? Ce fut Dübner. Il n'y était pourtant ni nommé ni indiqué même par allusion. Il m'écrivit non pas un billet, mais une longue lettre, *grandis epistola*, où l'éloge débordait. Je connaissais l'humeur de l'homme. J'en laissai donc beaucoup plus que je n'en pris. Je le vis quelques jours après. Il renchérit sur sa lettre par le commentaire qu'il m'en fit. A l'entendre, il n'y avait pas de remerciements trop forts pour « l'éminent service » que je venais de rendre à la philologie. Tout en faisant le décompte de ce qu'il y a d'obséquieux dans la civilité allemande, peut-être pouvais-je, sur le témoignage d'un si bon juge, me flatter de n'avoir pas désobligé les philologues.

C'est en plein échange de ces compliments et de ces remerciements que l'incident le plus inattendu me fit voir le fond de l'homme. Je présidais une séance de la commission d'examen des livres classiques, et je venais d'y mettre aux voix, avec accompagnement de paroles flatteuses, un excellent rapport de Dübner. A ce moment, un de nos collègues me fait passer un billet. Je l'ouvre, et qu'y vois-je? un fragment de lettre où je reconnais tout aussitôt l'écriture très caractéristique de Dübner et sa signature. Il y parlait de moi et de mon article dans les termes les plus dédaigneux. J'étais un intrus qui s'aventurait sur un terrain inconnu, un bel esprit qui eût mieux fait de rester à ses phrases, etc. C'étaient, en sens contraire, les broderies de la lettre de compliment. Je vis enfin à qui j'avais affaire, et la première fois que l'honnête Allemand m'aborda, avec cette effusion de saluts propre à sa nation, je lui tournai le dos.

Voilà un trait du personnage dont Sainte-Beuve s'est fait le champion contre l'Université française. S'il était vrai que celle-ci eût manqué de générosité envers Dübner, il faut avouer qu'elle n'aurait pas été si mal avisée. Car quelle apparence que dans un homme capable de tels procédés il n'y eût pas l'étoffe d'un ingrat?

III

Je ne puis dire ni à quelle époque ni dans quelle circonstance mes relations avec Sainte-

Beuve ont commencé. Si je m'en fie à sa mémoire, beaucoup plus sûre que la mienne, nous aurions assisté lui et moi, dans l'été de 1828, à un dîner que donnait M. Bertin l'ainé dans son aimable maison des Roches, à Bièvre[1]. Toute la rédaction du *Journal des Débats* n'avait pas été conviée. Il y manquait les deux plumes les plus notables, Saint-Marc Girardin et de Sacy. Le motif de leur absence, si j'en crois Sainte-Beuve, c'est que le dîner était donné pour quelques écrivains de la nouvelle école que M. Bertin songeait à attirer au journal. Sainte-Beuve y avait de droit une des premières places. Quant à moi, on me savait de l'inclination pour les novateurs; c'est pour cela que j'étais de la fête. Par la raison contraire, on n'avait pas voulu faire dîner en compagnie suspecte Saint-Marc Girardin et de Sacy, qui s'étaient tenus jusqu'alors dans une froide réserve à l'égard des nouveaux poètes.

Je ne me rappelle ni ce qui se passa, ni ce qui se dit à ce dîner de conjurés romantiques, ni si nous y échangeâmes, Sainte-Beuve et moi, autre chose que des civilités. Ce que je sais certaine-

---

1. *Nouveaux Lundis*, t. III.

ment, c'est que dans le numéro du *Journal des Débats* du 9 mai 1830, je faisais l'éloge du poète des *Consolations*. Il était fort malmené dans le camp classique ; on ne lui ménageait pas les gros mots. J'en trouve la preuve dans ce passage de mon article, où, prenant la défense du poète insulté, j'accusais les insulteurs du péché d'envie. « N'est-il pas triste, disais-je, quand on vient de lire de si beaux vers, de penser que le poète qui les a faits est injurié tous les jours par la critique subalterne? » Puis, ne nommant pas les gens, mais ne les cachant guère, je parlais des « écrivains qui ont trouvé moyen de surprendre au public une fortune, un rang et quelque chose comme un nom, et qui, au lieu de couver discrètement leur bien-être, et de jouir en silence du malentendu qui les a faits riches et influents, écrivent des pamphlets contre les jeunes qui ont du talent et qui sont pauvres. »

Qu'on ne croie pas que je me complaise à ces citations. La vérité, si vérité il y a, n'eût rien perdu à être dite en termes moins acerbes. Je donne là, à mes risques et périls, un spécimen de la polémique littéraire d'alors. Il est vrai que je défendais le poète des *Consolations* et que celui qu'on attaquait, c'était l'auteur des *Poésies de Joseph Delorme.* Or il y a une grande différence entre les deux recueils. Tous les défauts de la nouvelle poésie abondent dans le *Joseph Delorme :* coupes capricieuses, enjambements voulus, vers disloqués sous prétexte d'être plus libres d'allure, rimes enrichies aux dépens du sens, chevilles au premier vers, pour amener l'effet du second, tout cela s'y étale, s'y donne à voir avec des airs provocants. C'est, par moments, moins un recueil de poésies qu'un manifeste rimé de la nouvelle école.

Très supérieures aux *Poésies de Joseph Delorme*, les *Consolations* sont une œuvre de poète. En plus d'une pièce, l'auteur, vraiment touché, oublie sa poétique. En appelant les connaisseurs à la défense du poète des *Consolations*, je lui rendais donc à la fois justice et service.

J'eus sans doute de lui quelque lettre de remerciement. Mais s'il m'écrivit, ce fut tout. Nous n'allâmes pas plus avant. C'est par les détails biographiques, publiés après sa mort, que j'ai su où il demeurait à cette époque. De son côté, il ne connut jamais la petite chambre que j'habitais rue du Battoir Saint-André-des-Arcs. D'humeur peu endurante à l'endroit de la critique, qui peut dire s'il ne m'en voulait pas plus de mes réserves qu'il n'agréait mes louanges? Une autre raison, et peut-être est-ce la plus vraie, rendait une liaison difficile entre Sainte-Beuve et moi. Je n'avais pas voulu m'affilier au *Cénacle*, au seul titre qui m'y eût bien fait accueillir, celui d'admirateur sans réserve. J'aimais la nouvelle école, mais je n'aimais pas les amitiés qui se forment de caresses échangées entre des vanités. Je vivais à part, avec les idées plus qu'avec les personnes. On voulut m'attirer, m'engager ; je résistai, et si j'eus quelque mérite à défendre des poètes d'un grand talent contre des jalousies de métier, ce mérite est pur de toute complaisance de salon comme de tout esprit de camaraderie.

Rien ne m'est resté de mes rencontres avec Sainte-Beuve, au *National*, où je le trouvai, à la fin de 1831, quand Armand Carrel m'y attira [1]. Il y travailla fort peu, et je n'ai pas souvenir qu'il y ait rien fait d'éclatant. Son passage au *National* fut une de ces courtes pérégrinations qu'il confesse si loyalement avoir faites aux pays des opinions les plus diverses. Il y resta, jusqu'en 1834, sans s'y

1. Voir, tome Ier, le chapitre sur mon passage du *Journal des Débats* au *National*.

établir, sentant bien que là où il y avait un chef si prépondérant et si dominant, il y avait dépendance; et il quitta le *National*, « y ayant, dit-il, rendu quelques services qui ne furent pas toujours très bien reconnus[1]. »

Nous nous trouvâmes donc séparés avant de nous être, à proprement parler, rapprochés. Chacun suivit sa voie. J'ignore ce qu'il avait pu penser du *Manifeste contre la littérature facile*. Au meilleur temps de nos relations, je fus tenté de le lui demander, et, à l'occasion, de m'éclairer sur l'opinion qu'il s'était faite de moi depuis notre première rencontre chez M. Bertin. Mais je ne l'osai pas, le croyant peu d'humeur à aimer les ouvertures de ce genre et à y répondre.

La publication des *Études de mœurs et de critique sur les poètes latins de la décadence* nous eût brouillés, si nous avions été liés. Elle ne fit que rendre plus froide notre commune réserve. Dans ce livre, je rompais sans retour avec la nouvelle école. Militante, j'avais été de ses défenseurs; triomphante et portant à ses contradicteurs des coups qui atteignaient, par-dessus leur tête, nos

---

1. *Ma biographie.*

plus grandes figures littéraires, je craignis son influence sur l'esprit français, et je courus à la défense de la doctrine classique décriée. Les novateurs avaient pris les mœurs que donne le succès dans notre pays, où tout succès est une mode. Ils formaient une société défensive et offensive. Tous portaient secours à chacun. Ils avaient des soirées plus semblables à des conciliabules qu'à des réunions mondaines. On y lisait des vers devant la cheminée, et l'on y resserrait l'union en maltraitant l'ennemi commun.

Dans mes recherches sur les poètes de la décadence latine, j'avais retrouvé quelques traits des mêmes mœurs. Il y avait aussi un cénacle au temps des Césars. Stace en était le héros. Les défauts de la nouvelle école m'apparaissaient comme de vieux défauts renouvelés des Romains de l'empire. Je croyais voir des ressemblances frappantes entre les astres des deux pléiades. De tout cela, j'avais fait non le fond, mais le but d'application de mon livre, m'aidant d'une époque pour expliquer l'autre, et de nos Français pour peindre les Latins. Je ne cache pas qu'en plus d'un endroit je dépassais la liberté de l'allusion. Tel qui avait battu des mains aux lectures du cénacle français, pouvait se persuader que je l'avais reconnu, à dix-sept cents ans de là, parmi les applaudisseurs du cénacle de Stace.

Sainte-Beuve crut-il se reconnaître dans un de ces portraits[1]? Il n'est ni Passiénus Paulus, ni Capiton, ni Régulus, ni Crispinus. Voulut-il se voir dans Sextius Augurinus, ce jeune Gaulois aux cheveux blonds, qui, de tous les auditeurs de Stace, est celui qui prend le plus au sérieux son devoir d'entendre et d'applaudir, et qui croit que les muses l'en récompenseront par des inspirations heureuses? Otez de ce portrait les cheveux blonds, comme les avait Sainte-Beuve aux beaux temps du cénacle, quel rapport y a-t-il entre cette figure indécise et lui? Rien donc dans le livre n'était à son adresse. Mais à la façon dont il le prit avec moi, je vis que s'il ne se reconnaissait personnellement dans aucun de mes portraits, il pouvait croire qu'il avait un peu posé pour tous.

Un article qu'il fit paraître en novembre 1836, dans la *Revue des Deux Mondes*, sur mes *Poètes latins* ne me laissa aucun doute à cet égard. Une note signée de la direction, au bas de la première

---

1. Voir les *Études etc.*, t. Ier, 2e partie, *Stace, ou les lectures publiques*.

page, contenait ce qui suit : « Il n'avait jamais été écrit, y est il dit, « d'appréciation d'aucun des « ouvrages de M. Nisard. Une telle omission à l'é-« gard d'un écrivain aussi en crédit devant cesser, « et lui-même étant en droit de s'en plaindre, nous « nous sommes naturellement adressés à M. Sainte-« Beuve, qui n'a pas été sans hésiter à prendre « cette tâche. Il n'a pu satisfaire à notre demande « que par le morceau suivant, que nous insérons « en faisant remarquer que c'est en quelque sorte « une réponse faite au nom de l'école des poètes « aux critiques et aux doctrines d'un adver-« saire. » Je ne pouvais être averti plus honnêtement des surprises que me ménageait l'article.

J'avais, dans mes *Poètes latins*, habillé à la française des Romains de l'empire. Sainte-Beuve, dans son article, me rendait la pareille en m'habillant moi-même à la romaine. Sous sa plume piquante, j'étais devenu un certain Papirius Enisus. Je vivais à Rome au temps de Perse. Ce poète, que j'avais attaqué, s'en était vengé en me notant « d'un vers obscur mais pressant », comme un critique archaïque, d'abord admirateur d'Attius et de Pacuvius, qui ne gagnant rien à les célébrer, avait porté ses admirations ailleurs. Ainsi c'est par intérêt que Papirius Enisus change d'admirations. Je veux bien croire que Sainte-Beuve l'entendait d'un intérêt de mobilité ou d'amour-propre. En tout cas, bien que nommé presqu'en toutes lettres, je ne me reconnus pas dans ce portrait. Je dirai plus loin pourquoi.

En revanche, que de traits justes dans ce que disait Sainte-Beuve de ma manière d'écrire de ce temps-là! Je ne suis pas venu jusqu'à ce jour, Dieu merci, pour en être d'accord avec lui, et j'en garde à sa mémoire, même après ses dernières injustices, une sincère reconnaissance. Une phrase résumait le tout. « En ce livre des *Poètes latins*, disait Sainte-Beuve, comme en ses autres écrits, M. Nisard n'évite pas plus d'un défaut de l'école, tout en s'élevant contre les écoles. Il parle au nom du sens et du goût avec instruction, esprit et talent, mais avec une certaine emphase; avec conviction, mais avec la conviction d'un avocat qui plaide sans doute sa cause parce qu'il la croit juste, mais qui la plaide sur un plus haut ton parce qu'elle est sa cause. »

Tout d'abord je me rebiffai bien un peu contre le reproche d'emphase, ne trouvant pas en moi, même quand je me dis mes plus dures vérités, la passion de paraître qui donne l'emphase au style ou à la parole. Quant à la « conviction d'un avocat », quelle disgrâce pour moi de m'en être attiré le reproche, à propos d'un livre où, s'il m'était permis de noter « mon plus bel endroit », je citerais ce que j'ai écrit contre les avocats[1] !

Tout en maugréant contre quelques traits où Sainte-Beuve n'avait pas tenu à être juste, je finis tout doucement par être de son avis sur le reste. Si je regimbais contre « l'emphase », j'étais bien près de convenir de la surabondance, péché ordinaire des écrits de jeunesse. La preuve en est que m'étant décidé, non sans hésitation, à réimprimer mes *Études sur les poètes latins,* je donnai publiquement raison à Sainte-Beuve, en déclarant, dans la préface, que j'avais nettoyé « la seconde édition des plus gros défauts de la première. » En vain quelques bons juges, à qui n'avait pas déplu le trop de jeunesse du livre, ont-ils voulu me faire regretter plus d'une rature selon eux immodérée, et m'ont blâmé d'avoir puni mon livre du plus pardonnable de tous les péchés; ce qui est ef-

---

1. Voir t. Ier, au chapitre *Martial*, le paragraphe sur *les avocats, les architectes et les crieurs publics.*

facé l'est justement, et j'en demeure obligé à
Sainte-Beuve.

IV.

Aux critiques littéraires l'article mêlait quelques
appréciations sur ma personne. Sainte-Beuve m'y
prêtait un passé de son invention, et des mobiles
de conduite où sa sagacité, quoique dès ce temps-
là, si sûre, lui avait fait défaut. Je m'en plaignis
dans une lettre au directeur de la *Revue des Deux
Mondes*[1], et j'y rétablis la vérité. J'avais à me défendre sur deux chefs, mes opinions politiques au
collège, et les prétendus calculs d'ambition littéraire qui m'avaient amené à me faire le défenseur
agressif de la tradition contre la nouvelle école.
C'était le cas du Papirius Enisus de tout à
l'heure.

Que dire de mes opinions politiques de collège!
Ces mots-là ne jurent ils pas ensemble? A qui importe-t-il de savoir quelle avait été, de 1821 à
1825, la politique d'un jeune provincial venu de

---

1. Numéro du 15 novembre 1836.

son collège à Paris pour y refaire ses études?
Aussi n'est-ce point pour moi que j'en parle,
mais par considération pour la gravité de mon censeur. Puisqu'il attribuait à mes dix-huit ans une
opinion politique, encore ne fallait-il pas l'aller
chercher à l'opposé de celle que je professais.

« Elevé à la Sainte-Barbe-Nicolle, disait
Sainte-Beuve, M. Nisard n'avait pas été nourri
à haïr la Restauration. » Si je l'entends bien, cela
veut dire qu'ayant été « nourri au collège à ne
pas haïr la Restauration », au sortir du collège je
n'avais pas été loin de l'aimer. Or, de 1828 à
1831, le *Journal des Débats* avait inséré plus d'une
colonne de ma prose contre le gouvernement de la
Restauration. J'aurais donc ajouté au tort de varier en littérature celui d'avoir pensé le pour et le
contre au sujet de la Restauration.

Le vrai, je l'ai dit dans ce passage de ma lettre
au directeur de la *Revue des Deux Mondes*, où je répondais aux assertions de Sainte-Beuve. « Comment ne pas rappeler, écrivais-je, qu'à Sainte-
Barbe-Nicolle la vivacité de mes opinions m'avait
fait donner le sobriquet de *la Patrie;* que, fils d'un
homme resté fidèle à l'empereur vaincu et mort,
j'avais hérité de ses préventions passionnées contre

un gouvernement pour qui la bataille de Waterloo n'avait pas été une défaite; qu'à cette Sainte-Barbe, je lisais le *Constitutionnel* plus que Cicéron ; qu'en 1823, à l'époque des troubles de l'école de droit, j'étais allé, un jour de sortie, offrir mes services et mon redoutable bras de seize ans à l'un des meneurs, et que, refusé sur ma mine par trop ingénue, je m'étais jeté au milieu des étourdis qui se faisaient fouler sous les pieds des chevaux des gendarmes; qu'en juillet 1830, poussé par les mêmes impressions d'adolescent, devenues d'ardentes passions de jeune homme, je prenais le fusil, avec trois frères et l'un de mes oncles qui y a péri, pour la cause des doctrines de 89, que je défendais, comme écrivain, au *Journal des Débats.* »

Je ne transcris pas ces paroles sans tristesse. Si elles me donnent raison contre un juge prévenu, elles me rappellent une erreur de jeunesse que je ne suis pas près de me pardonner. Non, je n'invoquerai même pas en ma faveur le bénéfice d'un âge où les coupables de délits de droit commun sont acquittés comme ayant agi sans discernement. Quand je vois mon pays périr pour ne pouvoir supporter aucun gouvernement, je regrette d'avoir à noter dans ma vie des jours où j'ai haï et attaqué, par esprit d'imitation, un gouvernement à qui la France devait, outre la libération de son territoire, quinze années de paix animée et féconde, avec les épisodes glorieux de la Grèce délivrée et de l'Algérie conquise !

Le second point sur lequel je réclamai, c'est le motif qui, selon Sainte-Beuve, m'avait déterminé à prendre la défense de la tradition. A l'en croire, j'en avais choisi le rôle parmi plusieurs autres, comme le seul qui fût vacant. Il en parlait comme s'il eût été de mes conseils les plus secrets. Il indiquait ma marche, mes étapes, mes tâtonnements. « Ni le rôle de critique officiel de l'école romantique, disait-il, ni celui de feuilletonniste spirituel, malicieux, folâtre, déjà occupé, ni celui de critique consciencieux, sérieux, un peu irrégulier, recherchant les cas rares plutôt que la route générale et frayée » (c'était le sien), ne pouvaient me convenir. Je n'avais donc plus qu'à « tâcher d'être le critique sensé, général, de cette tradition qu'on avait tant attaquée et à laquelle on n'avait rien substitué. »

Il y avait, dans cette appréciation, trop et trop peu d'estime pour moi : trop, puisqu'elle me gratifiait d'un esprit assez souple et assez fertile pour prendre indifféremment l'un ou l'autre de ces trois rôles, et pour le jouer à mon honneur; trop peu, s'il était vrai que j'eusse pris le dernier, non comme une convenance de mon esprit, mais par un calcul d'un ordre aussi élevé que celui qui détermine un marchand avisé à ne pas ouvrir boutique en face d'un concurrent.

Mes vrais motifs n'étaient pas tirés de si loin. Ces motifs, je vais les dire, et, puisque l'occasion s'en présente, j'expliquerai une prétendue contradiction de ma vie littéraire, que des superstitieux ou des dupes de l'école romantique ont qualifiée d'apostasie. Ce sera l'histoire de mes *Variations* en littérature.

V.

A l'époque où, avec l'agrément de M. Bertin l'aîné, je fis mes premiers articles au *Journal des Débats* sur les œuvres de cette école (c'était en 1829), j'étais resté bien décidément classique. Mais je ne l'étais pas à la façon des classiques d'alors, qui prétendaient avoir seuls le dépôt de la pure doctrine. Leur admiration sans discernement appariait des œuvres fort inégales. Je les entends encore égaler les tragédies de Voltaire à celles de Corneille et de Racine, et mettre les sermons de Massillon au-dessus des sermons de Bossuet. Ils faisaient de Delille, très habile et très ingénieux écrivain en vers, un grand poète. Ils n'étaient touchés, dans les écrits de M. de Chateaubriand, que de la témérité de ses néologismes.

Ces opinions, dans leur expression la plus exagérée, étaient représentées par le critique qui avait succédé à Geoffroy. C'était Duviquet, une figure de ce temps-là, homme d'esprit et bon écrivain, qui eût pu laisser un nom dans les lettres, s'il avait un peu plus aimé la peine qu'il faut prendre pour occuper de soi la postérité. Il est vrai qu'il avait des raisons particulières pour préférer l'oubli. Fonctionnaire public aux plus mauvais jours de la Révolution, les épreuves qu'il eut à traverser avaient été trop fortes pour son caractère. Destitué et menacé de poursuites pour avoir bravement blâmé l'attentat du 21 mai 1793, première expiation du crime du 31 janvier, il s'était bien vite racheté de ce bon mouvement en passant du côté des proscripteurs, et en s'abritant sous la main sanglante de Fouché. Il l'avait suivi à Lyon, appelé alors de l'odieux sobriquet de *Commune affranchie*. C'est lui qui tenait la plume dans la Commission populaire, le jour où Fouché écrivait à son digne ami Collot d'Herbois, « l'âme inondée des larmes qui coulent de ses yeux », que pour célébrer la prise de Toulon sur les Anglais (19 décembre 1793) il n'a trouvé rien de mieux que « d'envoyer deux cent treize rebelles sous la foudre. »

Le 18 brumaire trouva Duviquet au Conseil des Cinq-Cents. Il avait eu le malheur d'y donner un nouveau gage à la politique des mitraillades, en trouvant des paroles pour proposer la mise en jugement des naufragés de Calais[1]. A la vue des grenadiers du général Bonaparte entrant dans la salle des séances, il fut des plus lestes à sauter par les fenêtres de l'orangerie et à s'enfuir à travers le jardin. J'en tiens l'anecdote de lui-même. Loin d'être gêné par ce souvenir, il n'en parlait pas sans gaieté. Pour courir plus vite, il s'était débarrassé de l'espèce de toge romaine dont étaient affublés

---

1. C'étaient des émigrés ayant servi dans les armées coalisées, que trois bâtiments danois transportaient dans l'Inde, où ils allaient rejoindre l'armée anglaise. Ils avaient fait naufrage sur la côte de Calais, le 14 novembre 1795.

les Cinq-Cents. « Je fis, me disait-il, comme Horace, se sauvant à toutes jambes du champ de bataille de Philippe, après avoir jeté son bouclier. » Et il citait le passage avec entrain [1].

Si j'ai rappelé ces particularités de la vie publique de Duviquet, dans un sentiment aussi loin du blâme que de l'apologie, c'est qu'elles servent à expliquer son rôle littéraire au *Journal des Débats*. Il n'y remplissait pas seulement l'office de critique hebdomadaire des théâtres ; il y était, comme on dit, pour tout faire. L'illustre directeur du journal, M. Bertin l'aîné, n'écrivait rien ; mais il avait beaucoup à faire écrire. Il lui fallait avoir à sa portée, disponible en toute occasion, une plume tenue par une main sans avis sur ce qu'elle écrivait. Cette plume, c'était Duviquet. Il était toujours prêt à tout. Pour chaque chose venue à l'esprit de M. Bertin, et qu'il croyait bonne à publier, il faisait signe à Duviquet. Celui-ci, debout à quelques pas du bureau, et comme en faction, s'approchait, recevait le mot d'ordre, dit à voix basse, et passant dans la petite pièce voisine, où s'expédiait la rédaction

---

[1] *Tecum Philippos, et celerem fugam*
Sensi, relicta non bene parmula.

(Odes, II, 7).

courante, il en revenait peu après, rapportant à
M. Bertin l'idée exprimée à la satisfaction de son
auteur.

Il n'était pas impossible que cette idée en contredît quelque autre, présentée peu de jours avant
au public des *Débats*. Mais si Duviquet avait trop
d'esprit pour ne pas s'en apercevoir, il était
trop docile pour en demander l'explication. Pour
cette rédaction contradictoire, il s'improvisait une
conviction. Il gardait d'ailleurs, dans cette besogne
de factotum, la seule dignité permise au rédacteur
gagé de la pensée d'un autre : il écrivait, comme
le copiste transcrit, sans y rien mettre du sien.

Quoique plus indulgent que Geoffroy, Duviquet
professait les mêmes doctrines littéraires, les
mêmes admirations indistinctes pour les écrivains
des deux derniers siècles, la même prévention
contre les nouveautés. Ces nouveautés, à la mort
de Geoffroy, en 1814, c'étaient encore les ouvrages
de Chateaubriand. En 1827, alors que Duviquet
tenait la place de Geoffroy, c'était la première floraison du romantisme. J'ai dit ailleurs[1] par quelle
circonstance le chef de la nouvelle école, Victor

1. Voir, t. Ier, le récit de mon passage du *Journal des Débats* au *National*.

Hugo, régnait alors au *Journal des Débats*. On s'imagine quelle eût été la peine d'esprit d'un critique de théâtre, ayant les opinions de Duviquet sans avoir son humeur commode, à qui l'on eût commandé de ne trouver que sujets d'admiration dans les pièces du maître ! Mais Duviquet avait passé par trop d'épreuves pour s'effaroucher de celle-là. C'était assez qu'en le chargeant d'amener au romantisme le public récalcitrant du *Journal des Débats*, on ne le forçât pas de s'y convertir lui-même, ni de prendre sa part de l'admiration où il conviait les autres.

Un jour, autour de ce bureau de la rédaction, resté le même, dit-on, M. Bertin, dans l'attitude où l'a saisi le pinceau d'Ingres, écoutait, en y disant son mot, une discussion sur *Hernani*. Duviquet me tire à part, m'emmène au fond du cabinet de la rédaction, et là, étouffant sa forte voix avec son foulard : « Vous n'êtes pas, me dit-il, sans connaître ce vers d'Andromaque :

Brûlé de plus de feux que je n'en allumai.

— Assurément, dis-je, et, quoique de Racine, le vers est bien mauvais. — J'en conviens, reprit-il, il n'est pas bon ; il sent son jeu de mots ; il n'est pas digne de Racine : eh bien, je le préfère à tout Victor Hugo ! »

Au moment même où lui échappait cette saillie de férocité classique, M. Bertin l'appela. Nous rentrâmes. J'entendis qu'on lui demandait, ou plutôt qu'on lui commandait, pour le numéro du lendemain, quelques lignes à la louange de ce même *Hernani* joué la veille. Duviquet reçut la commande gravement, et il regagna le cabinet de la rédaction pour l'exécuter. Je ne cache pas que je me donnai le plaisir malin de l'y rejoindre, au moment où sa plume, aussi docile que son esprit était souple, noircissait le papier de louanges *bien senties*, en l'honneur du poète dont il tenait toute l'œuvre pour valoir moins que le plus méchant vers de Racine. J'y perdis ma malice. Duviquet n'en parut pas plus mal à l'aise. Mais le diable, comme on dit, n'y perdait rien, et les opinions qu'on lui dictait ne faisaient que l'enfoncer dans les siennes.

Bien que les collaborateurs de M. Bertin n'eussent pas les mêmes raisons que lui pour s'atteler au char de Victor Hugo, il va sans dire qu'aucun ne poussait aussi loin que Duviquet l'horreur des nouveautés. Les plus en vue d'entre eux, Sylvestre de Sacy, Saint-Marc Girardin, se tenaient sur la réserve. On ne ferait pas tort au premier en disant qu'il cherchait alors, et qu'il a continué depuis à chercher, sans le trouver, ce qu'il y a de beau dans le poète des *Orientales*[1]. Pour Saint-Marc Girardin, qui lisait en professeur et en critique les poésies dont Sacy se contentait d'entendre parler, rien dans ses convenances ni dans sa fortune ne le pressait de se prononcer.

Ce qu'on pensait de leur réserve dans l'intimité de M. Bertin, où d'ailleurs la contradiction, loin d'être gênée, était encouragée et provoquée, Sainte-Beuve nous le dit dans un de ses *lundis*[2]. Rappelant une journée passée à Bièvre, dans l'été de 1827, aux Roches, où nous avions été invités à dîner par le maître de la maison, « cordial, ouvert, large d'accueil, » il énumère les convives. « C'étaient, dit-il, Antony Deschamps, Alfred de

---

1. Alfred de Vigny raconte que dans la visite académique qu'il fit à de Sacy, en 1842, il lui dit qu'il pensait à donner bientôt une pièce au Théâtre-Français. « —Est-ce une tragédie dans le genre de Casimir Delavigne? lui demanda de Sacy. — Non; dans le genre d'Alfred de Vigny », dit le poète*. Par l'idée que Sacy se faisait de de Vigny de 1842, on peut juger de celle qu'il pouvait avoir du de Vigny de 1829, et si, aux deux époques, il en eut une idée quelconque.

2. 22 septembre 1862.

* *Œuvres complètes, Journal d'un poète.*

Wailly, Nisard, le lauréat de la Sainte-Barbe-Nicolle, dès lors attaché au journal, et qui devait y rendre d'actifs services dans les deux années suivantes. Vous n'en étiez pas, je dois le dire, ni vous Sacy, ni vous-même Saint-Marc Girardin, déjà pourtant si remarqué au journal, et si en crédit; mais on se méfia un peu, ce jour-là, de votre bon sens classique et de votre gaieté railleuse. » On eût pu se méfier aussi d'Alfred de Wailly qui, en sa double qualité de classique de bon sens et d'ami personnel de Casimir Delavigne, avait deux raisons pour regarder de travers Victor Hugo. Mais il aimait assez les hôtes des Roches pour oublier en leur présence qu'il ne pensait pas comme eux en poésie, et, bon convive avant tout, on ne gâtait pas son dîner en le faisant asseoir à table à côté de convives moins froids pour Victor Hugo et plus tièdes pour Casimir Delavigne. J'étais pour lui de ces derniers; aussi voyait-il en moi un classique hérétique, plus à éviter qu'un romantique. C'est du même œil que me regardait un groupe de rédacteurs et d'assidus du journal, gens de beaucoup d'esprit, quelques-uns de grande promesse, Bourqueney entre autres, que son talent fin et discret désignait pour une fortune diplomatique, et Étienne Béquet, l'auteur trop peu fécond de *Marie* ou *le Mouchoir*, qu'aurait pu signer Mérimée. Ils savaient qu'en mon *cénacle* il n'y avait pas place pour certains de leurs auteurs préférés, et ils me traitaient en suspect.

Classique hérétique, j'étais à cent lieues de l'être. Ce que j'étais en ce temps-là, et suis encore aujourd'hui, Villemain l'a dit dans un brillant article sur mes *Poètes latins de la décadence*, c'est « orthodoxe indépendant[1] ». On me pardonnera de me tenir pour très exactement qualifié par ce mot : aucun autre ne m'a fait mieux voir mon propre fond.

Classique hérétique aux yeux des idolâtres de la tradition, j'étais, pour les idolâtres de l'école romantique, une sorte de faux frère. Il est vrai que je goûtais beaucoup les beautés de la poésie nouvelle. Mais je n'étais dupe ni des pauvretés de sens, ni de la rime riche, ni des dislocations de la césure brisée, ni de l'abus de la métaphore, ni du procédé des images. J'aimais Shakespeare, non dans la partie purement exotique de ses œuvres, ni pour ces fantaisies qu'une certaine psychologie de

---

1. *Revue de Paris*, 1835.

date récente impute aux brumes natales et aux fumées de l'ale britannique. Je l'aimais pour ces beautés dont tous les esprits cultivés, dans tous les pays, sont d'accord; pour la puissance et la variété des créations du poète « aux mille esprits[1] », pour tout ce qu'il a conçu et écrit de génie, à ces heures où le génie n'est que la plus complète émancipation de toutes les influences de temps, de mœurs et de pays. Je n'acceptais de la nouvelle école ni ce qui est proprement d'école ni ce qui peut s'imiter comme un mécanisme. J'y aimais les vérités de cœur humain découvertes dans le vieux cœur humain, les créations de langage qui ne sont que des accroissements naturels de la bonne langue, les beautés neuves qui sont de nouveaux types de la beauté classique.

J'étais loin d'ailleurs d'égaler les chefs de la nouvelle école aux maîtres du xviie siècle. Le bon directeur de Sainte-Barbe-Nicolle, interpellé un jour par un fervent classique sur « le serpent qu'il avait nourri dans son sein », rappelait, pour définir ma doctrine, la distinction que je faisais habituellement entre les *monuments* du xviie siècle et

---

1. *Myriad minded.*

les *essais* du XIXe. Essais ne convient plus aujourd'hui à des œuvres dont quelques-unes sont supérieures ; c'était alors ma note comparative.

Qui dit apostat, dit un homme qui brûle ce qu'il a adoré. Où, dans quel écrit, ai-je adoré l'école nouvelle ? J'ai admiré certaines œuvres, et plus souvent certaines parties d'œuvres, ce qui est fort différent. Les ai-je trop admirées ? J'ai voulu, à quarante ans de là, m'en assurer, et j'ai eu le courage de relire mes principaux articles, avec le sérieux mélancolique d'un homme qui fait son examen de conscience. Non seulement je n'y prends jamais le ton d'un adorateur, mais je suis plus près de n'en pas dire assez que d'en dire trop. Ce qui parut au public du *Journal des Débats* une aventure où l'avait jeté le plus inexpérimenté de ses rédacteurs n'est, en réalité, qu'un encouragement trop discret donné à des poètes qui méritaient beaucoup mieux. Plus hardi ou plus clairvoyant, j'aurais pu leur escompter les louanges qu'ils devaient recevoir plus tard de l'assentiment universel [1].

---

[1]. Le passage suivant, extrait d'un de mes articles sur Victor Hugo, du 6 janvier 1829, indique assez exactement dans quel esprit je défendais la nouvelle école. Parlant aux impatients qui voulaient

Il y a loin de cet encouragement à de l'adoration. Quand donc les scrupules me sont venus sur la nouvelle école, n'ayant rien adoré, je n'avais rien à brûler. Je me contentais d'accuser plus fortement mes premières croyances, et de dégager, de plus en plus, des louanges que j'avais sincèrement données aux nouveaux auteurs, les réserves que j'y avais toujours mêlées. Mais comme il arrive, plus j'écrivais, plus les réserves devenaient, de défensives qu'elles étaient d'abord, offensives ; plus je me repliais sur les maîtres attaqués déjà par-dessus la tête des disciples. A la fin, la part des éloges, de plus en plus réduite, paraissait à première vue se perdre dans l'abondance toujours croissante des restrictions.

Il faut dire que les intempérances des jeunes poëtes, comme les appelle Sainte-Beuve, ne portaient pas les contradicteurs à la modération. La

---

rompre avec le passé, je leur disais, au nom des hommes « qui ne prennent parti que pour le bon et le beau, et qui ne sont d'aucune école : — « Ne touchez pas à Racine. Faites autre chose, s'il reste autre chose à faire ; quittez les vieilles données, mais n'attaquez pas les gloires du passé. Savez-vous que c'est par respect pour le génie que nous encourageons tout ce qui tente ses voies privilégiées ? Respect et gloire aux hommes de la vieille école ; — liberté, faveur pour les essais de la nouvelle ; la vraie critique est là, n'est que là. »

nouvelle école n'avait pas la victoire modeste. De mon côté, il ne m'en coûte pas d'avouer que, dans ma contradiction, il y eut trop de mots, et des mots de trop. En sorte que je ne dois m'en prendre qu'à moi de l'espèce d'équivoque que j'essaye en ce moment même de dissiper.

Une circonstance précipita ma conversion. Tout homme qui aime la vérité et qui la cherche a son chemin de Damas. J'eus le mien dans un voyage que je fis en Angleterre, après la révolution de Juillet.

A ce moment même, je ressentais les premiers dégoûts, non pour les talents nouveaux, mais pour les étranges théories dont ils autorisaient leurs défauts. J'étais choqué du mépris qu'ils faisaient des « vieux », comme disait la bonne demoiselle de Gournay des poètes d'avant Malherbe. Je vis bientôt que « je cessais tout à coup d'être attentif au mouvement littéraire de 1829 [1] », et que l'indifférence m'était arrivée avant que la foi fût parfaite.

J'avais, pour les jours de pluie, qui ne se comptent pas en Angleterre, mis dans mon bagage un Homère et un La Fontaine, deux maîtres généreusement tolérés par la nouvelle école, qui m'eût

---

1. Expressions de Sainte-Beuve. *Portraits contemporains*, t. III.

volontiers autorisé à les emporter. La saison étant fort pluvieuse, j'eus tout le loisir de lire ces divins poètes et de m'y former pour la vie un type du beau par le simple et le vrai. Cette lecture était tout mon plaisir et tout mon repos, après mes promenades dans Londres, parmi ces merveilles de civilisation, de sens pratique, de *comfort*, chez un peuple qui a fait l'histoire et la description de chacun des besoins de l'homme, et qui a pourvu à tous par l'intelligence accumulée de ses générations à la fois si fidèles à la tradition et si inventives. Je conseillerais à tout père de famille, dont le fils serait faible de sens, de l'envoyer en Angleterre. Je ne doute pas que ce fils ne revînt de son voyage redressé et fortifié.

Voilà le vrai sur mes variations littéraires. Si quelqu'un s'y est trompé, c'est qu'il y avait intérêt. En fin de compte, je n'ai varié, sur les œuvres, que du plus au moins, et j'ai moins varié sur les œuvres que sur les hommes, dont quelques-uns m'ont paru au-dessous de leurs talents. Je me suis de plus en plus attaché à ces livres qui semblent rajeunir à mesure que leurs lecteurs vieillissent ; mais j'ai gardé mes premières admirations pour les poètes de la nouvelle école, et je m'honore aujourd'hui de leur avoir donné à lire, dans un journal qui leur était indifférent ou médiocrement ami, les premiers éloges qu'ils aient reçus.

VI

La querelle, si querelle il y eut, entre Sainte-Beuve et moi, se termina par un échange de lettres amicales. En somme, malgré une erreur de fait, sur une particularité de ma vie, et une appréciation fausse des motifs de mes opinions en littérature après 1830, je lui sus gré de la très juste critique qu'il avait faite de mes défauts, et je le lui dis. De son côté, je crus que, m'ayant trouvé de si bonne composition, il m'était resté bienveillant.

Jusque vers 1852, nos relations furent rares et superficielles. N'ayant jamais été d'aucun monde, je n'avais pas été du sien. Nous n'avions pas les mêmes amis. Je n'aimais pas les cénacles ni les camaraderies littéraires. On s'y fait, aux dépens de son propre esprit, un esprit d'ordre composite formé de complaisances et d'imitations, où l'on

finit par ne plus distinguer ce qu'on a en propre
de ce qui vous vient d'autrui. Nos trains de vie
étaient tout différents. Tandis que, professeur et
fonctionnaire, je devenais, pour mon malheur, député, Sainte-Beuve, mieux inspiré, gardait son
indépendance d'écrivain. Sauf quelques mois passés à la bibliothèque Mazarine, dans un emploi
qu'il avait reçu de Cousin, alors ministre, et qu'il
se hâta de lui rendre, il n'appartenait qu'aux
lettres. Il avait fait une œuvre originale, l'*Histoire
de Port-Royal*. Moi, je luttais contre ma vocation.
Homme public par nécessité, je ne pouvais donner
aux lettres que quelques heures disputées à l'administration et à l'enseignement. Nous nous rencontrions, nous ne nous visitions pas. Dans ces
courtes entrevues, il y avait échange sincère de
bonnes paroles; il n'y avait pas de conversation.
Quoique sans ressouvenir fâcheux, ni de son côté
ni du mien, de notre controverse de 1835, une
profonde différence de direction et de goûts rendait l'intimité impossible entre nous, malgré une
estime réciproque, mêlée, chez moi, d'admiration,
chez lui croissant avec le nombre de mes écrits. Il
m'en donna la preuve la plus significative, le jour
où, étant allé lui demander sa voix pour l'Aca-

démie française, je le trouvai tout prêt à voter pour moi.

C'est de 1852 à 1865 que nos relations, toujours sans abandon, ressemblèrent le plus à une amitié. Sans en avoir jamais causé à fond, mais en y pensant chacun de notre côté, nous nous étions persuadé que l'élévation du prince Louis-Napoléon, d'abord à la Présidence, puis à l'Empire, avait sauvé la France. Nous étions donc, non parmi les courtisans de la personne, mais parmi les partisans discrets du nouvel ordre de choses. Cette communauté de sentiments politiques avait resserré et rendu plus fréquent notre commerce. On nous y encourageait du dehors, en mêlant nos noms, au grand honneur du mien, dans tout ce que le nouveau gouvernement pensait à faire pour les lettres et les lettrés. Nous étions appelés dans les mêmes commissions, où l'on attendait de nous, avec les raisons propres à chacun, le même avis. Voisins de fauteuil à l'Académie, nous votions pour les mêmes candidats, et, sans nous concerter, nous comptions l'un sur l'autre.

A nous voir, dans tous les actes de notre vie publique, marcher d'accord, on nous croyait, et peut-être nous croyions-nous amis. Mais au fond, pour la douceur comme pour la durée de l'amitié, nous différions sur trop de points. Nous ne pensions pas de la même façon en morale, ni sur les choses de l'ordre surnaturel. Quand Sainte-Beuve s'échappait devant moi sur ces sujets-là, je ne contredisais pas, je me taisais. Une trop grande distance nous séparait, pour qu'il me vînt à l'idée de me rapprocher de lui, encore moins d'essayer de le rapprocher de moi. Discuter, il ne l'aimait guère, et ne s'accommodait pas longtemps du dialogue. Le monologue allait mieux à son humeur et à sa verve, et comme on avait grand plaisir à l'entendre, bien que tout dans son discours ne le méritât pas, on se désintéressait de la chose en discussion pour goûter les traits d'esprit qu'il mêlait aux mauvaises raisons, et dont il assaisonnait les bonnes.

Notre commerce restait donc réservé, et quoique nos rencontres fussent fréquentes, nous n'y étions entièrement libres, ni l'un ni l'autre. Peut-être l'étais-je moins que lui. En tout cas, je ne faisais pas un tort à son admirable talent des incompatibilités de nos esprits. Je ne laissais échapper aucune occasion de le louer. Et je le louais avec un sentiment de gratitude pour le bien qu'il me faisait. Il m'aidait, en effet, à voir plus loin, plus librement et plus de choses. Il m'empêchait de trop abonder dans mon sens; il m'apprenait à estimer ceux qui, dans la dispensation des dons de l'esprit, n'ont eu que la petite part, et à ne pas les accabler de l'excellence de ceux qui ont eu la grande. Il me faisait comprendre qu'entre les préférences et les exclusions, en littérature, il y a, pour le véritable ami des lettres, tout à la fois des plaisirs de goût et des plaisirs plus délicats de justice. Ses livres m'ont fait connaître les uns et les autres, et je l'en ai plus d'une fois remercié.

Nous n'étions pas faits d'ailleurs, ni lui ni moi, pour les complaisances de la camaraderie. Je le louais sans en rechercher l'occasion, et il me remerciait de mes louanges sans s'engager à me rendre la pareille. Dans les vingt-cinq volumes des *Causeries du Lundi*, écrites de 1850 à 1861, au temps de nos meilleures relations, parmi quelques passages où je suis nommé à titre de référence, il ne s'en trouve guère que deux ou trois qui supposent tout au moins une attention d'estime donnée à mes travaux. C'est seulement en 1861, que, dans une *Causerie* consacrée tout entière au IVe volume, récemment publié, de mon *Histoire de la littérature française*, il porte un jugement sur l'ouvrage et sur l'auteur. L'éloge qu'il fait de l'un et de l'autre a d'autant plus de prix que, bien que fort adoucie, sa prévention persistait contre ce qui est l'âme de mon livre, la doctrine classique. Dans ces pages, que je n'ose pas louer parce que j'en suis le sujet, il y avait, en plus d'un endroit, de quoi me consoler des malices passées et me dédommager d'avance des duretés futures [1].

L'année suivante, comme s'il eût eu quelques scrupules de n'en avoir pas dit assez, et qu'il eût trouvé sa justice parcimonieuse, il prenait mon parti contre un critique qui pourtant, comme on va le voir, était bien loin de me vouloir du mal, M. J.-J. Weiss. A la fin d'un examen de mon livre, dans le *Journal des Débats* [2], l'éminent critique ne cachait pas « qu'il lui avait fallu quelque audace pour me louer, au risque de se mettre en froid, disait-il, avec quelques amis politiques. » — « En vérité, répliquait généreusement Sainte-Beuve, l'étonnement de M. Weiss me fait sourire; il faut que les choses, en effet, aient bien marché, que les générations se soient bien renou-

1. *Causeries du Lundi*, t. XV, 10 juin 1861.
2. 6 et 7 septembre 1862.

velées, et que quelques-uns des nouveaux et spirituels rédacteurs des *Débats* soient bien jeunes (l'heureux défaut!), pour qu'on s'étonne que M. Nisard y puisse être l'objet d'une conclusion favorable. » Et il rappelait mes années de collaboration au *Journal des Débats,* avec l'appui et l'encouragement constant de « son illustre fondateur, et non sans quelque succès ». Enfin, venant à mon livre, « je ne sais pas, ajoutait-il, si M. Weiss a assez rendu justice à l'ouvrage du savant académicien ; je ne sais si moi-même, autrefois, dans le *Moniteur,* j'ai dit, au sujet de l'*Histoire de la littérature française,* tout ce qui était à dire [1]. »

J'aurais pu m'en douter à certaines restrictions qui perçaient sous les louanges du *Moniteur*. Peut-être m'est-il permis, à cette heure, d'amender les restrictions de 1861 par l'aveu de 1862, et de composer, de ce qu'a dit Sainte-Beuve et de ce qu'il regrettait de n'avoir pas dit, un jugement final dont s'arrangerait même un amour-propre moins accommodant que le mien.

Comment rappeler cette petite contradiction entre Sainte-Beuve et J.-J. Weiss, sans exprimer

---

[1]. Lundi, 22 septembre 1862.

à celui-ci ma gratitude pour les articles qui l'ont suscitée ! Quelle aimable surprise ce fut pour moi de me voir, non pas inventé par un critique des « cas rares », mais compris et pénétré dans ma vraie pensée par un critique qui cherchait tout simplement l'auteur dans ses livres et l'homme dans l'auteur ! *Avocat* dans l'article de Sainte-Beuve de 1835, j'avais, dans ceux de M. Weiss, « le don d'éviter le lieu commun en exposant des opinions communes, et de me dégager de principes invétérés au moment où ils vont prendre un air de préjugés. » Accusé, en 1835, « d'une certaine emphase », je me voyais loué, en 1862, « d'un art de dire qui cache au vulgaire ce qu'une seule expression m'avait coûté de longues lectures et de plus longues réflexions ».

Il est vrai que, de 1835 à 1862, j'avais pu faire quelque progrès. Mais quelle apparence que de « l'avocat légèrement emphatique » de 1835 il fût sorti, en 1862, un type d'écrivain tout opposé ? Cependant ma susceptibilité fort calmée, à l'heure où j'écris ces lignes, ne m'empêche pas d'apercevoir le bon conseil caché sous l'épigramme. Les mots durs, « avocat, emphase », sont peut-être d'un critique prévenu ; mais c'était d'un critique pénétrant d'en trouver au moins quelques faux airs dans mes premiers écrits ; et, s'il est vrai que je me sois corrigé, les rudesses de 1835 ne m'y ont pas été inutiles [1].

VII

Vers la fin de 1858, nous avions été appelés, Sainte-Beuve et moi, à l'École Normale Supérieure, lui, comme maître de conférences, moi comme « chargé de la haute direction de l'École ». Nous restâmes ensemble de 1858 à 1862. Nos rencontres obligées auraient dû, ce semble, rendre nos relations plus fréquentes et plus confiantes. Mais Sainte-Beuve ne me paraissait pas l'homme de la fonction, et si je ne l'avais pas dit, par des convenances qu'il est aisé de deviner, il me soup-

---

1. Ce ne sont pas les seules marques d'estime expressives que j'aie reçues de l'illustre critique. En différents endroits de ses *Causeries*, soit directement, soit par allusions, notamment dans celle où il apprécie ma réponse au discours de réception de Ponsard [*], l'éloge est si caractéristique et paraît si sincère, qu'il m'est permis d'en être aussi fier que touché.

[*] *Causeries du Lundi*, t. XV, 4 décembre 1856.

connaît de le penser. En tout cas, si je le pensais, ce n'était point par trop peu d'estime pour ses rares talents ; je lui en trouvais presque trop pour la fonction. Une école où l'on prépare des jeunes gens à des examens qui confèrent des grades demande un enseignement qui reste préparatoire et pratique, même dans la liberté de méthode que doit garder le professeur. Il y a, entre le pédantisme et le laisser-aller, un milieu où il est possible au professeur d'être efficace comme un guide, tout en restant agréable comme un libre esprit. Ce milieu, Sainte-Beuve ne le cherchait pas. On l'eût fort gêné et fort contrarié en lui demandant d'être un guide. Quand les élèves l'avaient écouté, il les tenait quittes de le suivre.

Je voulus un jour assister à une de ses leçons. C'était un devoir de ma place, et je tenais d'autant plus à le remplir que j'étais sûr d'y trouver mon compte. Mais je connaissais l'homme ; je le savais deux fois de la « race irritable », comme critique et comme poète. Aussi me gardai-je bien, comme je l'aurais fait pour tout autre, d'entrer dans la salle des conférences, au moment de la leçon, sans autre avertissement préalable que les deux fauteuils de paille qu'on y portait d'avance, l'un pour le directeur des études, l'autre pour moi. Je tenais à obtenir de sa bonne grâce l'offre de l'entendre, et, le rencontrant dans le vestibule, je lui demandai s'il lui serait agréable de m'avoir parmi ses auditeurs. Il se défendit, c'est trop peu dire, il se débattit, comme si j'eusse été sur le seuil de la porte, prêt à entrer d'autorité. Personne pourtant, moins que lui, n'avait à craindre qu'on le surprît en négligé; mais il ne voulait pas être vu dans sa liberté. Je n'insistai pas.

Qui a lu ses *Causeries* peut se faire aisément une idée de ses leçons. C'était la même méthode, si méthode il y a. Beaucoup de détails biographiques, de ceux surtout qui mettent en relief les petits côtés des grandes figures et qui diminuent, par amour de la vérité, le respect pour les personnes; de nombreux extraits à l'appui de ses dires; des caprices d'imagination plus ou moins contradictoires.

En somme, le succès des conférences n'avait répondu ni à la peine que Sainte-Beuve s'y était donnée, ni à son mérite supérieur, ni à sa célébrité. Leur résultat le plus clair fut de préparer, non des candidats pour les grades universitaires, mais des lecteurs pour les *Causeries*.

Le public, si affriandé par les premières, en demandait de nouvelles. Sainte-Beuve quitta l'École Normale et reprit sa plume de journaliste. On sait avec quelle vaillance, quelle fécondité et quel regain de succès !

Il était grand temps qu'un honneur public vînt récompenser un écrivain qui jetait un tel éclat sur les lettres françaises. Dans tous les partis, même dans ceux où l'on ne pardonnait pas à Sainte-Beuve ses sentiments pour le second Empire, on se demandait ce qu'il avait encore à faire pour être appelé au Sénat. Le vœu public fut entendu. Le 16 avril 1865, Sainte-Beuve était nommé sénateur.

Je ne fus pas un des moins empressés à l'en aller féliciter. Mes compliments reçus, — « C'est fort bien, me dit-il, mais l'Empereur ne doit pas s'en tenir là avec les lettrés ; il faut qu'il pense à vous. Seulement, comme les choses les plus justes ne se font pas toutes seules, il faut vous y aider vous-même. — On ne s'aide guère en ces choses-là, lui dis-je, qu'en sollicitant, et je n'y ai pas de goût. — Je vais vous montrer, reprit-il, comment on sollicite une chose méritée. » Et il tira d'un carton la minute d'une lettre qu'il avait écrite à un grand personnage, par qui elle devait arriver sous les yeux de l'Empereur. Il me la lut.

Je doute qu'il soit sorti de sa plume une pièce plus achevée. A la fierté la plus vraie il mêlait la flatterie la plus fine; à la confiance en la justice du souverain, des insinuations discrètes sur l'inconvénient d'en faire trop attendre les effets. Le bon goût ne lui permettant pas de dire en toutes lettres que l'opinion publique l'appelait au Sénat, il le disait à mots couverts en parlant de l'ennui que lui causaient des bruits de nomination sans cesse renouvelés et sans cesse démentis. En se plaignant d'être « la fable des journaux », il indiquait sans le dire qu'il en était le candidat populaire. Enfin, il intéressait, il flattait, il inquiétait le souverain.

Qu'un tel placet eût été irrésistible, je n'eus pas de peine à le comprendre. Une légère sueur m'était montée au front en écoutant la lecture; je me sentais comme aux mains des sirènes. Pour solliciter de cette façon et avec ce succès, il avait fallu tout le talent et toute la notoriété de Sainte-Beuve, et, derrière lui, tout le chœur des gens de lettres et des bons juges. — « Si je ne puis être sénateur, lui dis-je, qu'en m'y prenant de cette façon, je ne le serai jamais ! » J'avoue que dans cette parole tout n'était pas de compliment.

A trois ans de là, j'entrai à mon tour au Sénat. Quand cet honneur m'arriva, nous n'en étions plus, Sainte-Beuve et moi, aux échanges de compliments. Il m'avait pourtant aidé à être sénateur ; mais, comme on va le voir dans un moment, c'était sans le vouloir.

VIII

Le mardi 25 juin 1867, à propos de pétitionnaires de la ville de Saint-Étienne, qui se plaignaient du choix fait par l'autorité communale de certains ouvrages, pour en former deux bibliothèques populaires, Sainte-Beuve prit la parole au Sénat. Il y défendit les livres choisis. C'étaient, entre autres, le *Dictionnaire philosophique* de Voltaire, les *Confessions* de Jean-Jacques Rousseau, les romans de George Sand, quelques ouvrages de Proudhon, et d'autres, qu'on ne s'étonne pas de ne point trouver dans des bibliothèques populaires. Offrir à l'ouvrier qui veut s'instruire, au lieu de livres qui l'éclairent, le pacifient, le réconcilient avec sa condition, ou qui l'aident à s'élever, par le travail et la science, à une condition meilleure, des ouvrages propres à lui inspirer des haines ou des convoitises, je tiens que c'est une mauvaise manière de distribuer les lumières, et que le choix de la municipalité de Saint-Étienne pouvait être justement critiqué[1]. Il le fut en effet, quoique timidement, par des journaux partisans de la libre pensée. Sainte-Beuve loua chaque ouvrage, comme il eût fait en un de ses *Lundis*. Il fit allusion « aux calomniateurs d'écrivains, qui sont souvent les honnêtes gens du lendemain », et qu'on ne calomnie pas sans « se préparer de grands pieds de nez ». Il se couvrait, pour le tout, de l'Empereur, qu'il appelait « le socialiste le plus éminent, le plus éclairé »; et du prince Napoléon, « prince remarquable, disait-il, par son intelligence, par son instruction, par ses idées élevées sur la démocratie, par sa haute capacité, un prince, enfin, digne de sa race ».

---

1. J'eus à donner à mon tour, l'année suivante, sur la même question, l'avis d'une commission dont j'étais rapporteur, et cet avis était tout l'opposé de l'opinion de Sainte-Beuve.

Le discours produisit l'effet que Sainte-Beuve en voulait. Il y eut pendant toute une semaine un sénateur populaire. Je ne doutais pas que le discours n'eût trouvé des admirateurs à l'École Normale ; mais comme j'étais loin de craindre qu'il y fît une révolution ! Quelle ne fut pas ma surprise, lorsque, dans la matinée du 2 juillet, j'appris, par une dépêche du Ministère de l'Instruction publique, qu'une adresse des élèves de l'École Normale à Sainte-Beuve avait paru dans une feuille radicale, que le Sénat y était attaqué, que l'on y parlait, « en termes fâcheux », d'adresses récentes à l'Empereur ! On m'invitait à instruire immédiatement l'affaire. J'exécutai l'ordre, et mes premières recherches me firent découvrir le rédacteur de l'adresse. Je l'appelai dans mon cabinet. Il avoua la chose. Je dus lui appliquer le règlement, et le rendre provisoirement à sa famille. C'était un très bon élève, et je ne pus m'empêcher de lui dire, en me séparant de lui, que c'était la première peine qu'il m'eût causée. Il quitta l'École. Ses camarades vinrent le réclamer. Ils se déclarèrent solidaires de la lettre, et si l'on jugeait qu'une punition fût nécessaire, ils demandaient à y être tous associés. Il y eut là un de ces effets de l'esprit de camaraderie où il n'entre guère moins de faiblesse que de générosité. Nous dûmes, mes collègues et moi, maintenir l'exclusion. J'y épuisai tout ce que pouvait me suggérer de raisons l'intérêt de l'École, l'intérêt même de l'auteur de l'adresse, et j'ajoute, ma tendre sympathie pour des jeunes gens dont j'avais sujet de me croire aimé. Rien n'y fit. A un mot d'ordre donné, l'École étant sans maîtres surveillants[1], les élèves sortirent en silence, et, chose triste à dire, ce fut un chef de section qui, malgré la résistance du concierge, ouvrit lui-même la porte à ses camarades. Le désordre eut la fin qu'on devait en attendre : l'École fut licenciée.

Je ne doute pas que l'adresse ne fût restée secrète, si Sainte-Beuve, après l'avoir reçue, était venu tout d'abord en causer avec moi. Il le devait à l'École, qui l'avait compté parmi ses maîtres ; il le devait à moi ; il se le devait à lui-même. Je ne passais pas pour un directeur inexorable. Sans doute, l'adresse blessait mes sentiments ; mais tout le tort n'en était pas aux élèves, et j'étais bien capable d'arranger les choses de façon qu'il

---

1. Le ministre d'alors, les croyant inutiles, les avait supprimés.

n'en coûtât la vie à personne. Mais Sainte-Beuve préféra sa gloire à tout le reste. Au lieu de m'avertir, il écrivit à l'auteur de l'adresse la lettre suivante :

« Cher Monsieur,

« Je ne sais pas bien si les adresses sont dans le règlement. Mais la vôtre est toute intime, et au besoin, j'en ferais mon affaire avec notre cher Nisard. Je plaisante. Il est bien vrai qu'on m'a écouté avec peu de bienveillance; mais on m'a écouté. Le silence là-bas, et l'approbation de la rue d'Ulm, c'est-à-dire de la jeunesse lettrée, font un succès. Remerciez bien vos soixante-dix-neuf camarades; car si je compte bien, vous êtes en tout quatre-vingts.

« Bien à vous de cœur,

» SAINTE-BEUVE. »

Qu'on imagine l'effet d'une pareille lettre sur de jeunes têtes déjà échauffées par l'approbation bruyante qui avait accueilli dans la presse le discours de Sainte-Beuve. Le silence de là-bas (là-bas, c'était le Sénat) opposé à l'applaudissement de la rue d'Ulm; l'École Normale cassant les jugements du Sénat; quelle apparence que nos jeunes gens gardassent pour eux seuls le secret d'une lettre qui leur valait l'honneur d'une telle comparaison? J'ignore quel jour l'adresse *tomba dans les mains* du journaliste qui la publia[1] ; mais j'affirmerais volontiers que ce dut être le lendemain de la lettre de remerciements de Sainte-Beuve, et que, si la pièce *tomba aux mains* du publicateur, c'est que quelqu'un vint l'y mettre.

Le soir du 2 juillet, j'allai conter ma peine à Sainte-Beuve, et me concerter avec lui sur les moyens d'assoupir l'affaire. Je le trouvai fort ému ; mais, le dirai-je ? beaucoup moins de mes embarras que des nombreuses lettres d'adhésion qui lui étaient venues de certains amis de la liberté de penser. Il se donna le plaisir de m'en montrer le tas et de m'en lire quelques passages. Quant à la chose qui m'amenait, ce n'était, à l'entendre, qu'une bagatelle. Je crus pourtant démêler qu'il était moins rassuré qu'il ne voulait le paraître. Il me parla de l'intervention du prince Napoléon ; il y comptait pour empêcher toute mesure grave.

Ma visite fut connue des journaux. On voulut y voir une sorte de descente de lieux pour tirer de la confiance de Sainte-Beuve le nom de l'auteur de l'adresse. Sainte-Beuve, tout d'abord, ne me fit

---

[1]. C'est de cette façon que, pour écarter l'idée d'une communication volontaire, le journaliste déclarait avoir connu l'adresse.

pas l'injure, et j'ajoute, ne se fit pas le tort à lui-
même de ramasser cette calomnie. Mais la chose
se répétant, l'illustre critique, de l'humeur qu'on
lui a connue, se sentit agacé de tous les bruits
qu'on en faisait. Il finit par se mettre du côté de
ceux qui rejetaient toute l'affaire sur moi. En me
la voyant sur le dos, il s'imaginait qu'il en était
déchargé.

Un échange de lettres s'ensuivit entre nous ; on
croira sans peine que nous n'y échangions pas
des douceurs. Ces lettres mirent fin à nos relations [1].

1. Sainte-Beuve avait commencé par se faire honnêtement une petite part dans la responsabilité de l'aventure. Témoin deux lettres écrites, l'une à M. Duruy, à la date du 22 juillet 1867, où il avoue qu'on a eu le tort de publier sa lettre aux élèves de l'École ; l'autre, à la date du 9 du même mois à Mme la princesse Mathilde, où il la remercie de l'intérêt qu'elle lui témoigne au sujet « de cette affaire de l'École Normale, dont il a, dit-il, une vraie peine, en ayant été comme l'occasion directe ».

Il est vrai qu'il ajoute, dans la lettre à M. Duruy : « l'autre tort retombe tout entier sur M. Nisard, qui n'a pas su attendre votre arrivée et réserver jusque-là l'état de l'École et le sort des personnes » ; et, dans la lettre à la princesse Mathilde : « Ce qui a brouillé cette affaire, c'est l'incontestable faiblesse de M.... et la roideur non moins incroyable de M.... (lisez Nisard et Pasteur).

Dans une lettre du 27 septembre suivant, en homme qui nous a laissé toute la charge, il remercie allègrement M. Danton, directeur du personnel, de la nomination de l'élève, auteur de l'adresse, à une chaire de seconde, comme d'un acte où « tout est concilié,

Cela se passait au mois de juillet 1867. Or, au mois de septembre 1868[1], j'étais devenu un esprit « didactique, dogmatique, un peu raide »; j'étais « jaloux de circonscrire toute la littérature française avec une muraille quasi de Chine à l'entour. » Je *choquais* le bon sens par « une telle

dit-il, et mieux que concilié, où l'indulgence vient en surcroît à la *justice*. »

Cette *justice* était venue avant la nomination elle-même. J'ai lu à la marge du dossier de cet élève, écrite de la main du ministre, antérieurement au 27 septembre, cette annotation : « Chercher une place, et une bonne, pour l'élève L...... » C'est peut-être de « la justice et de l'indulgence en surcroît », mais ce n'est pas de la bonne discipline.

Un de mes amis, à qui la France et la science historique sont redevables de la belle publication *Les origines françaises des pays d'outre-mer*. M. Pierre Margry, m'était venu voir au moment même de cet échange de lettres. Touché de la peine d'esprit où il m'avait trouvé, il alla, sans m'en rien dire, dans l'espoir d'adoucir les choses, faire visite à Sainte-Beuve. L'illustre critique était assis à sa table de travail, en compagnie d'un jeune homme. En voyant M. Margry : « Oui, dit-il, je sais pourquoi vous venez... N'en parlons pas... je suis bien touché ». Il s'attendait à recevoir des félicitations pour son discours au Sénat. M. Margry n'approuvait pas le discours; mais, dans l'intérêt de sa démarche conciliante, il tenait à ménager l'auteur, et il ne dit rien pour le détromper. Il écouta même d'une oreille courtoise l'apologie que fit Sainte-Beuve de sa conduite, parlant avec gloire des inimitiés qu'il soulevait, et, en général, des entraves qu'on mettait à la liberté de la pensée. Puis, comme s'il se fût aperçu qu'il avait affaire à un interlocuteur plus civil que convaincu, il se tourna du côté du jeune homme et lui

---

1. *Étude sur Jean-Jacques Ampère. Revue des Deux Mondes.*

unité artificielle obtenue à tout prix ». J'avais élevé une construction « tout en l'honneur de l'esprit français, et, dans l'esprit français, tout en l'honneur du XVIIe siècle, et, dans le XVIIe siècle, tout en l'honneur de deux ou trois noms superlativement célébrés et glorifiés ». Je substituais « des

adressa personnellement la fin de son apologie. Après quoi, revenant à M. Margry : « Vous arrivez bien à propos, dit-il ; j'ai là un ouvrage d'un Américain sur les jésuites ; vous m'obligeriez beaucoup de me mettre à même de lui répondre. » M. Margry accepta la commission, et croyant le moment favorable, il hasarda quelques mots sur le véritable objet de sa visite. A peine Sainte-Beuve m'eut-il entendu nommer, que son visage se refrogna. Interrompant M. Margry : « Si Nisard veut me faire des excuses, dit-il, il n'a besoin d'envoyer personne. Il n'a qu'à venir lui-même. » — « Ce n'est pas M. Nisard qui m'envoie, répondit M. Margry. Il ignore ma démarche. Je suis venu de mon propre mouvement ; quant à des excuses, s'il est quelqu'un qui ait à en faire, ce n'est pas M. Nisard. »

Là-dessus Sainte-Beuve se leva très irrité, s'étonnant « qu'on vînt chez lui pour l'offenser, et en quelque sorte pour le braver ». M. Margry se défendit d'en avoir eu l'intention, ce qui était de toute vérité. Il ne persuada pas Sainte-Beuve et, après quelques paroles calmantes qu'il crut devoir à l'âge, à la maladie et à la célébrité du personnage, il salua et se retira, non sans emporter le volume qu'il renvoya peu après avec la note qui lui avait été demandée.

C'est de cette visite que Sainte-Beuve dit un jour à un de ses familiers : « Eh ! pourquoi M. Margry me parlait-il aussi cavalièrement devant quelqu'un ? Passe encore, si nous avions été seuls ! » « Voilà bien ces courtisans de l'opinion, » m'écrit M. Margry dans la lettre d'où sont tirés ces détails ; « ils ne savent rien faire pour la vérité elle-même. Ils ne sont occupés que de la galerie ! »

combinaisons d'école ou de cabinet à l'ensemble et au mouvement naturel des choses ». J'avais « omis systématiquement certains noms distingués, et quand on m'en faisait la remarque, je trouvais mille raisons plus subtiles et plus cherchées les unes que les autres pour prouver que j'avais bien fait de les omettre ». Enfin, j'étais « l'avocat » — encore l'avocat! (Sainte-Beuve savait à qui je crains le plus de ressembler) — « ingénieux, mais sophistique, des partis pris. »

M. Weiss avait répondu d'avance aux plus gros de ces griefs dans les articles de 1862. On trouvera tout simple que je me laisse défendre par une telle plume.

« Croit-on, avait dit M. Weiss, que M. Nisard eût songé à écrire l'histoire d'une littérature qui reste aussi variée que la nôtre, dans la belle unité de son développement, s'il n'avait eu un esprit libre et ouvert aux innovations fécondes? Croit-on qu'il y aurait dans son livre des lacunes, qu'il n'y aurait pas défaut total de compréhension, disproportion absolue et irrémédiable entre l'auteur et son sujet, si, entreprenant de juger les œuvres de l'esprit français, il n'eût possédé des qualités de finesse, d'humeur aimable et de philosophie indulgente que le vulgaire méconnaît volontiers en lui, parce qu'il ne cherche point à les étaler ? »

Quant à ma prétendue fidélité routinière à la tradition, c'est justement de la disposition contraire que M. Weiss me loue. Parlant de mon jugement sur Jean-Baptiste Rousseau, « l'indépendance d'esprit, dit-il, éclate dans ces lignes, de manière à frapper les yeux les plus prévenus. Elle ne se dérobe ailleurs que pour ceux qui, ne possédant pas assez à fond notre littérature, n'aperçoivent point du premier coup d'œil des nouveautés dont on ne fait pas de fracas, et ne mesurent point toute l'étendue de sens que révèle une proposition d'apparence modeste ». C'est la note « d'orthodoxie indépendante », que me donnait en 1835, Villemain, développée par un esprit pénétrant et bienveillant, qui n'avait pas peur de me voir en bien, en cherchant à me voir au vrai.

Quoiqu'il ne soit pas de bon goût de se défendre contre des critiques littéraires, il y a telle de ces critiques qui, en prêtant à un auteur ce qu'il n'a ni pensé ni écrit, ont quelque air de ressemblance avec la calomnie. En se défendant, on défend un certain honneur de l'esprit, très différent de l'insupportable travers de trop estimer ses écrits. C'est ce que j'ai fait, usant du droit, d'ailleurs fort délicat, de produire contre des accusations injustes des témoignages qui les contredisent. Au reste, soit scrupule de m'avoir si maltraité de la même plume qui, en 1861, avait pris ma défense contre M. Weiss, lequel pourtant ne m'attaquait guère, soit pour donner à ses critiques un air d'impartialité par le ton relativement bienveillant de la conclusion, l'article où Sainte-Beuve m'immole à la gloire de J.-J. Ampère se termine ainsi :

« *L'Histoire de la littérature française* de M. Nisard a un grand et dernier avantage disdinctif sur celle d'Ampère, c'est qu'elle est faite et que l'autre ne l'est pas; elle est debout et fait de loin fort bonne figure dans sa tour carrée, tandis que l'autre est restée à l'état d'ébauche. »

Un mois après l'article, Sainte-Beuve m'ôtait toute envie de lui savoir gré de la conclusion, en m'immolant une seconde fois, comme universitaire sans générosité, aux mânes de Frédéric Dübner.

On sait maintenant ce qui m'a valu toutes ces duretés. Sainte-Beuve m'en voulait des soucis que lui donnait la popularité de son discours au Sénat. Ce discours avait servi au dehors d'occasion ou de prétexte à des paroles offensantes pour une assemblée dont il était membre, et pour le souverain qui l'y avait appelé. Le désordre provoqué à l'École Normale en avait prolongé le fâcheux retentissement. Le tout m'avait coûté ma place. Sainte-Beuve ne me le pardonnait pas[1].

En dépit de notre brouille, je ne laissai pas d'être fort ému, quand j'appris que sa santé donnait de sérieuses inquiétudes.

Le souvenir du temps où nos relations avaient été bonnes, mon estime ancienne et profonde pour un écrivain qui a mérité toutes les épithètes louangeuses, excepté celle de grand ; mon penchant à me faire ma part dans les difficultés qui me viennent des gens; tout cela me faisait désirer un raccommodement. J'en parlai à un de mes amis. Sainte-Beuve l'avait en grande estime, et j'étais sûr que le médiateur serait agréé. Mon ami n'approuva pas la chose et essaya de m'en dissuader. Mais, comme dit Pascal, le cœur a ses raisons ; j'écoutai le mien, et j'écrivis au secrétaire de Sainte-Beuve, qui m'était bienveillant, quelques mots de sympathie, que je le priai de lire au malade. Il me répondit que Sainte-Beuve en avait été

---

[1]. *Proprium humani ingenii est odisse quem læseris*, a dit Tacite. Agr. 42.

touché et qu'il me le témoignerait à la première occasion.

Nous nous revîmes une seule fois. C'était au Sénat, le jour où Sainte-Beuve devait y parler sur les troubles de l'École de Médecine. La séance allait s'ouvrir. Je le rencontrai à la bibliothèque au moment où il la traversait à pas rapides, de l'air préoccupé d'un homme qui se préparait à faire un grand effort et que troublait la perspective presque certaine d'une nouvelle lutte avec une assemblée prévenue. Je n'ai aucun souvenir de ce que nous nous dîmes dans cette très courte entrevue, ni s'il y eut autre chose qu'un bonjour échangé entre nous. Le moment était mauvais pour des paroles de réconciliation. Le discours même que Sainte-Beuve devait prononcer allait réveiller les griefs. Il savait d'avance que je ferais plus d'une réserve sur sa politique.

Je fus témoin de sa disgrâce de tribune, courageusement affrontée et supportée. Peut-être n'était-elle pas inévitable. Quand il demanda la parole, il se faisait tard. La discussion avait été longue; l'assemblée, fatiguée, voulait en finir. Déjà, un orateur inscrit avant Sainte-Beuve, pressentant que l'auditoire lui échapperait, avait renoncé à son tour de parole. En dépit de cet avertissement, Sainte-Beuve voulut parler. On l'eût écouté au début de la séance, ou dans le cours du débat, peut-être sans faveur, mais certainement avec une sérieuse attention. Au moment où il parut à la tribune, aucun orateur n'était de force à ramener sur un sujet épuisé un auditoire qui jugeait, non sans raison, qu'on en avait trop dit. Telle fut du moins mon impression. Si Sainte-Beuve eut à souffrir de l'inattention du Sénat, je ne sache pas qu'aucun sénateur se soit manqué à lui-même jusqu'à se réjouir de sa peine.

Depuis ce jour-là, nous ne nous sommes pas revus. J'appris avec chagrin qu'il m'avait fait un dernier tort, celui de me croire complice d'une mésaventure dont je n'avais été que le témoin affligé. C'est plus qu'un tort, c'est une offense. Je l'impute à la maladie, et je ne le porte point au compte que je viens de régler avec sa mémoire.

IX

Maintenant que j'ai pris mes précautions contre les jugements d'un critique dont l'humeur troubla quelquefois la sagacité, je puis me rendre le témoignage que les inégalités de l'homme à mon égard ne m'ont pas fait varier dans mon opinion sur l'écrivain.

Dès 1829, avant de le connaître personnellement, j'avais été des premiers dans la presse, et très certainement le premier au *Journal des Débats*, à faire son éloge, alors qu'on ne pouvait le louer qu'en le défendant, ni le défendre sans mettre contre soi tous les écrivains de l'école de l'Empire et tout le public qui tenait pour eux. Trente-cinq ans après, dans un discours qui n'appelait pas nécessairement son éloge[1], mais par le seul besoin de lui payer ma dette comme lecteur, je caractérisais sa critique dans le passage suivant, par lequel je mets fin à cette défense, non sans quelque soulagement. Parlant de la tradition comme d'une source d'inspiration littéraire dans notre pays : « Ce ne sont pas, disais-je, les raisonnements qui me font peur pour la tradition, c'est plutôt la séduction d'une certaine critique subtile, engageante et hardie[2], qui paraît chercher hors de la

---

[1]. Réponse au discours de réception de M. Cuvillier-Fleury.
[2]. C'est ce que dit La Fontaine de la philosophie de Descartes.

tradition les motifs de ses jugements. Depuis plus
de quinze ans, dans une suite de brillants écrits,
qui, sous le nom aimable de *Causeries*, se sont
succédé sans interruption et sans affaiblissement,
cette critique a trouvé le secret d'en apprendre aux
plus instruits, de contenter les plus délicats et
de plaire à tout le monde. Ce n'est pas que la tradition n'y trouve à prendre son bien. Cet art ingénieux de faire ressortir, dans les œuvres de l'esprit
les plus diverses, le point vif des talents, de détacher d'un livre oublié, ou négligé, la page où le
rayon de l'inspiration a brillé, de suivre la veine
de sève qui continue à nourrir, sur un tronc mort,
un rameau toujours verdoyant, et cet autre art,
plus sévère, de montrer sous des aspects nouveaux
les grandes figures littéraires, et de rajeunir leur
gloire, tout cela est du domaine de la vérité et de
la vie, et partant, de la tradition. La tradition
aurait aussi le droit de revendiquer comme siennes
tant de maximes de goût qui vivifient cette critique
et d'en recomposer ses principes et ses propres
types. Mais il est très vrai que les jeunes écrivains y remarquent moins ce qui oblige au travail
que ce qui invite à la nouveauté par la liberté, au
vrai par le laisser-faire, au bien par le changement,

et je crains que la méthode générale d'un tel maître ne soit plus persuasive que ses maximes de goût et ses exemples.

« C'est pour cela que, tout en tirant du côté de la tradition, comme c'est notre droit, des œuvres qui n'en sont qu'une application plus libre, et qui la fortifient plutôt qu'elles ne l'infirment, il faut continuer à la défendre. »

Dans ces paroles, dont je fus vivement remercié par Sainte-Beuve, l'admiration est accompagnée d'une réserve; je n'abandonne pas la réserve, mais je garde l'admiration tout entière.

1871.

CHAPITRE VII

Deux anecdotes sur le chancelier duc Pasquier.

I. Dans quelle mesure je puis parler du chancelier duc Pasquier. — Visite que je lui fais comme candidat à l'Académie française. — Il m'invite à dîner avec deux académiciens qu'il voulait me rendre favorables. — Ce qui se passe dans l'intervalle entre l'invitation et le dîner. — Candidature inattendue de M. de Montalembert. — La mienne contrarie le duc; de quelle manière il me le témoigne. Conseil de M. de Barante. Figure que je fais au dîner. — Résultat des élections. — II. Autre invitation à dîner du duc, dont je suis devenu le confrère. — Saisie par le gouvernement impérial d'un ouvrage lithographié du duc de Broglie. — Acte de patriotisme du duc de Broglie au commencement du second Empire. — Mes réserves sur les *Vues sur le gouvernement de la France.* — Critique éloquente que fait le chancelier de la saisie de cet ouvrage. — Notre admiration en l'écoutant. — Contraste saisissant entre la décrépitude du corps chez le chancelier et l'intégrité de son esprit. — Ma conversation avec un ami en quête de preuves de l'immortalité de l'âme. J'ai vu une âme. Mon humble métaphysique.

Je n'ai pas la prétention de porter un jugement sur le chancelier Pasquier, encore moins de tracer son portrait. Je n'étais pas de son salon officiel, quand il présidait la Chambre des pairs, quoique mon titre de député pût m'y donner mes entrées;

je n'ai pas été non plus du salon plus modeste et plus fréquenté de la rue Royale, par l'unique raison dont je ne me blâme ni ne me loue, que je n'ai jamais été d'aucun salon. Dans les premières années qui suivirent la révolution de 1848, je me faisais un devoir de lui rendre quelques visites comme à l'un des représentants les plus considérables et les plus respectés du régime que j'avais servi. Son salon était le rendez-vous des hommes politiques qui avaient joué les plus grands rôles dans le gouvernement de Juillet. Ancien collègue de quelques-uns d'entre eux, j'étais attiré par la chance de les y rencontrer, et par le désir d'avoir des nouvelles. Celui que l'on continuait d'appeler M. le chancelier n'était rien moins qu'hostile au gouvernement de Louis-Napoléon. Il se souvenait d'avoir été un des ministres de son glorieux oncle, et il savait gré au prince-président de l'autorité rétablie et de la figure que la France commençait à faire dans le monde. Sur ce point, il ne souffrait qu'avec peine la contradiction. Sans faire d'apologie, il ne se refusait pas le plaisir de gourmander ceux de ses anciens amis politiques qui se montraient trop difficiles ou trop défiants pour le gouvernement nouveau. D'aucuns avouaient que s'ils votaient et se déclaraient pour le prince-président, c'est qu'ils le trouvaient bon pour essuyer les plâtres de l'édifice monarchique restauré pour d'autres occupants.

Je fus témoin que le chancelier ne goûtait point ce propos. Pour mon compte, si peu politique que je fusse, j'estimais, en mon humble *à parte*, qu'il n'y avait pas de justice à trop marchander à Louis-Napoléon la récompense du service qu'il avait rendu au pays. Bref, on ne faisait pas sa cour au chancelier en lui disant du mal de Louis-Napoléon. Je me souviens que me parlant un jour, avec un air de confidence, d'une conversation avec Cousin, dont il avait eu à modérer la verve critique : « Je viens, dit-il, de laver la tête à Cousin. » — En effet, Cousin, qui plus tard devait avoir pour l'empire parlementaire des sourires, d'ailleurs désintéressés, boudait très haut, de façon qu'on l'entendît à l'Élysée, dont il voyait, non sans raison, sortir à bref délai un empire sans Parlement.

C'est, sans rien de plus, ce que je connaissais du chancelier duc Pasquier. Si obligeantes que fussent les marques passagères de civilité qu'il m'avait données, je n'en présumais pas assez pour me croire de ses amis, et je me conduisais en conséquence. A mettre la chose le plus à mon avantage, je lui paraissais un jeune homme, par cette aimable illusion de son grand âge, si agréablement rappelée par M. Viel-Castel[1], qui lui faisait voir, dans les barbons, des jeunes gens.

Dans deux circonstances seulement je vis de plus près le chancelier. C'est le sujet des deux anecdotes que je vais raconter. J'y prends d'autant plus de plaisir que toutes les deux sont à son honneur. Toutes les deux, en effet, la première à mes dépens, témoignent de ce que son cœur avait gardé de flamme, de ce que son esprit avait acquis de lumières nouvelles, son langage de force persuasive dans l'extrême caducité.

I

Voici comment je fus l'occasion de la première : candidat pour la seconde fois à l'Académie française, j'avais fait au chancelier la visite d'usage. Sans me rien promettre, il ne s'était montré rien

---

1. Réponse au discours de réception de M. Henri Martin.

moins que décourageant. Si je ne rapportais pas une promesse formelle, j'avais pu deviner, à certaines paroles où ne se trompe pas l'oreille d'un candidat, qu'il ne me voulait pas de mal. Cette disposition m'avait été confirmée par des personnes à qui le chancelier s'en était ouvert. Elle se changea peu à peu en un intérêt qu'il exprimait tout haut, puis en une résolution arrêtée. Il m'en donna la preuve en m'invitant à un dîner où je devais rencontrer, parmi les convives, deux membres de l'Académie qui ne m'étaient pas favorables, et qu'il avait entrepris de me ramener. Je n'avais à ce moment-là qu'un concurrent, Alfred de Musset, sur lequel je me console de l'avoir emporté au scrutin, en pensant avec quelle joie, peu de temps après mon élection, je lui donnai ma voix et répondis à son discours de réception. On avait parlé un moment d'une autre candidature, celle de M. de Montalembert. Mais après un premier examen de l'état du poll, il s'était retiré de la lutte et, le jour où m'arriva l'invitation du chancelier, il n'était plus question de lui.

Le dîner devait avoir lieu à huit jours de l'invitation. Dans l'intervalle, sans que j'en eusse aucune nouvelle ni aucun soupçon, M. de Montalembert s'était ravisé. De candidat tâtant le terrain, il était devenu tout à coup candidat voulant enlever la place de vive force. J'ai su par M. Guizot jusqu'à quel point il endurait qu'on la lui disputât. M. Guizot lui avait déclaré qu'il voterait pour moi. M. de Montalembert le prit si mal, qu'un soir, chez la princesse de Liéven, où M. Guizot se trouvait avec trois autres personnes, M. de Montalembert, entrant, parvint à les saluer toutes les trois, sans paraître voir M. Guizot. A un solliciteur si ardent et dont les titres étaient d'ailleurs si considérables, quelle apparence que le chancelier, moins sollicité que mis en demeure, me préférât, moi qu'il connaissait à peine, et qui ne pouvais me prévaloir d'aucun engagement exprimé? Quoi de plus naturel qu'il m'abandonnât pour un ancien collègue de la pairie, qui lui était particulièrement cher, et dont il avait, dit-on, encouragé publiquement et applaudi du haut de son fauteuil présidentiel les débuts oratoires? C'est en effet ce qui arriva.

Le jour où M. de Montalembert se mit sur les rangs, ou plutôt partit pour la conquête de l'Académie, le chancelier Pasquier le suivit, et lui prit, pour l'y aider, quelque chose de son ardeur. Restait à arranger avec ce revirement l'invitation à dîner faite au candidat évincé. La civilité en fournissait plus d'un moyen à un homme à qui n'était pas inconnu le répertoire des excuses mondaines. Le chancelier ne se mit pas en frais de recherches; il usa du moyen primitif que voici.

J'étais arrivé à l'heure indiquée, ne sachant rien, ne me doutant de rien, et j'apportais toute la bonne grâce et tous les sourires reconnaissants d'un candidat qui se croit adopté. J'entre, l'air confiant, je salue le chancelier, et comme je le savais un peu sourd et presque aveugle, je me nomme. Il était assis sur un canapé. Il ne se lève pas, ne me rend pas mon salut, ne m'adresse pas une parole. Je m'étonne d'abord; les invités arrivés les premiers s'étonnent comme moi. Bientôt, cet accueil ou plutôt cette rebuffade m'est expliquée. Plus de doute. J'avais dérangé une combinaison chère au chancelier. Il me traitait en intrus; dès lors je n'avais plus qu'à prendre mon chapeau et à me retirer. Il y a, me dis-je, un restaurant tout près; j'y vais dîner, quitte à faire parler les garçons de la blancheur de ma cravate.

Comme je tournais sur moi-même en homme qui s'est fourvoyé et qui cherche une issue, un des invités me prend le bras et m'emmène à un bout du salon. C'était M. de Barante. Il avait deviné mon projet. « Vous voulez vous en aller, me dit-il; n'en faites rien. Vous offenseriez du même coup un hôte, un homme illustre et un vieillard. Mettez-vous à sa place. C'est lui qui, le premier, a eu l'idée de la candidature de M. de Montalembert. Celui-ci ne s'y prêtant pas d'abord, le chancelier a pensé à vous, non toutefois sans regretter son premier candidat. A la fin M. de Montalembert se décide; il croit avoir, il a en effet des chances. Le chancelier voit se réaliser ce qu'il désirait. Fort innocemment vous venez à la traverse. L'humeur de l'homme, je ne vous le cache pas, n'est pas d'aimer qui le contrarie. C'est un vieillard illustre qui a des colères d'enfant. S'il s'est oublié avec vous, la seule leçon qu'il y ait à lui donner, c'est de prendre de bonne grâce son incartade. »

Je n'étais pas persuadé; mais je ne contestais pas. Un candidat ne conteste rien à ses électeurs. Encouragé par mon air de résignation : « Moi-même, me dit M. de Barante, qui vous ai promis ma voix, je suis forcé de la reprendre. M. de Montalembert est pour moi aussi un ancien collègue et un ami. Comme le chancelier, c'est à lui que d'abord j'avais pensé. Croyez-moi, ne vous présentez pas. Ceux que votre retraite va mettre à l'aise s'en souviendront, et vous le revaudront. — Des deux choses que vous me conseillez, lui dis-je, il en est une qui ne dépend pas de moi. C'est de renoncer à ma candidature. Bon nombre de vos confrères ont bien voulu la provoquer et l'encourager; je leur appartiens plus qu'ils ne m'appartiennent. Disposer de moi d'une façon qui me donnerait l'air de disposer d'eux, ce serait plus que de l'indiscrétion. Je resterai donc sur les rangs, et j'espère, monsieur, que vous vous en souviendrez sans m'en vouloir. Quant à l'autre chose, comme c'est affaire de dignité, personne n'en peut être un meilleur conseiller que vous. Je suivrai donc votre avis, et je ferai bon visage à mauvais jeu. Je me mettrai à table avec vous. Quant à trouver bon le dîner du chancelier, vous ne voulez sans doute pas que je m'y engage. » Ce que je mangeai, je n'y goûtai guère, et à peine hors de table, profitant de l'ombre que faisaient quelques visiteurs arrivés de bonne heure pour la soirée, je m'échappai.

Le résultat de l'élection n'eut pas de quoi contenter le chancelier. Nous étions trois sur les rangs, Alfred de Musset, Montalembert et moi. Il y eut cinq tours de scrutin. Aucun membre ne se détacha de son groupe. Il m'avait manqué, dès le premier tour, pour avoir la majorité, une voix promise; cette voix ne vint pas. C'est alors que le chancelier, voyant chacun bien résolu à tenir bon pour son candidat, proposa de remettre l'élection à sept mois. La proposition fut agréée, et la séance fut levée sur cette encourageante parole : « Ils passeront tous les trois »; parole bien flatteuse pour les deux concurrents d'Alfred de Musset.

Pendant le vote, j'étais allé attendre mon sort dans un des ateliers qui s'ouvrent sur la grande cour de l'Institut. C'est celui qu'occupait alors Gayrard père, habile statuaire, auquel il n'a manqué, pour être célèbre, que de soigner sa réputation plus que son art, aussi expressif que délicat [1]. Jusqu'à quel point Gayrard m'était ami, on va en juger par ce qui suit. Quand je fus de l'Académie, il voulut, me croyant mûr pour le buste, entreprendre le mien. Mais, soit par la faute du modèle, soit que son cœur exigeât trop de sa main,

1. Il était, du moins, connu des bons juges; témoin Thiers, qui lui fit exécuter en marbre la charmante statuette de la *Jeune Péruvienne*, qui porte si gracieusement un panier de fruits.

il ne parvenait pas à se satisfaire. Un jour que, venant pour poser, j'entrais dans l'atelier, je vois Gayrard le visage ému, debout parmi les débris du buste qu'il venait de mettre en pièces. « Qu'avez-vous fait là ? m'écriai-je. — Ce que j'ai déjà fait et dû faire, dit-il froidement, du buste de Madame de Monmerqué, puisqu'il est dit que les deux seuls bustes où j'ai échoué sont ceux des deux personnes que j'ai le plus aimées. » Tel était l'ami chez qui M. de Salvandy vint mettre fin à mes incertitudes, en m'apprenant l'ajournement de l'élection, et dans quelles bonnes dispositions pour les candidats ajournés l'Académie s'était séparée.

II

C'est à ma qualité de confrère du chancelier que je dus la bonne fortune d'être témoin de la seconde anecdote et d'un des actes de sa longue vie qui font le plus d'honneur au duc Pasquier.

Par une violence que se rappellent avec regret les plus fidèles amis du second Empire, le gouvernement venait de faire saisir sous la presse un ouvrage du duc de Broglie[1]. Commencé après la révolution de 1848, interrompu plusieurs années, puis repris sous l'empire vers 1855, il avait été achevé en 1860. Le duc de Broglie avait l'habitude de faire lithographier ses manuscrits. Il en donnait quelques copies à ses amis; le reste était déposé aux archives de Broglie. L'imprimeur chargé de lithographier les *Vues sur le gouvernement de la France* avait fait le dépôt légal de deux exemplaires à la Bibliothèque impériale. L'ouvrage fut saisi, et après une instruction où l'on reconnut que le livre n'avait reçu aucune publicité, il fut restitué à son auteur.

Pour croire le duc de Broglie capable de descendre jusqu'à écrire un pamphlet, il fallait ou qu'on sût bien peu de choses de son caractère et de sa vie, ou qu'on voulût en ignorer tout. Non que le duc de Broglie n'eût de très fortes préventions contre le second Empire, ni qu'il fût assez maître de ses sentiments pour les exprimer sans mauvaise humeur. Mais de là aux emportements et au style d'un pamphlétaire, il y avait, quant aux choses, toute la distance de la licence à la li-

---

1. *Vues sur le gouvernement de la France.* Juin 1861.

berté; et quant à la personne, d'un aventurier de la presse à un homme d'État qui avait eu l'honneur de gouverner son pays. Comment comprendre qu'il ne se soit trouvé, dans les conseils du souverain, personne pour croire, et personne pour dire, que le duc de Broglie n'était ni d'humeur ni de situation à faire de l'opposition par des pamphlets, et qu'un écrit de sa main, dût-il être sévère jusqu'à l'injustice, éloignerait plus qu'il n'attirerait, par son allure spéculative et par son élévation même, l'espèce de lecteurs que passionnent les déclamations du pamphlet ?

On eut peur du duc de Broglie comme d'un monteur de têtes, et en même temps qu'on faisait main basse sur son écrit, on citait l'auteur lui-même à comparaître devant un magistrat. C'est à ce magistrat que le duc de Broglie se donna le plaisir d'apprendre qu'en sa qualité de grand cordon de la Légion d'honneur il ne pouvait avoir de comptes judiciaires à rendre qu'à la haute cour de justice.

Il est certains ennemis qu'un gouvernement ne peut guère combattre que d'une seule façon : c'est en gouvernant bien. M. de Broglie était de ceux-là. Aussi bien, son hostilité contre le second Empire ne lui fermait les yeux ni sur les bienfaits de l'ordre rétabli et assuré ni sur la bonne attitude de la France au dehors. S'il ne pardonnait pas au gouvernement impérial son origine, il savait lui tenir compte de l'imposante masse de suffrages qui l'avait consacrée. Enfin, il n'était pas homme à refuser ses lumières à son pays, par le seul motif qu'elles lui étaient demandées par un gouvernement qu'il n'aimait pas.

Une occasion s'en était présentée, dans les premières années du second Empire. Bien loin de s'y dérober, le duc de Broglie s'y était prêté avec le plus noble empressement. On préparait au département de la marine, qui avait alors pour ministre le prince Napoléon, un nouveau règlement sur la traite des nègres. Une commission avait été nommée à cet effet. Un personnage politique, en position de se faire écouter du prince, lui conseilla d'y appeler le duc de Broglie. C'était, disait-il, l'homme du monde le plus compétent sur la question. La répression de la traite des nègres était la gloire de sa vie publique. Nommer une commission pour s'occuper de cette matière et n'y pas adjoindre le duc de Broglie, c'était d'avance en discréditer le travail. « Cela vous est aisé à dire, répondit le prince, et si je suis refusé! — Vous ne le serez pas, je m'en fais garant. Chargez-moi d'aller offrir en votre nom la chose au duc. » Le prince y consentit. Dès le jour même, aux premiers mots du négociateur, le duc de Broglie promettait de se rendre à la première convocation. Le lendemain, il se présentait devant la commission, et il ne l'étonnait pas moins par l'abondance de ses lumières que par la bonne grâce de son empressement à les mettre au service du gouvernement impérial.

On a lu les *Vues sur le gouvernement de la France*. J'ai lu cet écrit comme tout le monde. Je ne cache pas que je m'en défiais. Malgré mon respect d'ancienne date pour un homme encore plus rare par l'intégrité de sa vie que par ses talents, d'autres sentiments me disposaient mal à juger favorablement son nouvel écrit. J'avais tort. Si j'excepte quelques passages où le ton dédaigneux dont certaines critiques sont exprimées ne les rend pas plus plausibles, je n'avais vu dans ce livre que le légitime exercice d'un droit qui appartient à tous les citoyens dans un pays libre. Je pensais même qu'exercé par un opposant de la valeur du duc de

Broglie, un tel droit sert un gouvernement par l'occasion qu'il lui donne de prouver, soit son bon sens en en profitant, soit sa force en le supportant. C'est pourtant ce livre, œuvre d'un homme d'État illustre et d'un écrivain supérieur, qu'une mise à l'*index* préventive arrêtait avant qu'il eût vu le jour.

Lié d'une ancienne et étroite amitié avec le duc de Broglie, le chancelier fut outré de l'avanie faite à son ami. Il s'en expliquait, souvent en termes amers, à ses réceptions du mardi. Un des derniers jours du mois de juin 1861, nous dînions chez lui, trois ou quatre de nos confrères, Patin entre autres, et moi. Avant qu'on se mît à table, il nous fit signe de nous approcher de lui, et d'une voix grave et émue : « Messieurs, nous dit-il, j'ai besoin de vous parler d'une chose qui me trouble beaucoup. Puis, comme se ravisant : Non, pas encore, dit-il; comme j'ai à parler un peu longuement, il me faut prendre des forces; dînons d'abord. »

La précaution n'était pas inutile. La vie du chancelier n'était plus qu'un souffle. Confiné dans son appartement, il n'y marchait qu'appuyé sur une canne, faisant d'une chambre à l'autre, de son fauteuil à son canapé, les quelques pas auxquels se réduisait pour lui tout exercice. Ce jour-là, il paraissait si faible et si chétif, qu'on ne pouvait le regarder sans penser à la lampe qui, faute d'huile, va bientôt s'éteindre.

Il mangea d'un ou de deux plats, comme on peut se figurer que les ombres, dans les fables païennes, mangeaient des mets qui leur étaient servis sur leurs tombeaux. De notre côté, nous ne fîmes que fort peu d'honneur à un excellent dîner, tant nous étions pressés d'entendre une confidence annoncée sur ce ton, et venant d'un personnage si considérable. Rentrés au salon, nous fîmes cercle autour de notre hôte. « Je veux, nous dit-il, vous dire toute ma pensée sur ce qui vient d'arriver au duc de Broglie. » Nous en avions été nous-mêmes attristés, et, à quelques nuances près, nous ressentions de la même façon l'offense faite à notre illustre confrère. Le chancelier avait donc à qui parler.

Il exposa le fait avec une admirable netteté. Il en discuta la légalité, puis la convenance. Il blâma sévèrement la faute qu'on avait faite, mais en bon citoyen qui eût désiré qu'on ne la fît pas. Parlant de la personne du duc de Broglie, il s'étendit sur ses imposants mérites, sur ses talents, sur son caractère, sur ce qu'on devait à son âge, à ses services. Il s'étonna qu'un gouvernement sensé et fort en fût venu à ne pas s'accommoder de la liberté d'opinion d'un tel contradicteur. En louant son ami, il eut des accents qui nous pénétrèrent. Tout cela fut dit avec fermeté, abondance et chaleur, comme par un homme dans la force de l'âge et dans la pleine maturité de son mérite, avec une mesure dont la vieillesse seule a le secret. Aucune hésitation, aucun mot parasite; tout portait coup; tout était raison et sentiment.

S'il pouvait être question ici d'effet, quel effet plus saisissant que le contraste, en ce noble vieillard, de cette plénitude de la vie intellectuelle et de l'exténuation, si semblable à la fin, de la vie physique. Debout, au milieu de nous, et nous dominant, la tête couverte d'une casquette, les yeux cachés sous une visière verte qui défendait contre la lumière ce qui leur restait, non de vue, mais de sensibilité, il parlait, les deux mains appuyées sur sa canne, ramassant ainsi toutes ses forces pour aller jusqu'au bout. Nous nous regardions les uns les autres, échangeant librement des mouvements de tête approbatifs qu'il ne pouvait voir, et des murmures d'admiration qu'il ne pouvait entendre. Quand il eut fini, il gagna en chancelant le canapé le plus proche, et s'y laissa glisser plutôt qu'il ne s'assit, silencieux et baissant la tête comme un homme épuisé [1].

Nous nous gardâmes bien de lui dire nos impressions, ne voulant pas lui imposer l'effort de nous répondre. Quant à lui exprimer notre admiration, la tentation ne nous en vint même pas; car nous avions devant nous, non pas un ancien acteur de la scène politique cherchant un dernier applaudissement, mais un juge sur le bord de sa tombe, qui, pour nous expliquer une affaire de ce monde, semblait avoir un commencement des clartés de l'autre.

Le lendemain, rencontrant un vieil ami qui,

---

1. On lit dans la lettre 87 de Mérimée à M. Panizzi, à la date du 19 novembre 1861, le passage suivant :

« J'ai dîné hier chez le duc Pasquier, qui a quatre-vingt-quinze ou quatre-vingt-seize ans. Il nous a raconté toute l'histoire du mariage de Napoléon Ier d'une manière charmante; c'était à écrire sous sa dictée d'un bout à l'autre du récit, qui a duré plus de vingt minutes. »

Ainsi, c'est six mois après l'éclatante preuve de force et d'intégrité intellectuelle que nous avait donnée l'illustre nonagénaire qu'il étonnait d'autres auditeurs, parmi lesquels était Mérimée.

toute sa vie, a été à la recherche d'une preuve de l'immortalité de l'âme : « J'ai trouvé mieux, lui dis-je, que la meilleure des preuves ; c'est l'âme elle-même qui m'est apparue hier. » — Parlez-vous sérieusement? » dit-il. Je lui racontai au long l'imposante scène de la veille. « Si notre intelligence, lui dis-je, subissait invariablement le même déclin que nos organes, s'il était sans exemple qu'une âme fût restée jeune dans un corps décrépit, les matérialistes auraient beau jeu, et le penseur sincère serait bien en peine de se mettre en paix sur le problème de la destinée humaine. Mais les exemples n'abondent-ils pas d'intelligences demeurées entières dans la destruction graduelle des organes chargés de les servir ?

« Je conviens que l'âme semble passer par des âges différents. Elle se développe, croît, se fortifie dans le même temps que le corps auquel elle est unie. Ce qu'on appelle la maturité de l'homme n'est autre chose qu'un certain état où l'harmonie du corps et de l'âme est si parfaite, qu'il semble n'y avoir plus dans l'homme qu'une seule et même existence. Mais, la vieillesse venue, il se manifeste deux existences de plus en plus distinctes. La loi qui pousse l'homme de l'enfance à la jeunesse, de la jeunesse à l'âge mûr, de l'âge mûr à la vieillesse, qui, d'amaigrissement en amaigrissement, découvre de plus en plus sous le corps décharné le squelette, cette loi respecte l'intégrité de l'âme. Celle-ci est si bien destinée à survivre à son union avec le corps, qu'elle paraît comme impatiente par moments de la rompre. Sentant le lien prêt à se dissoudre, et les dernières passions lâcher prise, elle s'émancipe et essaye ses ailes pour le voyage vers les régions nouvelles où elle se voit divinement appelée.

« Ce ne sont là, allez-vous me dire, que des apparences. Mais voici une réalité palpable. Cette âme, au moment même où va finir son union avec le corps, devient supérieure à elle-même. Elle déploie plus de qualités qu'au temps où, sous la loi d'un progrès simultané, cette union des deux natures s'était le plus rapprochée de l'unité. C'est cette réalité dont je fus hier le témoin édifié et charmé. Il est resté de l'âge mûr du chancelier Pasquier des discours et des écrits. Ceux qu'on tient pour les meilleurs non seulement n'égalent pas les belles paroles d'hier, mais ne les annoncent pas. Comment croire que ce qui se perfectionne ainsi en l'homme, à mesure que le corps s'altère, que ce qui s'affranchit de la matière à mesure que le corps s'y assujettit, au point que les dernières années de leur vie en commun ressemblent, pour l'âme, à des chaînes qui tombent, comment croire que ce qui paraît commencer sa vraie vie, alors que le corps arrive au bout de la sienne, finisse en même temps et de la même fin? Supposez qu'après son entretien d'hier le chancelier fût mort de l'effort suprême qu'avait dû faire son corps pour supporter l'élan de son âme, direz-vous que l'âme eût suivi les conditions du corps, et que deux vies si inégales, l'une faisant un nouveau progrès vers sa perfection, l'autre près de s'éteindre, eussent abouti au même néant? »

Je n'ose pas dire que mon ami fut persuadé par cette métaphysique fort peu correcte; mais pour être touché, il le fut, et il ne le cacha pas. Comment en douterais-je? En ces choses-là, la bonne métaphysique, c'est le sentiment. La métaphysique scientifique se pique de se passer du cœur et de ne vouloir convaincre que par l'esprit. C'est une belle ambition; mais il est heureux que le cœur garde ses raisons pour le moment où l'esprit perdra confiance en les siennes. On sait si j'admire médiocrement Descartes[1]. Rien n'est plus profondément imprimé en moi que sa démonstration de la spiritualité de l'âme. Mais ce que j'en aime le plus, c'est que, par tout ce magnifique appareil de logique et de raisonnement, il n'apprend à mon esprit que ce que mon cœur savait déjà.

1. Voir, au tome II de mon *Histoire de la littérature française*, le deuxième chapitre.

CHAPITRE VIII

Si j'ai connu la jalousie littéraire.

I. S'est-il mêlé quelque jalousie à mes jugements littéraires? — Expérience que j'en fais à mes débuts dans le journalisme. — Saint-Marc Girardin au *Journal des Débats*. Faveur dont il y jouit. — Visite du baron, depuis duc, Pasquier. — Sylvestre de Sacy. — Son portrait. — Intimité entre lui et Saint-Marc Girardin. — Comparaisons qui se font des deux hommes au *Journal des Débats*. — Le parti de Sylvestre de Sacy. — II. Le Sacy de 1855 à 1879. — Onction de sa critique. — Déclarations de la préface de ses *Variétés littéraires*. — III. Saint-Marc Girardin. — Mon article sur le livre *De l'usage des passions dans le drame*. — J'ai deux griefs contre lui. — Le jour de mon élection à l'Académie française, il arrive après le scrutin. — Sa réponse à mon discours de réception. — La faculté des lettres me présente pour la chaire d'éloquence française. Billet blanc de Saint-Marc Girardin. Paroles échangées entre nous. — Saint-Marc Girardin au Conseil impérial de l'Instruction publique. — Il s'y montre par moments plus ministériel que le ministre. — Sur quelques mots de mauvaise humeur qui m'échappent, il quitte la salle du conseil. — Notre brouille. — Mon opinion dernière sur l'homme public et sur l'écrivain.

Avant de me risquer dans la périlleuse entreprise de critiquer les auteurs contemporains en renom, je crois avoir fait d'honnêtes efforts pour chercher si, dans mon arrière-fond, il n'y avait pas quelque mobile de jalousie. Aujourd'hui, après un demi-siècle durant lequel, parmi beaucoup de ces auteurs, j'en ai jugé plus d'un auquel, à mon insu, je pourrais faire un tort d'offusquer par son mérite le peu qu'on voulait bien m'en reconnaître à moi-même, je ne trouve dans cet arrière-fond rien de la jalousie. Et je suis sûr de ne m'y pas tromper; car la jalousie étant un des vices du cœur qui poussent le plus loin leurs racines, s'il y en avait trace dans le mien, c'est par ma conscience et sous la forme d'un remords toujours vivant que j'en serais averti.

Une expérience que je fis à mon début dans les lettres me mit en paix sur ce point pour toute la suite de ma vie de critique. Quand l'illustre fondateur du *Journal des Débats,* alors son rédacteur en chef, Bertin l'aîné, voulut bien, en 1829, m'en ouvrir les colonnes, Saint-Marc Girardin y était en très grande faveur. C'est trop peu dire, il y régnait. Il n'avait pas d'ailleurs le règne modeste. Il ne se défendait pas des airs avantageux, et comme on dit, il le portait haut. Quand, du demi-jour du débutant, où je me tenais derrière les arrivés, je le voyais entrer au journal, la tête haute, le chapeau un peu en arrière, comme pour laisser voir le front d'où sortaient ses articles si admirés, souriant d'avance aux compliments qu'allait lui valoir le *premier Paris* du jour, écrit, selon son usage, sur la partie restée blanche des copies de ses élèves, certes l'occasion était bonne, si j'eusse été capable de jalousie, d'en sentir quelque pointe. Je ne sentais que deux choses : un certain manque d'inclination pour l'homme, et mon originelle défiance de tout succès où il entre de la mode. Sur le talent de l'écrivain, je pensais d'ailleurs comme tout le monde ; même je ne me défendais pas de l'admirer à l'occasion, mais sans m'emporter.

Saint-Marc Girardin avait ce double privilège, que tout ce qui venait de lui était bon, et que tout ce qui était bon passait pour venir de lui. Je le constatai un jour à mes dépens. Il avait paru dans le numéro du jour *un premier Paris* dont je n'avais pas sujet d'être mécontent, car j'en étais l'auteur. Comme je venais d'entrer au bureau du journal, un visiteur, aux allures d'homme d'État, air demi-protecteur et demi-protégé, s'approchant du grand journaliste : « Je viens, dit-il, faire mon compliment au *Journal des Débats* de son article politique de ce matin. M. Saint-Marc Girardin a dû pour l'écrire, tailler sa plume des dimanches. » Ce visiteur, c'était le baron Pasquier, depuis chancelier de France et duc, alors membre de la chambre des pairs, après avoir été trois fois ministre. Il faisait une vive, quoique discrète opposition au ministère d'alors. L'article avait de quoi lui plaire, car ce ministère n'y était pas ménagé. L'auteur étant là, je m'attendais à ce que M. Bertin lui renvoyât le compliment. Il n'en fit rien, et l'éloge me passa, comme on dit, sous le nez. Si je n'en eus pas de jalousie, c'est que bien décidément j'étais fermé à cette méchante passion. Mais pour de la mauvaise humeur, c'est autre chose. Je m'en défendis si peu, qu'en ce moment je ne suis pas sûr de n'en avoir pas gardé quelque reste.

Le second en importance et en renom dans la rédaction politique, c'était Sylvestre de Sacy. Derrière Saint-Marc Girardin faisant son entrée au bureau du journal en homme qui s'y savait attendu, Sacy était déjà au milieu de la pièce sans qu'on l'eût vu entrer. Petit homme court, de peu d'apparence, quelque chose d'un honnête robin, prisant à tout propos, et déployant à chaque instant le foulard du priseur, parlant simplement, du ton modeste d'un homme dont on ne recueille pas les paroles, figure un peu bourgeoise, sauf des yeux intelligents et bons qui annonçaient un esprit d'élite et un homme de bien, tel me paraissait être Sylvestre de Sacy.

Saint-Marc Girardin faisait de la politique où l'imagination, le trait, voire le paradoxe, ne laissaient aux raisons solides que la plus petite place. Au fond, il jouait avec les choses et les hommes. La politique voulait-elle qu'il se fâchât, il se fâchait pour rire. Bref, il jouissait de son esprit, esprit heureux, brillant, plein de saillies et d'étincelles, à qui suffisait l'applaudissement de la galerie, assemblée, conseil ou salon. Sacy, sérieux et sincère, croyait aux principes. Il était touché du dogme constitutionnel comme il l'était, en religion, du dogme catholique. Tandis que l'un procédait par vives saillies, par traits décochés d'une main légère, l'autre argumentait, raisonnait serré, en dialecticien, sous lequel s'échappait quelquefois l'avocat.

La polémique de ces deux hommes éminents n'était pas moins différente. Ils combattaient, l'un en vélite romain, armé à la légère, et à l'occasion, sortant du rang; l'autre, en hoplite grec, pesamment armé, sans quitter sa place. Saint-Marc Girardin, écrivain de vocation, Sacy, d'éducation et de pratique, maniaient la langue générale avec justesse et sûreté; mais Saint-Marc Girardin s'y faisait de verve une langue à lui; Sacy se l'appropriait par la fermeté de sa raison et par la sincérité de sa pensée. Le style de Saint-Marc Girardin vif, naturel, semé d'idiotismes heureux, avec des saillies au lieu d'images; celui de Sacy clair, abondant, mais un peu terne, mettaient entre ces deux journalistes supérieurs la différence d'un écrivain à un homme de talent qui s'explique.

Une chose à leur honneur commun, c'est que malgré un certain air de concurrence qu'avait leur collaboration, et quoiqu'on fît de leur tour d'esprit et de leurs talents des comparaisons propres à faire tourner cette concurrence en rivalité, ces deux camarades de collège étaient et sont toujours restés deux amis. Nos « affreux collèges à internat », comme la mode est de les appeler aujourd'hui, ont au moins le mérite de produire ce qui ne se produit, que je sache, par aucun autre système d'éducation, la chose la plus *douce* qu'il y ait au monde, l'amitié véritable. Chose si douce, en effet, et si rare, que si les collèges à internat, où il s'en forme de la meilleure sorte, n'existaient pas, il faudrait les inventer. A voir de quelle façon, sans ombre de retour sur lui-même, Sacy, en présence de Saint-Marc Girardin, s'effaçait, au point qu'on eût pu le prendre pour le rédacteur à tout faire et pour l'homme de peine du journal ; avec quel désintéressement, quand il entendait louer le favori, il se mêlait au chœur, on se sentait pris d'une vive estime pour tant de modestie jointe à tant de mérite. Témoin plus d'une fois de son attitude dans les petites ovations qu'on faisait à son ami, et songeant combien, quand il est si près du premier, il doit être difficile au second de se défendre d'un mouvement de jalousie, j'admirais l'excellente nature de Sacy et j'y prenais exemple et encouragement pour moi-même.

L'attitude de Sacy était d'autant plus méritoire, qu'il se savait, au *Journal des Débats*, des partisans et presque un parti. C'étaient, parmi les rédacteurs et les assidus du bureau, certains esprits indépendants, qui ne recevaient pas de la popularité leurs jugements tout faits. Sans contredire la gloire de Saint-Marc Girardin, ils estimaient qu'il y avait à en prendre et à en laisser. Ils préféraient Sylvestre de Sacy pour son sens droit, son instinct politique, la sûreté de sa rédaction. Sur ce dernier point, le rédacteur en chef du *Journal* leur donnait raison en ne cachant point qu'il se fiait plus, pour dire le dernier mot, à Sacy qu'à Saint-Marc Girardin. A les entendre, tandis que celui-ci préférait se servir de la politique pour son succès personnel, Sacy la servait sans intérêt, s'y donnait tout entier, comme à un devoir de bon citoyen.

La comparaison entre les deux talents était souvent sur le tapis. Dans un journal qui tirait tant de services de l'un et de l'autre, et tant d'éclat de la diversité de leurs talents, la préférence pour l'un ne risquait pas d'aller jusqu'à l'injustice pour l'autre. J'écoutais ce qui se disait, ou plutôt ce qui se chuchotait sur ce sujet ; je ne m'y mêlais point. Seulement, à part moi, autant l'esprit ironique de Saint-Marc Girardin, ses airs d'enfant gâté, son goût du paradoxe, sa complaisance visible pour tout ce qui sortait de sa bouche, m'ôtaient l'envie de rechercher son amitié, autant Sacy m'attirait par sa rondeur, par sa simplicité, par l'air modeste dont il portait son succès toujours croissant. Certes, si j'avais été piqué de jalousie contre Saint-Marc Girardin, c'était, ou jamais, le bon moment pour m'y laisser aller. Et je m'y serais mépris tout le premier, la jalousie pouvant se glisser en moi sous la couleur d'un assentiment réfléchi aux graves raisons qu'alléguaient les partisans de Sacy pour le préférer à son émule. Non seulement je m'en défendis, mais, dans plus d'une conversation avec ceux-ci, il m'arriva de prendre parti pour Saint-Marc Girardin, et de me faire, en dépit de mes réserves sur l'homme, le champion de l'écrivain. Mon goût pour le talent était le plus fort. Je donnais donc, avec ses amis, le premier rang à Saint-Marc-Girardin. Sacy venait ensuite, le plus près de lui, mais, comme dans la lutte à la course de Virgile, à un long intervalle,

... longo, sed proximus intervallo.

Avec le temps, l'intervalle diminua. Le jour où, au lieu d'écrire sur des choses changeantes et éphémères, comme sont les questions politiques dans notre pays, il écrivit sur les deux grands intérêts de sa vie désormais affranchie, ses croyances chrétiennes et son amour pour les lettres, d'écrivain de pratique il devint écrivain d'inspiration, et s'il ne fut pas l'égal de Saint-Marc Girardin, ce fut un second qui serrait de bien près le premier.

II

C'est vers 1855 que se révèle le Sacy de la seconde manière. La monarchie constitutionnelle, qu'il aimait moins comme un établissement politique que comme l'idéal même des gouvernements libres, il l'avait vue s'écrouler. Après quelque temps donné aux regrets, mêlés d'un peu de mauvaise humeur contre le régime nouveau, il se désintéressa peu à peu de la politique du *Journal des Débats*. Tout en restant fidèle à la maison, il se retira, quoiqu'à pas lents, de la première page, où s'étale la politique, à la troisième où se réfugie la littérature. Il finit par s'y fixer.

Par ce côté des pures lettres, Sacy est une figure originale. Il a, de nature et en don, je ne sais quelle onction qui n'est pas la vertu ordinaire des critiques; une sincérité incorruptible, un style, comme le veut Fénelon, qui est le vêtement de l'honnête homme. Qualités rares, qui ont fait à Sacy, dans la critique, une place qu'il ne cherchait pas et qu'il a toujours refusée. Peut-être ne se défend-il pas assez, dans ses articles littéraires, du ton *plaideresque* de ses articles politiques. L'interrogation, si chère aux avocats, y abonde ; elle n'a pas du moins la fausse chaleur de la barre. Il y a là quelque chose de nouveau. Cette critique, qui n'en veut pas être, ressemble à la consultation qu'un homme de goût donnerait à un auteur assez sensé pour vouloir un avis sincère sur son œuvre. Sacy aurait pu lire ses articles à tous ceux qu'il y juge. Ses louanges, données sans vaines complaisances, auraient été reçues sans fausse modestie, et ses critiques, pures de toute malice comme de tout pédantisme, auraient obtenu créance et porté fruit. Venues du même fond de candeur et de vérité, critiques et louanges se donnaient mutuellement crédit.

Dans la préface du recueil où il a réuni, sous le titre de *Variétés littéraires*, ses principaux articles, il a jugé lui-même son œuvre. Il faut s'en rapporter à lui. Il n'était homme ni à tromper les autres ni à se tromper lui-même. Il avoue n'être ni un grand critique ni un grand érudit. Mais il aime les lettres avec passion. « C'est, dit-il, un sentiment né pour ainsi dire avec moi. » Il ne trouve pas dans sa vie, même au temps où il était si occupé de politique, qu'on pouvait l'y croire absorbé, « un jour où la vue, à plus forte raison la lecture d'un bon livre ne l'ait ravi et transporté ». Dans les temps d'émeute, il lisait les *Lettres de Madame de Sévigné*. Il n'allait jamais aux séances des Chambres sans emporter un petit volume, pour les moments « où il n'y avait rien à écouter que le bavardage inutile qui précède toute discussion sérieuse ». Dans les beaux jours, il ne se promenait pas sans un livre. Il confesse d'ailleurs que ses goûts sont exclusifs, qu'il n'a lu que les livres excellents. Il fait la sourde oreille à tous les bruits de la littérature contemporaine et il lui ferme obstinément la porte de son cabinet, où il vit enfermé avec les classiques.

De la famille des Nicole, des Duguet, dont il a réédité quelques ouvrages de choix, de l'école de Bourdaloue, dont il tenait les sermons pour le meilleur parmi les « bons livres », il écrit comme les premiers du second ordre, dans la langue générale, ou, selon le mot de Vaugelas, dans la langue du bon usage. Il n'a pas l'imagination qui peint les pensées. Il n'a pas non plus le trait, qui, à le prendre dans le vrai sens, n'est qu'une pensée à la fois rare et juste, pour laquelle l'imagination a créé quelque tour ou suggéré quelque associatio[n] de mots qui la rend plus saisissante. Il en a laiss[é] le mérite à Saint-Marc Girardin, si souvent heureu[x] en ce genre d'invention, soit pour rajeunir la langue[,] soit pour y oser. Dans le style de Sacy, il y a l[e] nécessaire, rien de plus; mais partout où les pensées sont des sentiments, l'écrivain qui nous donn[e] le nécessaire nous donne tout.

Tel est, en particulier, le caractère des excel[-]lentes pages que Sacy a mises en tête de certain[s] ouvrages de piété réédités par lui, humbles fleur[s] de notre littérature, aujourd'hui un peu fanées, mai[s] qui reprendront un jour leurs couleurs, grâce à l[a] mobilité française, et par le fond indestructibl[e] d'où elles tirent leur beauté, la morale chrétienne[.] Sacy fait plus qu'admirer ces aimables ouvrages[,] il les médite, il en éprouve sur lui-même la vérité[.] Il ne les tire pas à lui comme livres faits à so[n] usage exclusif, et dont il serait le seul juge compétent. Son admiration ne cherche pas les raison[s] éloignées. Elle s'en tient volontiers à celles de l[a] tradition, qu'il pense à son tour pour son compte e[t] auxquelles il imprime son cachet. Il ne parle pas de ses chers auteurs en homme qui les aurait découverts le premier. Ils étaient dans la bibliothèque de son père, parmi les livres familiers, à la main de tous les enfants en âge de lire ; il les a vus, il les a lus, il les aime, et il dit naïvement pourquoi. Moins jaloux de penser finement que sincèrement, il réussit à faire admirer ce qu'il admire, sans détourner un moment l'attention du lecteur vers la façon dont il s'y est pris.

S'il ne veut pas être un « grand critique », soit, accordons-le-lui; appelons-le critique sans le vouloir. Mais celui-là est un critique d'une espèce rare, aux jugements de qui l'on croit, comme à la parole d'un homme d'honneur. C'est par ce trait caractéristique que, dans le souvenir lumineux qui nous reste des deux célèbres rédacteurs du *Journal des Débats*, Sacy nous apparaît, non plus derrière son brillant ami, mais tout à côté. Il n'y a plus entre eux qu'une différence, équivalente, au moral, à la différence de taille qui les distinguait de leur vivant, Saint-Marc Girardin l'ayant un peu au-dessus de la moyenne, Sacy un peu au-dessous.

III

Pour en revenir à Saint-Marc Girardin, lorsque parut son ouvrage sur *l'usage des passions dans le drame*, j'en fis le sujet d'un article pour la *Revue des Deux Mondes*. J'y exprimai de mon mieux en quelle haute estime je tenais son talent. Je n'ai pas changé d'opinion. Dans la conclusion de mon *Histoire de la littérature française*, et plus récemment, dans la dernière édition de mon *Précis*, j'y suis revenu, en précisant l'expression. Enfin, on peut voir, dans ces *Notes biographiques*, au chapitre sur *le mal que la politique fait aux lettres*, si je suis prêt à pardonner à la politique ce que nous a coûté de bonnes et durables pages, le besoin qu'elle a cru avoir de Saint-Marc Girardin, ou qu'il a cru avoir d'elle.

Ce n'est pas que, dans l'intervalle des plus anciens de ces écrits au plus récent, je n'aie eu contre l'homme des griefs de nature à troubler ma justice envers l'écrivain. Il en résulta tout au moins, dans nos relations, quelque froid que Saint-Marc

Girardin ne fit rien pour dissiper. Témoin le petit chagrin qu'il me donna dans deux occasions que voici.

La première, ce fut le jour même de mon élection à l'Académie française et au moment du vote. S'il est une séance où il soit du devoir strict d'arriver à l'heure, c'est une séance d'élection. Dans celle où je fus élu, Saint-Marc Girardin, retardé par quelque empêchement, entra dans la salle comme on achevait de dépouiller le scrutin. Quel était cet empêchement? Je ne m'avisai pas de m'en éclaircir avec lui. Il put dire qu'il m'avait apporté sa voix; à mon tour, il me fallut bien dire que si l'élection eût dépendu de cette voix, je n'étais pas nommé.

Il parut du moins vouloir me le faire oublier par sa réponse à mon discours de réception. Il y mit beaucoup d'esprit et d'agrément, sans la moindre apparence de contrainte, mêlant avec grâce à des louanges précieuses des critiques qui ne l'étaient pas moins. Pour le public, j'avais sujet d'être satisfait, et je fis celui qui l'était; mais dans mon for intérieur, si ce ne fut pas illusion de ma vanité, je crus que la main légère dont il distribuait les unes et les autres s'ouvrait plus facilement pour les critiques que pour les éloges. J'aurais voulu que la suite me donnât tort.

Elle ne me donna que trop raison. En effet, en 1854, la Faculté des lettres m'ayant fait l'honneur de me présenter pour la chaire d'éloquence française, deux billets blancs m'enlevèrent l'honneur de l'unanimité des suffrages. L'un venait de Saint-Marc Girardin. Je le sus tout de suite, non sans dépit, et je ne lui en cachai pas mon sentiment. « Votre voix, lui dis-je, était la seule sur laquelle le public me reconnût des droits ; et vous m'infligez la disgrâce du billet blanc. — Que voulez-vous ? me dit-il, votre candidature avait le tort d'être patronnée par le gouvernement. J'ai vu là un fait de pression administrative et j'ai cru devoir protester par un billet blanc. — Je le regrette pour vous, repris-je ; car, mieux que personne, vous savez que mes patrons sont mes quinze ans de professorat dans l'enseignement supérieur. » Il répéta que son billet blanc n'avait pas d'autre motif, et que s'il s'en était donné l'aise, c'est qu'il était sûr que je n'y perdrais rien. « Du reste, ajouta-t-il, la chose faite, je vous trouve à votre place. » Ces petites aigreurs réciproques hâtèrent la fin de relations qui, aux meilleurs moments, avaient été sans intimité et sans abandon. Il n'y eut d'ailleurs d'affectation d'aucun côté, surtout du mien. L'attrait pour l'écrivain opérant toujours, je ne me dérobais ni aux rencontres passagères ni aux premières paroles de civilités, ce que mon triomphant confrère interprétait comme un effet de son ascendant; d'où ce mot sur moi qu'il dit à un de nos amis communs :

Son génie étonné tremble devant le mien.

Mon génie ne tremblait pas ; mais, pour être à l'aise, j'avoue qu'il ne le fut jamais.

Je pouvais douter que Saint-Marc Girardin eût voulu me punir de la bienveillance du Gouvernement impérial, l'ayant lui-même vu siéger, comme moi, sous ce gouvernement, au Conseil impérial de l'Instruction publique, et s'y faire, par moments, l'approbateur embarrassant du ministre de l'Empereur. C'est de cette approbation qu'on se demandait au Conseil si elle était sincère, ou si c'était raillerie, raillerie très indirecte, il faut en convenir, ou s'il n'y avait là qu'un paradoxe. Toujours est-il que l'ancien membre du Conseil royal se montrait souvent de meilleure composition que les conseillers d'origine impériale, et plus ministériel que le ministre. Je croyais voir son jeu, et je ne laissais pas d'être agacé, par moments, de ce parti pris de donner tort à tous nos amendements, et de convier flatteusement le ministre à tenir bon pour sa première idée.

Un jour, où le jeu était si visible que l'impatience commençait à gagner le Conseil, je n'y tins pas et je pris la parole. Il s'agissait d'un amendement à un projet de décret proposé par le ministre d'alors, M. Fortoul. Saint-Marc défendait contre le Conseil la rédaction du ministre. Celui-ci, quoiqu'un peu embarrassé, ne refusait pas l'aide de son avocat d'office. Je soutins ce que je croyais être le vrai sentiment du Conseil. Mais je ne sus pas si bien conduire ma langue, qu'il ne m'échappât quelques mots un peu aigres. Sur quoi, Saint-Marc Girardin, se levant et ramassant ses papiers : « Puisque les opinions ne sont pas libres ici, dit-il, je me retire », et il sortit. Ceux qui me connaissent savent si je dus être troublé. Ce ne fut pas trop, pour me rassurer, de voir sur tous les visages l'étonnement, sans le moindre mélange de regret, causé par cet éclat. Un de mes voisins, personnage considérable, me dit tout haut, de façon à être entendu : « Il sentait que sa situation était fausse; vous lui avez donné l'occasion d'en sortir; il vous en veut moins qu'il n'y paraît. A moins, ajouta-t-il, que ce ne soit ce qu'on appelle une fausse sortie. »

C'en était une, en effet. A peu de temps de là, je le vis reprendre au Conseil sa place que, par précaution, on avait laissée vide. C'était son faible. Il ne se décidait à être ni tout à fait dehors ni tout à fait dedans, curieux de voir les affaires de près, par ancienne habitude, et pour en dire son mot, au hasard de son humeur. Au fond, il n'y cherchait guère que le plaisir de critiquer ou d'approuver ironiquement ce qui se faisait sans lui. Il avait un autre faible, il ne savait pas finir. C'est ainsi qu'il professa pendant trente ans à la Sorbonne; grand exemple, s'il se fût renouvelé chaque année par le sérieux croissant de ses leçons; exemple simplement curieux de l'art de parler avec esprit de toutes choses à propos d'un sujet, et de ne trouver aucun sujet où il n'y eût place pour l'allusion politique.

Il va sans dire qu'à partir de cette scène du Conseil, quand nous nous rencontrions à l'Académie, le seul endroit où j'eusse l'occasion de voir Saint-

Marc Girardin, nous nous croisions sans nous joindre. Il crut de sa dignité de me garder rancune, et moi je n'estimai pas que la mienne me commandât de lui faire des excuses d'une impatience de discussion où ne se mêlait aucune idée de l'offenser. Quoique rien ne me peine plus que de paraître fâché avec les gens pour des griefs qui ont laissé l'estime intacte, tout ce que Saint-Marc Girardin garda, jusqu'à la fin, de l'enfant gâté des *Débats* m'ôta l'envie de me rapprocher de lui. Nous restâmes fâchés. Mais, sur le talent de l'écrivain, je ne variai jamais ni de goût ni de jugement, et, quelque chose que, depuis notre brouille, j'aie lue de lui, je n'ai pas commis envers moi-même le tort de ne pas m'y plaire et de n'en pas estimer l'auteur à son prix.

Juillet 1880.

CHAPITRE IX

Les beaux côtés de la candidature académique.

I. Difficultés pour les gens de lettres d'être justes les uns envers les autres. — Ce qu'il faut penser des dégoûts d'un arrivé parlant des soins de sa candidature. — Souvenirs que m'a laissés la mienne. — II. Baour-Lormian. — Ce que je pensais de lui avant ma visite de candidat, ce que m'en apprennent cette visite et les suivantes. — Viennet. — Bonne opinion qu'il avait de lui. — Baour-Lormian dans son petit appartement aux Batignolles. — Récit de l'audience qu'il reçoit de Napoléon Ier à Saint-Cloud. — Impression dernière. — III. Droz, avant de l'avoir vu, et après. — *L'Histoire du règne de Louis XVI.* — Droz à ma seconde visite. — Sa chambre de malade. — IV. Emmanuel Dupaty. — Ce que je croyais par ouï dire de son théâtre. — Comment je fais sa connaissance. — Il patronne ma candidature. — Après un premier échec et un ajournement, je suis nommé. — Dupaty en porte la nouvelle aux miens. — Notre intimité. — Il a, comme directeur de l'Académie, à recevoir Charles de Rémusat, en remplacement de Royer-Collard. — Sa peine d'esprit. — Mignet lui vient en aide. — Il croit avoir perdu son discours. — Pourquoi je ne parle point de son théâtre. — Son poème d'*Isabelle de Palestine.* — Mon voyage en Angleterre au moment de sa mort. — Villemain parle à ma place sur sa tombe. — Ressemblance de Dupaty avec mon père.

I

Rien n'est plus difficile aux gens de lettres que d'être justes les uns envers les autres, partant, rien ne leur est plus aisé que d'être injustes. Je ne sais qu'un moyen de se défaire d'un travers si général et si involontaire, c'est, à défaut d'un hasard heureux qui les mette en présence, qu'ils aient besoin les uns des autres. Ne vous récriez pas. Il ne s'agit que d'un intérêt honnête. Supposez, par exemple, un homme de lettres voulant entrer dans une Compagnie savante. Il lui faut le suffrage de tel de ses membres ; le succès est à ce prix. Eût-il jusqu'alors pensé ou dit peu de bien de ce membre, c'est assez qu'il songe à lui demander une si grande marque d'estime, pour qu'il se produise insensiblement en lui, tout à la fois, un scrupule sur l'opinion qu'il avait de l'homme, et la bonne intention de s'en éclaircir. Il lit donc ses ouvrages, et il est agréablement surpris d'y prendre plaisir ; il va le voir, il lui trouve de l'esprit, l'humeur aimable, un tour de visage à l'avenant. Bref, le revoyant à la pleine lumière, il lui restitue tout ce qu'il lui avait ôté, et il n'a rien de plus à cœur que de devenir l'obligé d'un si galant homme. Est-ce à dire qu'il n'a fait que changer de prévention par intérêt ? Non ; mais il est très vrai que l'intérêt l'a acheminé vers la justice. Il en coûte si fort d'être juste, et il est de si grande importance de n'être pas injuste, que, dût l'intérêt y être une première lumière et comme une première impulsion, où le but est si honnête, comment dire que le moyen ne l'est pas? Estimerait-on mieux, par hasard, le désintéressement qui ferait commettre une injustice?

C'est la réflexion que j'en faisais, à part moi, un jour que je venais d'entendre un académicien nouvellement élu, parlant en homme soulagé, et tout près de s'en étirer les bras, de la corvée de la candidature, de l'ennui des visites, etc. Pour un rien, il en eût reçu des excuses de ceux qui l'avaient élu. Voilà un homme heureux, me disais-je. Avant de commencer ses visites de candidat, il était certain de ne se tromper sur aucun de ses juges, et n'ayant à faire réparation à personne il n'avait à remercier de sa nomination que son mérite.

Pour moi, le souvenir de ma candidature à l'Académie française ne me rappelle que justice rendue à chacun de ses membres, et gratitude. Je lui suis redevable de bien des choses. Le premier bienfait que j'ai reçu de ce corps illustre a été la pensée conçue de bonne heure, et constamment poursuivie, de me rendre digne d'en faire partie. Naturellement, je n'avais à revenir d'aucune prévention générale, ni à regretter aucune irrévérence envers l'Académie. Je n'avais sur la conscience aucune de ces méchantes plaisanteries que se permettent ceux qui n'en sont pas avant de mériter d'en être. Je ne respectais pas seulement en elle mes ambitions futures, je la respectais pour elle-même, pour le principe de vitalité qu'elle a reçu de son origine, pour ce qu'elle représente et ce qu'elle maintient dans notre pays, pour tout ce qui fait que, en dépit d'épigrammes surannées, elle y est restée la seule institution populaire. Mais, sur plusieurs des membres dont se composait la Compagnie à l'époque de ma candidature, je n'ai pas le même témoignage à me rendre. J'avais accepté comme des jugements les railleries qu'on en faisait. Je fus longtemps sans me soucier de juger par moi-même, trouvant plus commode d'être injuste par ignorance que de prendre la peine de vérifier. J'en citerai trois, entre autres, pour qui ma légèreté à leur faire ce tort n'eut d'égale, l'heure de la justice arrivée, que mon empressement à le réparer. Ces trois membres étaient Baour-Lormian, Droz et Dupaty.

II

Pour commencer par Baour-Lormian, voici où j'en étais sur son œuvre poétique avant ma première visite. Je tenais pour un jugement motivé et définitif ce qui se disait parmi les gens de lettres communément, sans aucune illusion ni exagération de polémique, des trois titres principaux, ou plutôt des trois grands péchés poétiques de Baour-Lormian. C'était la *Jérusalem délivrée*, traduite en vers, puis retraduite avec des embellissements du cru du traducteur, et, comme disait une certaine épigramme, *ratée*. C'était une autre traduction, en vers, des poèmes d'Ossian, de fabrique récente, qu'on avait salués comme l'œuvre d'un Homère du Nord; c'était enfin, parmi d'autres tragédies, la plus éclatante à son apparition, *Omasis*.

Pour la *Jérusalem délivrée*, je ne mettais pas en doute que l'épigramme n'eût raison. En juger par une lecture sérieuse, en comparant le texte avec la version française, je m'en sentais d'autant moins capable que j'avais le tort de ne pas assez priser l'original lui-même. Dante m'a toujours gâté le Tasse. Quant aux poèmes d'Ossian, la découverte de la supercherie de Macpherson en avait rendu le texte, et encore plus la traduction, insupportables. Restait *Omasis*, qui ne se jouait plus, qu'on ne lisait pas, et sur qui le nom quelque peu emphatique du personnage principal avait jeté du ridicule.

Bien que libre de ma prévention injuste, et tout près d'en prendre une contraire, j'avoue n'être pas allé jusqu'à une lecture approfondie pour m'assurer par moi-même des mérites du poète. Le peu que j'en avais lu, et ce que je me croyais certain d'en savoir d'avance par mes études des poèmes de cet ordre dans la littérature latine, me persuadait qu'il y avait eu là quelque illusion. Cette illusion n'avait été ni plus ni moins qu'une mode. Mais ne produit pas une illusion et n'est pas à la mode qui veut. Quand je réfléchis que ceux qui s'y étaient trompés comptaient parmi les esprits les plus éclairés de notre nation, que Napoléon s'était laissé prendre à Ossian, et que Mme de Staël avait mis Fingal au-dessus d'Achille, j'estime qu'avoir donné à de tels juges une bonne opinion de soi, n'était pas le lot d'un homme de médiocre valeur, et que la gloire, même illusoire, dans un pays comme la France, prouve qu'on avait des dons pour la vraie. Si ce n'était pas le bon jugement sur Baour-Lormian, c'en était bien près. Mais je n'y ai pensé qu'à partir du jour où j'ai eu l'idée de devenir son obligé. Une prévention de moins m'avait approché de la justice.

Sur le caractère de l'homme, j'en étais resté beaucoup plus loin. Je tenais pour un portrait authentique sa caricature, et pour vraies les gasconnades qu'on lui prêtait. Il avait bien véritablement dit de sa seconde édition de la *Jérusalem délivrée*, qu'il en avait « enlevé tous les bons vers pour n'y laisser que les excellents ». Comment douter de l'anecdote du jeune fidèle de Clémence Isaure offrant à Baour-Lormian des vers où il le comparait à Homère? La chose s'était, assurait-on, passée ainsi. Dès le premier vers, le jeune poète l'appelait « rival heureux d'Homère. — Oh! oh! dit Baour, hochant la tête, c'est peut-être un peu fort, et ceux qui ne m'aiment pas ne manqueraient pas de trouver l'éloge excessif. Que pourrions-nous bien mettre à la place du mot rival »? Et le voilà s'évertuant à chercher quel mot dirait plus modestement la même chose. — « Imitateur disait-il, — avec l'accent gascon, » ce mot sera trop long pour la mesure. Et puis, ajoutait-il comme avec dépit de l'avoir proposé, cela n'est pas vrai; je traduis d'original, je n'imite pas. Émule? Émule? La mesure n'y est pas non plus, et puis c'est le synonyme de rival. » Et, après d'autres mots essayés sans la moindre envie de trouver le bon : « Bah! dit à la fin Baour, après tout, c'est votre pensée, je ne vous l'ai pas fait dire. Laissons donc l'hémistiche comme il est. » Comment ne pas croire vrai ce qui était si bien trouvé? Aussi n'en doutais-je point avant ma visite; après, l'eussé-je ouï dire de sa bouche, je n'y aurais pas cru.

Ce n'est pas qu'en fait de louanges les poètes soient très délicats, sur la quantité surtout, dont ils sont plus friands, dit-on, que de la qualité. N'ai-je pas connu, honoré comme homme, goûté comme auteur de satires et de fables, un poète près duquel le Baour de cette anecdote eût passé pour modeste? Ce poète, c'était Viennet. — « Savez-vous, me disait-il, pourquoi je ne fais qu'un discours par session à la Chambre des pairs? — La belle question, lui dis-je, c'est que vous croyez n'avoir plus rien d'utile à dire. — Vous n'y êtes pas ; c'est qu'un second discours m'eût fait ministre, et je ne voulais pas l'être. » Une autre fois, il contait, moi présent, que des admirateurs de Rossini, ne pouvant pas prendre leur parti de sa retraite, avaient imaginé de lui envoyer, pour le tenter, quatorze poèmes d'opéra. Après en avoir feuilleté treize, arrivé au dernier, dont l'auteur était Viennet : « Je n'ai que faire, dit Rossini, de mettre celui-là en musique ; la musique en est toute faite. » Et pour dernier trait, comme il se plaignait à moi, non sans amertume, des injustices de la presse. — « Quel mal vous a-t-elle fait, lui dis-je, en fin de compte? Ne restez-vous pas ce que vous avez toujours été, très apprécié du public lettré et estimé de tous? — Il est vrai, dit-il, mais n'ai-je pas dans mes cartons trente tragédies qui attendent qu'on me les demande? Et à qui m'en prendre, sinon à la presse ? » A une si prodigieuse illusion, que pouvais-je répondre qui ne le fâchât ou qui ne me fît le complaisant de sa faiblesse? Ce que je trouvai à dire entre les deux nous laissa du moins bons amis ; c'est tout ce que j'en sais.

Ni la première fois que je vis Baour-Lormian

ni dans les visites que nous nous fîmes après, je ne fus un moment aussi gêné que je l'avais été avec Viennet. Quand je me présentai chez lui, je vis un vieillard de bonne mine, quoique aveugle, avec cet air ouvert et confiant propre aux aveugles, qui, ne pouvant se défier de personne, se fient à tout le monde. Le bon vieillard contentait, je devrais dire trompait son goût pour la musique instrumentale, en jouant je ne sais quel fredon de sa jeunesse sur un violon auquel il manquait une corde. Il déposa son instrument sur son lit, s'excusant gaiement du mauvais état de son Stradivarius.

L'appartement qu'il habitait, aux Batignolles, annonçait une modeste aisance. Il y recevait les soins de deux domestiques, le mari et la femme, celle-ci jolie, qui paraissaient lui être attachés. Dépouillé, sous la Restauration, des pensions qu'il tenait de l'Empire, quelque chose lui en avait été rendu sous le gouvernement de 1830. Je sais à qui le vieux poète en avait l'obligation, c'était au généreux ministre de l'Instruction publique d'alors, Salvandy, qui ne souffrait pas qu'un membre de l'Académie française fût dans la gêne. Lui aussi avait fait un jour à Baour-Lormian sa visite de candidat, et il s'en était souvenu ministre.

Ma prévention était si forte, qu'à la simplicité de ses premières paroles, à sa bonhomie, à l'absence de tout air comme de tout accent gascon, je me demandai si j'étais en présence du vrai Baour-Lormian. Après quelques mots de civilité encourageante, il me parla des lettres, des succès du jour, de ses succès d'autrefois. De l'*Ossian* et de la *Jérusalem délivrée* il ne dit rien. Mais, sur *Omasis*, il entra dans de grands détails, soit que cet ouvrage eût ses secrètes préférences, soit plutôt qu'il prît plus de plaisir à en parler par un autre souvenir qu'il n'en séparait pas. C'était le souvenir de l'éloge, mêlé de critiques, que lui en avait fait Napoléon Ier dans une audience à Saint-Cloud. A l'en croire, l'Empereur lui aurait dit : — « Eh bien ! monsieur Baour-Lormian, j'ai vu votre *Omasis !* Vous faites les vers comme Racine, mais vous péchez par les caractères. » Et le critique impérial lui en donna les raisons. A quoi Baour-Lormian, convaincu ou non, se garda bien de ne pas souscrire, se tenant, non à tort, pour très satisfait d'écrire comme Racine. Et l'Empereur, passant de la pièce à l'auteur : « Vous n'êtes pas riche, monsieur Baour-Lormian, je le sais. — Il n'est que trop vrai,

Sire, dit celui-ci, le Pactole ne coule chez les poètes que dans leurs vers. — J'y ai pensé, reprit l'Empereur, et j'y veux pourvoir. » Et, lui tendant un papier : « Voici, dit-il, le brevet d'une pension de 6,000 francs sur le Trésor public. » Et, après quelques gracieusetés brèves au poète confus, il le congédia.

Je ne sais pas ce que Baour-Lormian pensait du jugement de Napoléon sur *Omasis*, ni s'il ne se crut pas, à tout jamais, dispensé d'y réfléchir par l'éloge que l'Empereur avait donné aux vers. Il ne m'en parla point; mais je le soupçonnai de ne s'être jamais rendu sur les caractères, et il me sembla que sa discrétion n'était point l'effet d'un doute sur « l'immortalité » d'*Omasis*[1]. Malheureusement, le temps n'a pas fortifié les caractères, et les vers raciniens, sans les caractères de Racine pour les soutenir, ne sont que la plus estimable des imitations ! Mais on n'a pas fait impunément illusion à un incomparable juge de toutes choses comme Napoléon, et si l'on cesse d'être lu

---

[1]. Il n'en avait pas le moindre à l'époque où Alfred de Vigny lui fit sa visite de candidat. Voir, dans les *notes* sur ses *Visites de candidat*, les deux portraits respectables et aimables qu'a faits de Baour-Lormian l'auteur d'*Éloa*.

on continue d'être un nom, avec la chance d'avoir tout au moins pour lecteurs les curieux tentés de chercher pourquoi ce nom a surnagé.

Durant toute cette première conversation, Baour-Lormian ne dit rien de lui qui ne fût d'un homme sachant la mesure des choses, ni qui excédât le droit que Montaigne reconnaît à tout homme sensé de ne pas « s'excepter de son jugement. » Il parla des poètes en renom avec quelque chose de plus que de l'estime, et comme de frères en Apollon, sans qu'on pût soupçonner le sous-entendu de cadets. Le seul mot où perça le vieil homme, c'est quand il dit, d'un air plus satisfait que résigné : « Après tout, chacun son tour. » Ce qui signifiait : « J'ai eu le mien. » Mais est-il vrai que, dans l'histoire des choses de l'esprit, la maxime de « chacun son tour » puisse s'appliquer à qui n'a apporté au trésor commun rien de durable? J'en doute, et non sans regret, pensant à tout ce que valait l'homme. En tout cas, il faut savoir estimer — et je n'y ai pas de peine — le plaisir qu'ont pris nos pères à cette poésie un peu trop toulousaine.

A partir de cette visite, dont je rapportais, comme candidat, d'excellentes paroles, je revis plusieurs fois Baour-Lormian. Nous demeurions assez près l'un de l'autre, lui aux Batignolles, moi rue de Courcelles, où j'habitais un petit pavillon entre cour et jardin. Baour-Lormian m'y venait rendre fort amicalement mes visites. Assis sur un petit banc de pierre, devant la maison, nous devisions de nouveau de son passé. Il m'en contait, avec naturel et agrément, des anecdotes dont il n'était pas invariablement le héros. Après tout, bien qu'il y eût à critiquer l'emploi qu'il avait fait de son talent, sauf à en partager le tort entre le goût de son temps et lui, il n'en était pas moins resté homme d'esprit, et qui en avait du meilleur. Dans les misères de la vieillesse et de la cécité, il avait gardé la bonne humeur et la bienveillance. Des deux traits du vieillard d'Horace, qui loue le temps où il était jeune, et qui blâme et gourmande le temps présent [1], le premier seul lui était applicable. Et puisque j'ai cité Horace, si quelqu'un eût fait à Baour-Lormian la question qu'adresse l'aimable satirique latin à son demi-sage, qui se targue d'avoir toutes les qualités :

« Dis-moi, l'approche de la vieillesse te rend-elle plus doux et meilleur ? — Je le crois [2], »

1. Épître aux Pisons.
2. Épîtres, II, 2.

aurait pu répondre le vieux poète des Batignolles, sans vanterie toulousaine et sans que personne y contredît.

Tel je l'avais vu pour la première fois, tel je le trouvai dans toute la suite de nos relations et jusqu'à la fin, n'ayant pas besoin de compliments, ni qu'on lui en fît aux dépens d'autrui, toujours simple, sensé, accommodant, modeste, quoique avec plus de confiance en sa renommée qu'il n'en laissait voir, un sage, pour tout dire, qui, en traduisant Job sur la fin de sa vie, lui avait pris sa résignation et laissé son amertume. J'étais directeur de l'Académie quand il mourut, et j'eus à prononcer sur sa tombe quelques paroles au nom de la Compagnie. Plus tard, recevant Ponsard, qui lui avait succédé, je dus faire de nouveau son éloge; ni la confraternité académique ni l'honnête penchant des survivants à louer les morts, ne m'ont fait dire un mot qui ait cessé d'être vrai.

III

Les préventions du goût sont moins fortes contre les prosateurs que contre les poètes. On ne passe pas à ceux-ci d'être médiocres, de par Horace et Boileau, et aussi de par le bon sens, dont ces grands législateurs de la poésie ont été les interprètes. Il y faut du génie. La médiocrité, surtout dans les sujets de haute poésie, est la marque d'une impardonnable ignorance de soi. Pour les prosateurs, on est plus facile. Où le fond est solide, où il y a du savoir, du jugement, une langue saine, tout lecteur sérieux trouve un profit dont il tient compte à l'auteur. C'était le minimum auquel, dans le peuple des gens de lettres, on estimait Droz, quoique deux fois membre de l'Institut par l'Académie des Sciences morales et politiques et par l'Académie française. Ma prévention était de tenir ce minimum pour sa mesure exacte, et de m'en être rapporté à l'opinion commune en une chose où le devoir est de douter du bien fondé de cette opinion, et de s'en faire une à soi après examen. J'avais une très médiocre idée de son *Essai sur l'art d'être heureux.* J'y soupçonnais l'esprit de chimère. Il n'y a pas plus d'art d'être heureux qu'il n'y a d'art d'être grand-père. On est heureux, dans la mesure du bonheur humain, par des dispositions qui varient selon les individus, et qui ne s'enseignent pas ; on enseignerait plutôt, et à combien de gens plus efficacement ! l'art de n'être pas heureux. Je savais par ouï dire que le livre de Droz avait été fort critiqué, que l'auteur s'était fâché contre les critiques, au lieu de s'appliquer à lui-même la première règle pour être heureux, quand on est auteur, qui est de laisser les critiques sans réponse ; que cette polémique, bien qu'à tort, avait jeté un léger ridicule sur son nom. Personne n'ayant alors besoin de lui, on n'avait pas été chercher l'homme dans l'auteur. On avait ignoré que né bienveillant, affectueux, aimant les siens et en étant aimé, ce digne homme avait voulu donner aux autres le secret du bonheur qu'il avait tiré de tout cela ; que son ouvrage, défectueux comme traité, méritait d'être lu, avec la chance d'être goûté, comme une peinture naïve du fond d'un homme de bien.

Comme auteur de l'*Histoire de Louis XVI*, Droz me paraissait avoir fait un autre rêve, en s'imaginant qu'avec quelques vertus de plus et quelques passions de moins chez les hommes, avec moins d'illusions dans la nation, plus de capacité et de caractère dans Louis XVI, plus de sagesse et de prévoyance dans les conseils de l'Europe, on eût pu éviter, ou tout au moins enrayer la Révolution.

Moyennant ces deux jugements, plus que légers, je croyais avoir pesé l'homme à son poids, et je n'étais pas sans m'étonner qu'il fût de deux Académies. En sorte que, du même coup, je faisais injustice à ces deux compagnies et à l'homme éminent qu'elles s'étaient donné pour confrère.

C'est par Dupaty, qui avait amené à moi Baour-Lormian, que je connus les dispositions bienveillantes de Droz à mon égard. Inspiré par sa douce morale, qui était faite de charité chrétienne, il me voulait du bien, à moi qui n'étais pas même juste pour lui. Dès que je le sus, je me sentis embarrassé de l'idée que j'avais eue de lui, et déjà disposé à m'en défier. C'était la fin de l'injustice. La justice commença dès le lendemain. Droz m'était bienveillant; quelle apparence qu'il eût fait des livres médiocres?

J'étais, à la même époque, très lié avec un de ses amis, Émile de Bonnechose, un homme de la même humeur, un vrai chrétien comme lui dans un culte différent, auteur d'ouvrages historiques qui, par leur caractère moral, par la simplicité du style, par plus d'une page où ne manque pas l'émotion, rappellent les œuvres de Droz. J'allai lui demander ce que je devais penser de son ami. C'est par lui que je sus avec quelle douceur et quelle patience Droz, dont la santé était languissante, supportait ses maux, usant cette fois pour lui-même des conseils qu'il avait donnés aux autres. C'est de Bonnechose qui m'apprit que ce pacifique et ce sage, nommé capitaine par ses camarades, à l'époque des enrôlements volontaires, avait servi trois ans à l'armée du Rhin, et payé la dette du sang à son pays. La sensibilité qu'on avait raillée dans l'*Essai sur l'art d'être heureux* avait été chaleur de cœur chez le jeune officier de 1792. Enfin, c'est sur l'éloge que de Bonnechose m'avait fait avec pleine compétence de l'*Histoire du règne de Louis XVI* que je m'étais mis à lire ce livre.

Quand je fis ma première visite à Droz, je me trouvai en présence d'un vieillard d'une haute taille, grave et doux, un peu surpris qu'on le sollicitât, et tout prêt à s'en excuser. Il parlait avec lenteur, mettant entre les mots et les phrases de grands temps. Ce fut pour moi un premier charme. J'ai toujours eu du faible pour les hommes qui parlent lentement. C'est qu'ils ont l'air de conduire leur langue, au lieu que les gens qui parlent vite sont menés par la leur. Les uns me rappellent la tortue arrivant la première au but pour n'avoir pas cessé un instant d'y marcher du même pas ; les autres, le lièvre, qui le manque, pour avoir cru qu'il avait tout le temps de rattraper la tortue. Qui n'a pas entendu le parleur le plus lent que j'aie connu, Rossi, discutant à la tribune de la Chambre des Pairs la loi sur l'enseignement secondaire [1], n'a pas connu le plaisir de sentir s'insinuer en lui, goutte à goutte, la raison et la vérité. Sauf quelques saillies du génie italien, Droz parlait comme Rossi, et avec la même efficace. Cette parole tranquille, dont chaque mot était comme un pas en avant sur un chemin droit, portait à la fois dans l'esprit la lumière et la paix.

Dans le souvenir que j'emportai de cette première visite, il me sembla que le bienveillant accueil fait par Droz à mes espérances n'était décidément que la plus petite partie de son mérite. Je revins à ses livres ; je lus de plus près l'*Histoire du règne de Louis XVI*. J'y trouvai le même intérêt que dans sa conversation, un style dont les lenteurs savantes n'étaient que la marche naturelle du discours, dans un sujet où l'auteur ne veut rien dire qui ne soit plausible, ni rien persuader aux autres dont il ne

---

1. Cette loi avait été, pour le rapporteur, le feu duc de Broglie, le sujet d'un vrai chef-d'œuvre de littérature législative.

soit convaincu. Livre excellent, où les raisons, tirées toutes de la connaissance la plus exacte des faits, des comparaisons de l'histoire, de l'expérience du cœur humain, d'une étude profonde du génie national, n'ont contre elles que la force qui ne raisonne pas, et qu'on appelle la fatalité, pour en absoudre la Providence. Livre vertueux, oserais-je dire, par le soin que prend l'auteur de s'y interdire les mouvements, et de ne pas mettre son cœur de la partie, il me faisait penser à ce bras d'Hector « par lequel, dit Virgile, Troie eût été défendue, si un bras eût pu la défendre ». Oui, toutes les forces dont le bien disposait encore dans les premières années du règne de Louis XVI, tout ce qu'avait acquis de lumières sur les conditions d'un bon gouvernement l'intelligence française, toutes les raisons si bien discernées par Droz auraient suffi pour arrêter la Révolution, si la Révolution avait pu être arrêtée !

A ma première candidature à l'Académie française, je pus compter la voix de Droz dans la minorité qui vota pour moi. A la seconde, cette voix me manqua. Déjà Droz était hors d'état de quitter sa chambre. Très peiné de ne pouvoir tenir la promesse qu'il m'avait faite, il m'écrivait quelques jours avant l'élection une lettre d'une écriture troublée, où il me priait de venir m'assurer par mes yeux s'il en était capable. J'y courus. Il était sur son lit, au dernier degré de la maladie de poitrine dont il devait mourir. Une grande terrine d'eau de goudron bouillante répandait dans sa chambre une vapeur qui aidait le pauvre malade à respirer. Il parlait avec la plus grande peine. Je le grondai tendrement du scrupule qui l'avait porté à m'écrire. Je lui dis que, ne me devant rien, s'il lui plaisait néanmoins de se croire obligé envers moi par les encouragements qu'il m'avait donnés, je le suppliais de ne s'en point préoccuper et de ne penser qu'à sa santé. « Si à cœur que j'aie de réussir, ajoutai-je, dût mon succès dépendre de votre voix, je ne souffrirai pas que vous vous exposiez, fût-ce à un rhume, pour me la donner. » Je n'y avais pas grand mérite. Droz, plus que septuagénaire, était à un âge où le plus léger rhume peut être ce « petit coup » dont parle Sophocle « qui suffit pour coucher à terre les vieux corps ». Il me tendit la main, et me remercia par signes, ne pouvant plus parler. De quoi me remerciait-il? De lui avoir laissé la liberté de mourir sans se soucier de mes affaires académiques. C'était déjà trop que le souci s'en fût mêlé à ses dernières pensées. Depuis ce jour, il alla s'affaiblissant de plus en plus, jusqu'aux approches du moment suprême, où, selon les belles paroles de Mignet dans l'Éloge de Droz, « il prit un tendre congé de ses amis et de ses parents, en leur disant, avec une ineffable sérénité et la douceur des immortelles espérances : Au revoir ». Aux regrets que j'eus de sa mort, je sentis bien que j'avais perdu, non une voix, mais un ami.

IV

Chose singulière, dont j'ai tiré une leçon : de ces trois hommes distingués, celui contre lequel ma prévention avait été la plus forte fut celui que j'aimai le plus. C'était Emmanuel Dupaty. Je ne me souviens pas sans confusion de l'évaluation impertinente qu'avant de le connaître je faisais de son mérite. Sans aller jusqu'à le réduire au trop célèbre quatrain, où il montrait Buffon écrivant l'*Histoire naturelle* « sur les genoux de la Nature », je m'étais pressé d'en conclure que le poète coupable d'un tel quatrain n'avait jamais pu faire que de méchants vers. On citait de Dupaty ce mot charmant : « Je suis entré à l'Académie avec du billon. » C'était le cas de conclure tout de suite que parler de soi avec cette modestie ingénieuse ne pouvait être que le fait d'un galant homme de beaucoup d'esprit. Au lieu de cela, je m'étais hâté de tourner son aveu contre lui et de le prendre au mot. La punition de mon travers est de le confesser naïvement.

Je ne connaissais rien de son théâtre. Les vaudevilles et les opéras-comiques qu'il avait fait applaudir dans les derniers temps de l'Empire et sous la Restauration ne se jouaient plus. Je n'étais pourtant pas sans avoir entendu certains de nos aînés, témoins des succès de cet aimable théâtre, fredonner avec plaisir quelques-uns des plus jolis couplets qui en avaient fait la fortune. Mais tout aux nouveautés du théâtre de Scribe, sous le charme des opéras-comiques de Boïeldieu et d'Hérold, je ne voulais, comme bien d'autres, savoir de Dupaty que les concetti et les madrigaux par lesquels, né dans le dernier quart du XVIIIe siècle, il avait payé son tribut au tour d'esprit de ce temps-là. Prendre connaissance de ses

Délateurs, je n'en avais garde, flairant là quelque déclamation libérale. La lecture m'y eût fait voir, dans une exécution moins heureuse que l'inspiration, bon nombre de beaux sentiments exprimés en beaux vers.

Comment je fis la connaissance de Dupaty, à quelle époque, je ne saurais le dire. Ni la date ni l'occasion de notre première rencontre n'est restée dans la partie de ma mémoire, la meilleure pourtant, qui garde le souvenir de ce charmant homme. Est-ce une connaissance que je fis, et non pas plutôt une reconnaissance qui nous mit en présence l'un de l'autre, la main dans la main? Je n'ai pas souvenir que connaître l'homme et l'aimer aient été pour moi deux actes séparés par un intervalle de temps appréciable. En tout cas, je suis très sûr d'avoir commencé par l'aimer, sauf à le connaître après.

Ce qui m'est resté très présent, c'est qu'il me parla le premier de l'Académie, soit qu'il eût deviné mon ambition, soit plutôt que son indulgente amitié me l'eût suggérée. Dès lors, il se fit le patron et le promoteur de ma candidature. Quand le moment lui parut venu de faire mes visites, il me donna le signal. Je me mis en marche, et, partout où il m'avait fait espérer de bonnes paroles, j'en reçus en effet des plus encourageantes. Il n'avait pas voulu laisser à mon petit mérite tout seul le soin de faire mes affaires, et je vis qu'il m'avait épargné l'embarras de l'entrée en matière, si difficile dans une visite académique. Quoique, par la notoriété littéraire, il y eût à l'Académie beaucoup de noms avant le sien, il n'y en avait pas de plus respecté. Sa loyauté, son ouverture, sa bonhomie, son parfait désintéressement dans toutes les choses où les opinions ne sont guère que des intérêts, lui donnaient beaucoup de crédit dans la Compagnie. On savait qu'en votant comme lui on n'était pas dupe d'une intrigue politique, ni complice de quelque manœuvre de camaraderie ; partant, on trouvait tout simple qu'il s'entremît pour un candidat, et pour peu qu'on fût libre, on se laissait aller volontiers à faire comme lui. Aussi bien, à sa chaleur pour ses amis Dupaty joignait le tact et la mesure. Il savait prendre les bons moments, écouter et apprécier les objections, être pressant et n'être pas importun, condescendre aux hésitations, bref, par toute cette diplomatie aimable, faire croire aux gens qu'ils lui donnaient spontanément ce qu'il en avait tiré.

Trois fois candidat à l'Académie française, je pus voir, dès la première, que faire mes affaires académiques n'était pas chose aisée. Par mes doctrines, et par le trop peu d'éclat de leur défense, je n'étais pas à la mode. Fonctionnaire, on ne voulait pas me croire indépendant. Pour plus d'un membre, j'étais, sinon inconnu, du moins encore à connaître. Pour d'autres, gardiens jaloux de la tradition classique, j'avais la mauvaise note de mes articles au *Journal des Débats* en faveur de la nouvelle école. Il fallait m'aider à conquérir les suffrages hésitants. C'est ce que fit Dupaty. Il y mit autant de bienveillance que d'art. Aux uns, il expliquait comment l'administration était allée me chercher dans mon cabinet d'homme de lettres, et comment je gardais dans mes fonctions mon humeur indépendante. A ceux qui ne connaissaient point mes livres, il en faisait les honneurs de façon à leur donner l'envie d'aller y voir. Aux fidèles de la tradition classique, qui me gardaient rancune de mes concessions à l'école nouvelle, il rappelait, en y renchérissant, les restrictions que j'avais mêlées aux éloges. A l'accueil que je reçus d'un bon nombre, je pus voir qu'il les avait tous favorablement prévenus. Je n'avais plus qu'à ne pas faire une figure par trop différente du portrait qu'il avait tracé de moi.

Malgré tout, je ne fus pas nommé. Mon concurrent, Alexis de Saint-Priest, qui a semé beaucoup d'esprit dans des livres incomplets ou inachevés, l'emporta sur moi de deux voix. Dupaty avait fait le compte si exact des suffrages qu'il ne manqua que les malades. L'élection ayant eu lieu au mois de novembre, dans une saison d'épreuve pour les santés des membres âgés, les promesses faites à Dupaty n'avaient pu être tenues; il en reçut d'obligeantes excuses. Pour qui n'avait pas la prétention d'enfoncer la porte, ce n'était pas un petit succès qu'elle eût été plus qu'entre-bâillée. A ma seconde candidature, j'avais deux imposants concurrents, Alfred de Musset et Montalembert. Nous nous fîmes échec par la fidélité de nos partisans, que cinq scrutins successifs ne purent entamer[1]. Enfin, à la troisième, je fus élu par un accord où il avait été convenu que les trois concurrents du précédent scrutin seraient nommés successivement aux fauteuils vacants, dans l'ordre marqué par le nombre des voix. En ayant eu le plus, je passai le premier,

---

1. Voir, page 87, ce que j'en ai dit au chapitre : *Deux anecdotes sur le chancelier duc Pasquier.*

ce qui me donna peu après la joie de voter pour Alfred de Musset, qui venait le troisième [1].

Bien qu'on dût tenir pour certain le vote de l'Académie, ses dispositions étant d'autant plus sûres qu'elles avaient été spontanées, l'inquiétude propre à tout candidat m'avait amené, cette fois encore, tout près du lieu des séances, et c'est encore dans l'atelier de Gayrard que j'attendais. Je ne doutais pas, la séance levée, que le premier visage qui allait se présenter à moi ne fût celui de Dupaty. C'est d'un autre que j'appris mon élection. Pour lui, pensant tout d'abord aux miens, il avait gravi la rue de Courcelles, pour leur en porter la nouvelle. Mes filles, épiant mon retour, s'étaient mises à une fenêtre de la maison, d'où l'on pouvait voir de très loin venir les gens. Tout ausitôt, elles avaient été aperçues par un arrivant qui pressait le pas, et qui agitait son chapeau en l'air, en signe de succès. On descendit dans la cour, on courut ouvrir la porte, et le bon Dupaty eut à embrasser à la fois trois visages de femme, dont plus d'un était mouillé de pleurs.

Un des traits de l'homme, c'est qu'il n'aimait

---

[1]. Le second était Montalembert, par 12 voix. J'en avais eu 16, et Alfred de Musset, 5.

pas les gens sans aimer ceux qui les aimaient. A quiconque lui était recommandé, ou présenté par un ami, il avait coutume de dire : « Les amis de nos amis sont nos amis. » A plus forte raison appliquait-il sa maxime aux enfants, à la famille de son ami. N'ayant ni affaire, ni intérêt, ni intrigue, ni rien qui exige la discrétion du tête-à-tête, comme il était tout à tous, personne ne l'avait à lui seul ; chacun prenait sa part de la bonne humeur, de la cordialité, de l'esprit naïf et fin qui rendaient son commerce si agréable. En retour, il y avait chez tous rivalité à qui lui ferait fête. Nous l'avions assez souvent au milieu de nous. Il n'avait pas de frais à faire ; c'était assez qu'il fût là, on ne lui demandait rien de plus.

Il se piquait d'être habile au jeu d'échecs. Mais comme il y mettait plus de fougue que de sang-froid, il lui arrivait quelquefois d'être battu. Il avait trouvé en ma femme quelqu'un qui lui tenait tête. Tout en ayant l'air d'être battu d'avance, Dupaty était si sûr de la victoire, qu'il se négligeait. De là, plus d'une partie perdue, dont il accusait tout le monde, excepté lui. Son entrée en campagne, la furie de ses premières charges, puis, au premier revers, son dépit, son triomphe quand il gagnait, tout cela nous amusait et nous charmait. Petites choses, petites joies, soit, s'il est vrai que, pour des gens vivant chez eux, dans la médiocrité acceptée, puis préférée, sans faux besoins et sans faux devoirs, il y ait quelque chose de meilleur que les heures passées dans l'intimité d'un homme de bien, de beaucoup d'esprit, de plus de cœur encore que d'esprit, qui était tout simplicité, aménité et vérité.

Ce faiseur d'agréables vaudevilles et de jolis couplets avait, pour prendre un mot à Molière, « des clartés » sur les choses les plus élevées. J'en fus le témoin pendant plusieurs mois, à l'époque où il eut, comme directeur de l'Académie, à recevoir le successeur de Royer-Collard, Charles de Rémusat. Certes, s'il y eut jamais malechance académique pour Dupaty, ce fut celle-là. Faire l'éloge de Royer-Collard pour les philosophes et pour les politiques; pour les uns, par quelques pages témoignant tout au moins d'une compétence d'amateur; pour les autres, par un résumé à grands traits du rôle qu'avait joué Royer-Collard dans les affaires de notre pays; puis, passant à Charles de Rémusat, contenter les lettrés par un éloge de ce lettré si varié, si délicat, tout près d'être un écrivain supérieur s'il eût pu donner à ses livres tout le temps qu'il s'était laissé prendre par la politique, c'était une œuvre à laquelle nul ne paraissait moins préparé que Dupaty. Je me souviens qu'on l'en plaignait comme d'une mésaventure, et sans malice. Sur les questions de philosophie, il s'avouait novice tout le premier. Dans la critique littéraire, je ne sais de quelle qualité était ce qu'il en avait fait jadis au *Nain Jaune*. Quant à la politique, il y apportait plutôt des sentiments que des opinions, et je doute qu'il en eût jamais parlé ou écrit la langue...

Cependant il avait à faire sur toutes ces choses un discours digne de l'Académie et qui lui fît honneur à lui-même. Ce qu'on a dit de l'esprit, qu'il sert à tout, était vrai de Dupaty. Il fit résolument les lectures nécessaires, il prit quelques conseils, surtout ceux de Mignet, dont je voudrais avoir la plume pour peindre Dupaty, tel qu'il le jugeait et l'aimait. Ce discours fut cause d'un grand trouble dans sa vie. Il le faisait et le défaisait sans cesse, ne se rendant pas qu'il ne fût content, et ne pouvant réussir à l'être. Je le voyais souvent, et chaque fois il me lisait ce qu'il en avait fait ou refait. J'étais surprise de ce qui fermentait d'idées dans cette tête de septuagénaire, et de ce qu'il en mêlait d'originales et d'élevées aux idées courantes sur les deux personnages. Ce qu'il tenait moins fermement, c'était le fil de son discours. Toutes ces idées n'y venaient pas à leur rang, et le style se sentait un peu de cette confusion. J'avais à faire quelquefois le *Quintilius Varus*. « Corrigez ceci et cela. » Il regimbait sous la critique, quoique administrée d'une main respectueuse, et adoucie par de sincères éloges ; et, comme au jeu d'échecs, où son premier mouvement, quand il avait fait une faute, était de s'en prendre à son partenaire, il en accusait ma sévérité. « On ne parvient pas à vous contenter », disait-il. Et me poussant : « Et vous, qui critiquez, comment exprimeriez-vous la chose? » Naturellement, je me récusais.

Je le voyais se consumer sans avancer, et je commençais à m'en inquiéter pour sa santé, quand heureusement Mignet vint à son secours. Sa grande autorité, ses anciennes relations avec l'académicien défunt et avec son successeur, une rare habileté dans les discours académiques, enfin sa liaison avec Dupaty, lui permettaient d'offrir, avec la certitude de les voir agréés, ses services à un ami dans l'embarras. Il s'y prit si bien, et il encadra si heureusement la prose de Dupaty dans la sienne, que celui-ci, dont il avait gardé les meilleurs endroits, put croire que le tout était de lui.

Le jour où il lut son discours devant la commission de lecture, je l'attendais à la sortie. Nous nous acheminâmes vers son quartier, lui fort heureux, et moi fort soulagé. Nous passions sous la voûte du Louvre, quand tout à coup Dupaty se mit à crier : « Mon discours ! où est mon discours ? Mon discours est perdu ! » et il plongeait dans ses poches une main convulsive. Je tâche de l'apaiser, de le rassurer ; mais, sans m'entendre, il tournait sur lui-même et se lamentait. Déjà les passants s'amassaient autour de nous. Dupaty croit qu'il a laissé tomber son discours dans le chemin ; nous rétrogradons vers le pont des Arts, lui promenant sa main du haut en bas de sa redingote, et toujours gémissant. Enfin il croit sentir le discours dans une des poches de derrière, et il l'en retire avec une joie que n'eut jamais un avare qui s'est cru volé, et qui retrouve son argent. L'émotion avait été si forte, qu'il en restait encore quelque chose quand nous arrivâmes rue de la Tour-d'Auvergne. Dupaty ne put rire de l'aventure que rentré chez lui.

On me ferait trop d'honneur, si l'on pensait que,

fût-ce au moins par reconnaissance, je n'avais pas manqué de lire le théâtre de Dupaty. La vérité est que je ne le lus pas alors, ni depuis. Je sais la destinée de ce théâtre, et pour ce genre d'ouvrages, je manque de compétence et de curiosité. Que m'aurait appris la lecture des pièces de Dupaty qui ne m'eût paru fort au-dessous de l'homme et qui ne risquât de me le gâter? Il faut savoir ignorer tout ce qui pourrait nous refroidir sur le mérite de celui que nous aimons, et nous faire malgré nous complices de ses défauts. Je me tenais pour aussi bien informé que satisfait par tout ce que me disaient, des œuvres légères de Dupaty, quelques esprits plus libres et plus curieux que moi, qui, jeunes au bon temps de son théâtre, lui gardaient un vif souvenir du plaisir qu'ils y avaient pris. J'étais heureux de m'en rapporter au témoignage de si bons juges, et je ne voulais pas, en le lisant avec mes dispositions involontaires de critique, me mettre en tentation de les contredire.

Cependant il y eut un jour où il me fut impossible de me refuser à juger par moi-même du talent littéraire de Dupaty. C'est quand il me fit confidence de ce poème d'*Isabelle de Palestine*, inachevé et resté manuscrit, auquel il travaillait souvent et pensait sans cesse depuis plusieurs années. Ce qu'il m'en dit la première fois me révéla un autre Dupaty que celui de *Picaros et Diégo* et des *Voitures versées.* Il s'y montrait vraiment poète, avec l'invention, le souffle et l'ampleur des vers. C'est l'honneur de l'école nouvelle de poésie, — ce que je me gardai bien de dire à Dupaty, — d'avoir inspiré à un auteur de couplets d'opéra-comique, déjà sexagénaire, une émulation de poésie élevée et forte qui renouvela son talent. Je n'y trouvais guère à reprendre que des défauts de jeunesse, tant ce vieillard, tête et cœur, était resté jeune. A chacune de mes visites, il m'en disait quelque fragment, soit nouveau, soit retouché. J'en ai entendu plus d'un avec admiration. Premier jet, changements, retouches, il faisait tout dans sa tête. C'était l'occupation ardente de ses insomnies, quand la maladie le tenait éveillé. Il y travaillait encore peu de jours avant de rendre le dernier soupir, et je l'ai vu plus d'une fois se lever sur son séant et d'une voix forte et pénétrante me dire l'inspiration de la nuit.

Me voici amené à parler de sa fin, ayant à peine effleuré le récit de notre intimité, durant les quelques années où il m'a été donné d'en goûter les douceurs. Un contre-temps, sur lequel je n'ai pas pu encore me mettre en paix avec moi-même, me priva de ma part dans ses adieux de mourant. C'était au mois de novembre 1851, à l'époque de la grande Exposition de Londres. J'avais fort envie de la voir, et j'y étais invité dans les termes les plus pressants par d'excellents amis. Mais l'inquiétude où je commençais d'être sur l'état de Dupaty m'en avait fait abandonner l'idée. La maladie se prolongeant, sans qu'aucune aggravation fît prévoir une catastrophe prochaine, je demandai au médecin si nous pouvions garder l'espoir; sur sa réponse affirmative et le malade lui-même m'y engageant, je me décidai à faire le voyage, persuadé que je le reverrais à mon retour, et je partis, le cœur pourtant moins rassuré que l'esprit.

J'avais été à peine deux fois à l'Exposition qu'une lettre de ma famille m'apprit que le mal avait empiré, et que je n'avais pas une heure à perdre si je voulais revoir mon ami. Je prends congé de mes hôtes et je pars dans la nuit. Ce que j'eus à souffrir dans ce voyage, on peut s'en faire une idée, si l'on songe que, directeur de l'Académie à ce moment-là, Dupaty mort, j'avais à prononcer un discours sur sa tombe. Il fallait m'arracher du cœur la dernière espérance pour penser à lui, non comme à un malade, mais comme à un mort déjà dans le cercueil. Je fis donc ce discours, ou plutôt j'en tirai avec effort les lambeaux de mon esprit, qui s'obstinait à douter que tout fût fini. Voyageant la nuit, c'est à la lueur de la lampe du wagon que je crayonnais ce produit laborieux et malheureux de mon angoisse. Je ne trouvais ni inspiration ni industrie. Ma mémoire même me refusait les mots, pour exprimer des pensées mal conçues et des sentiments combattus. Cependant je vins à bout de quelque chose d'informe, me réservant d'expliquer, par quelques paroles improvisées sur l'étrangeté de ma douleur, ce qui manquait à mon discours.

Arrivé chez moi, je trouve la lettre de faire part de l'Académie; les obsèques devaient avoir lieu dans deux heures. Pleurer, je n'en avais pas le temps; il fallait être tout à mon office et à la cérémonie. Je dicte, tout en m'habillant, mon discours que j'ai de la peine à déchiffrer, et je pars pour l'Institut. Déjà le cortège se mettait en marche. Je vois, en tête des membres du bureau, le secrétaire perpétuel Villemain, directeur à mon défaut. Il m'informe que, dans l'incertitude de mon arrivée à temps, l'Académie l'a chargé du discours. Je lui fais mes excuses accompagnées d'un compliment sur ce que gagnera au change la mémoire de Dupaty. Je pus enfin le pleurer, et ma douleur, débarrassée d'un travail contre nature, fut un vrai soulagement.

Villemain parla pour le public et pour l'Académie ; il fit, au grand plaisir de l'assistance, le portrait historique du mort : si ce fut en termes ingénieux et éloquents, on sait à quel point il y était habile ; moi, j'aurais peut-être trop parlé pour moi et pour les habitués de la petite maison de la rue de la Tour-d'Auvergne. Ce fut donc tout profit pour le souvenir de Dupaty, pendant le temps très court que les vivants pensent aux morts, d'avoir son panégyrique funèbre de la main de Villemain. Toutefois, en l'écoutant, je ne pus m'empêcher de croire que j'avais dans ma poche les deux ou trois phrases qui manquaient à ce discours pour égaler les regrets à la perte.

Un an après, le même titre de directeur m'appelait à répondre au discours du récipiendaire qui succédait à Dupaty. C'était Alfred de Musset. Je compte parmi les événements les plus heureux de ma vie d'avoir pu, le même jour, dire publiquement mon sentiment sur ces deux hommes.

Quoique d'un mérite très inégal, et d'une destinée bien différente, je n'eus à recourir à aucune subtilité pour les associer dans mon discours et pour assortir l'éloge de l'un à celui de l'autre. C'est que, dans la diversité et dans l'inégalité de leurs talents, tous les deux avaient ce trait commun, qu'ils étaient simples d'humeur, désintéressés et sincères, et que le meilleur de leur œuvre est ce que l'homme en a inspiré à l'écrivain.

L'éloge que de Musset fit de son prédécesseur parut un peu terne. C'était l'illusion d'une attente déçue. Dans cet auditoire où le prosateur charmant n'avait pas moins d'admirateurs que le poète, on s'étonnait de n'avoir pas à battre des mains à chaque phrase de son discours. Dirai-je que ce qui en fut trouvé terne est surtout ce qui le ferait lire aujourd'hui avec le plus de plaisir, sa simplicité, sa nudité aimable, une absence complète de toute parure de cérémonie, et surtout, parmi bon nombre de traits d'une finesse ingénieuse et aisée, le bon sens, qui dans le déclin de ses autres facultés, lui était resté tout entier. L'autorité de ce bon sens suffirait seule pour défendre le nom de Dupaty contre tout propos léger sur son *billon*, et elle donne de la consistance à cette réputation à laquelle s'était attachée, en dépit du temps et du sérieux de son âge mûr et de sa vieillesse, une idée de frivolité.

Entre toutes les raisons que j'ai eues d'aimer Dupaty, était sa singulière ressemblance de visage et, à quelques égards d'humeur, avec mon père. C'était la même vérité, la même droiture, le même feu de patriotisme. Jamais il ne m'arriva de causer en tête à tête avec Dupaty, sans qu'à côté de sa vive et expressive figure il ne me semblât voir se détacher la silhouette paternelle. Cette singularité touchante ajoutait à mes sentiments pour lui je ne sais quoi de filial qui les a rendus plus doux et plus durables.

Août 1881.

CHAPITRE X

Du tort que la politique fait aux lettres.

I. A quelles conditions Socrate permet qu'on se mêle de politique. — II. De trois écrivains éminents qui ont été victimes de la politique, Villemain, Saint-Marc Girardin, Vitet. — Villemain, orateur politique, ministre. Soin qu'il donne à la rédaction de la correspondance. Leçon que je reçois de lui à ce sujet. — Il me consulte pour la rédaction d'un article de son projet de loi relatif à l'enseignement secondaire. — III. Comment la politique a empêché Villemain de faire un *bon* livre, et ce qu'eût été ce bon livre. — Ses succès dans la chaire d'éloquence française à la Faculté des lettres. La politique à la Sorbonne. — IV. Villemain historien. Il me lit un des récits de son *Histoire de Grégoire VII*. — Il me demande mon avis pour sa préface de la nouvelle édition du *Dictionnaire de l'Académie*. — Ce que je pense par devers moi de cette remarquable pièce, et ce qui m'advient pour y avoir noté un mot qui ne se trouve pas dans le dictionnaire. — V. La fin politique de Villemain. Débats de la chambre des pairs sur la loi de l'enseignement secondaire. — VI. Que tous les torts ne sont pas du côté de la politique dans la fortune dernière de Villemain écrivain. — VII. Saint-Marc Girardin. — Son *Cours de littérature dramatique*. — Le gros défaut de l'ouvrage est d'être inachevé, et c'est à la politique qu'en est la faute. — Anecdote d'un provincial ami de Saint-Marc Girardin, qui va le voir à son cours de la Sorbonne. — Rôle politique de Saint-Marc Girardin. — VIII. Vitet; ce qu'a été, ce que pouvait être l'auteur de l'*Étude sur Eustache Lesueur*. — Vitet négocie en 1848 avec les organisateurs de la campagne des banquets; il est rapporteur de la loi dite des questeurs. — A quoi l'emploie la politique. — Est-ce donc si peu d'être des hommes politiques dans la mesure de Saint-Marc Girardin et de Vitet? — IX. Cause de leur mort prématurée. Leur vice-présidence à l'Assemblée nationale les 11, 12 et 13 mars 1875. — X. Faut-il que les lettrés éminents s'abstiennent de politique? Mon rêve d'un grand conseil d'État national, où ils auraient leur place parmi les plus écoutés.

I

C'était le premier des devoirs, dans la morale des anciens, que tout citoyen prît part aux affaires publiques. Mais on sous-entendait que nul ne s'en mêlât, s'il n'en était capable. Socrate nous a fait connaître, de la façon ingénieuse qui lui est propre, ce que pensaient à cet égard tous les gens sensés de son pays et de son temps[1]. Un certain Glaucon s'était jeté dans les affaires publiques avec toute la témérité de l'ignorance. Socrate s'intéressait à lui; il était ami de sa famille; il entreprend de le guérir de son travers. Il l'interroge, avec une bienveillance un peu ironique, sur ce qui fait la matière des affaires publiques à Athènes. A-t-il appris les finances? Glaucon avoue qu'il les ignore. « Alors tu sais la guerre, les fortifications? dit Socrate. — J'y penserai, répond Glaucon. — Eh bien,

1. Xénophon, *Mémoires de Socrate*, liv. III, chap. vi.

ajournons cela. Mais tu n'es pas sans avoir song[é]
aux approvisionnements d'Athènes, et commen[t]
on y peut pourvoir? — Tu me parles là, di[t]
Glaucon, d'une bien grosse affaire, s'il fau[t]
veiller à tant de détails. — Soit; mais notr[e]
ville a des mines d'argent, c'est une des princi[-]
pales sources de son revenu. Quel est l'état de ce[s]
mines? Par quels motifs la production en a-t-ell[e]
diminué? As-tu été y voir? — Pas encore[.]
— C'est sans doute, dit malignement Socrate[,]
parce que l'air en est malsain. » Et de la sorte[,]
après avoir tiré doucement de Glaucon l'aveu qu'i[l]
ne sait rien de ce qui concerne les affaires publi[-]
ques, il le quitte en le renvoyant à l'étude d[e]
toutes ces choses, comme à un apprentissage né[-]
cessaire, avant de songer à gouverner[1].

Encore n'est-ce pas assez de les savoir. Il fau[t]
à la science ajouter des qualités de caractère. I[l]
faut surtout, là où les affaires publiques se déciden[t]
par les assemblées, savoir manier la parole. C'es[t]
encore par la bouche de Socrate, dans un autr[e]
dialogue, que l'antiquité nous le dit[2]. L'interlocu[-]

---

1. Andrieux, dans une de ses plus jolies pièces, a ingénieusemen[t] imité le dialogue de Socrate et de Glaucon.
2 *Mémoires de Socrate*, liv. III, chap. VII.

teur de Socrate est Charmide, le caractère le plus opposé à celui de Glaucon. Où celui-ci se jetait à l'étourdie, Charmide n'osait s'aventurer. Socrate l'avait pénétré en dépit de sa modestie; il le poussait à se mettre sur les rangs des gouvernants. Il le tenait pour supérieur aux hommes du pouvoir d'alors. Ceux-ci d'ailleurs faisaient grand cas de Charmide. Ils le consultaient sur les affaires. Suivaient-ils son avis, il paraît qu'ils s'en trouvaient bien. Faisaient-ils quelque faute dont Charmide les blâmait, ils s'avouaient justement blâmés. Que fallait-il de plus pour aspirer au gouvernement et pour y réussir? Cependant Charmide ne pouvait s'y décider. Parler en public lui faisait peur. Il ne se sentait pas d'humeur à affronter les foulons, les cordonniers, les marchands, les brocanteurs, dont se composait l'assemblée du peuple. Vainement Socrate essaye de lui persuader que qui peut le plus peut le moins, et que l'homme qui sait parler devant des gens éclairés doit, à plus forte raison, être capable de parler devant des ignorants. Charmide n'en convient pas. A la fin, Socrate l'abandonne à ses hésitations, comme il avait abandonné Glaucon à ses témérités. Glaucon devint-il plus prudent et Charmide plus hardi? L'histoire ne le dit pas.

La morale de ces deux anecdotes (et, sur ce point, la société moderne n'est pas d'un autre avis que l'antiquité), c'est que, pour prétendre au gouvernement, il faut avoir à la fois la connaissance des affaires, le caractère, et, là où le gouvernement est aux assemblées, le talent de la parole. Encore, sur ce dernier point, n'est-ce pas assez du talent de la parole; il y faut le tempérament oratoire. C'est cette impulsion intérieure qui fait escalader la tribune par les gens qui en ont le plus peur; c'est quelque chose de la pythonisse antique, à l'approche du dieu, dont le souffle tout-puissant la pousse malgré sa résistance sur le trépied sacré[1].

S'assurer, par l'examen de soi-même, si l'on réunit toutes ces conditions est difficile à tout le monde. Combien plus à ceux qui, désignés à l'attention publique par des talents et par des succès étrangers à la science des affaires, risquent de croire qu'une certaine supériorité dans les choses de l'esprit est la meilleure des préparations, comme le plus solide des titres au gouvernement! S'ils s'y trompent, leur faute est d'autant plus

---

[1] ..... *afflata est numine quando*
Jam propriore dei.
(Énéide, VI, 50.)

grande qu'ils ont plus de lumières pour y voir clair, et plus d'esprit pour se juger. En tout cas, ce qu'il leur importe tout d'abord de connaître, c'est qu'avec le devoir de prendre part aux affaires publiques ils en ont un autre, qui leur commande de servir leur pays en la manière la plus propre à l'honorer et à s'honorer eux-mêmes. Le premier est obscur, incertain, par la difficulté de le connaître clairement, par l'ambition qui peut s'y mêler et le corrompre. Il faut se juger par ses seules lumières, sans l'aide de personne, en se défiant de la prévention trop avantageuse du public pour les gens de talent. Le second devoir est clair, évident; il parle tout haut. Il est rappelé sans cesse à l'écrivain, à l'artiste, par toutes les louanges qu'ils reçoivent. C'est la réputation qui oblige. Heureux et glorieux ceux qui suffisent aux deux devoirs, également capables d'illustrer leur pays dans la politique et dans les choses de l'esprit! Mais pour quelques-uns « aimés de Jupiter » qui réussissent, combien qui échouent! Combien qui, en recherchant le devoir d'ambition, n'ont su remplir qu'à demi le devoir de vocation!

J'y ai pensé bien souvent, et avec tristesse, en voyant des hommes doués des qualités éminentes de l'écrivain, et qui en avaient donné des gages éclatants, arriver aux affaires publiques, comme à un écueil, pour s'y perdre. Je me demandais si des écrivains qui, pour aller au-devant d'une telle disgrâce, laissaient inachevée leur véritable tâche, n'avaient pas eu tort à la fois envers eux-mêmes et envers leur pays. Mais comme on est fort exposé, en des choses si obscures et si complexes, à porter des jugements téméraires, ne voulant pas m'en prendre aux personnes, je m'en suis pris à la politique.

Ai-je besoin de dire que, par la politique, je n'entends pas l'art de gouverner? Cette politique-là est un don divin, car c'est l'intelligence même des conditions dont il a plu à Dieu de faire dépendre l'établissement et la conservation des sociétés humaines. La politique que j'accuse est à la grande ce que l'expédient est à l'art. C'est, pour ne parler que de notre pays, celle qu'y ont engendrée nos désastres et nos fautes, nos révolutions et notre incurable mobilité. C'est cette chose confuse et sans nom, où les principes ne sont que la rhétorique des ambitions, où l'opposition n'est que le moyen d'arriver au pouvoir par la voie la plus courte et la moins droite. Veut-on la voir sous sa forme la plus innocente? C'est tout au moins une démangeaison de commander propre aux sociétés où l'on ne sait plus à qui obéir. Voilà la politique à qui je demande compte de plus d'un grand talent avorté, d'une diminution du patrimoine intellectuel de la France, de belles intelligences troublées, de morts avant le temps.

II

Parmi ces victimes de la politique, il en est trois qui me l'ont fait particulièrement haïr. Ce sont Villemain, Saint-Marc Girardin et Vitet. Ils ont acquis pourtant un assez beau renom dans les lettres, pour qu'il paraisse à certaines personnes que rien ne leur a manqué, ni eux à rien. Ainsi, au lieu de les plaindre, il serait plus juste de leur dire ce que dit le pieux Énée, errant à la recherche d'une patrie, quand il prend congé d'Andromaque et d'Hélénus, son second mari : « Vivez heureux, vous qui avez enfin achevé votre fortune![1] »

---

1.   *Vivite felices, quibus est fortuna peracta*
    Jam sua...
                    (Virgile, Én., III, 493.)

Pour moi, qui les ai crus capables de s'élever plus haut dans les lettres, j'estime qu'ils n'ont pas rempli leur destinée. C'est pour cela que les ayant vus, dans ces derniers temps, disparaître en laissant une notoriété politique de plus en plus effacée et une réputation littéraire au-dessous de leurs talents, j'en ai pris l'idée de rechercher à leur occasion ce que la politique coûte aux lettres dans notre pays. Ils ne sont pas les seuls, hélas! sur lesquels on peut faire cette spéculation mélancolique. Depuis qu'ils ne sont plus, nous avons eu de nouveaux deuils. Dans cette abondance d'exemples, je m'en tiens à ce qui est à ma connaissance parfaite, comme à ce qui paraît être de ma compétence. C'est assez que l'on trouve bon à dire ce que je dirai de Villemain, de Saint-Marc Girardin et de Vitet. Par eux il sera facile de juger des autres.

Parmi les lettrés illustres de la première moitié de ce siècle, il en est peu à qui la politique ait été plus nuisible qu'à Villemain. Ce n'est pas qu'elle lui eût fait des avances. Il semble, au contraire, qu'elle l'ait averti tout d'abord qu'il n'était pas fait pour elle. Ses apparitions rares et intermittentes au *Journal des Débats,* dans les colonnes politiques, ne furent rien moins que des succès. A cette époque, où la rédaction politique était anonyme, on eût difficilement deviné, ou trop facilement reconnu à ce qu'on n'y trouvait pas, si l'article du jour était de Villemain. Tandis que les articles de Salvandy, de Saint-Marc Girardin, de Sylvestre de Sacy, bien que non signés de leurs noms, l'étaient de leur tour d'esprit personnel, les articles de Villemain restaient anonymes. Il fallait être dans le secret de la rédaction en chef pour savoir de quelle plume était cette polémique où l'audace était timide, la critique circonlocutoire, où l'adversaire était attaqué par derrière et à coups fourrés, où la conclusion manquait aux prémisses, où le tout marchait sans avancer, parmi des phrases d'une élégance monotone, que relevaient çà et là des expressions plus ingénieuses que justes et quelques hardiesses de style à froid.

A la tribune, Villemain n'a laissé aucun souvenir d'orateur. Il n'y a de succès de tribune que pour deux sortes de personnes : les vrais éloquents, ceux chez qui la parole est un don, et les avocats qui en ont la pratique et la routine. Entre ces deux sortes d'orateurs, sont les lettrés qui écrivent en parlant, qui ont des scrupules de goût, qui s'écoutent, moins pour se complaire que pour se surveiller, et qui offrent aux auditeurs, au lieu d'idées claires et de mots de ralliement, des délicatesses à saisir au passage, des allusions à appliquer, des énigmes à deviner. C'est de toutes ces sortes de grâces que foisonnaient les discours de Villemain. Témoin plus d'une fois du genre d'attention qu'on lui prêtait, je voyais tous les yeux tournés vers lui, cherchant quelque chose qui leur échappait. Personne n'eût osé se donner le tort de paraître indifférent à l'art de parler dans la bouche d'un homme qui, en Sorbonne, y avait été maître. Mais, pour l'écouter politiquement, avec l'idée d'être de son avis ou de le contredire, il ne se trouvait non plus personne, ni dans son parti, ni dans l'opposition, ni sur le banc ministériel, quand il y avait sa place comme ministre.

Ne pas marcher droit à un but, tourner sur soi-même, est, dans tous les genres de discours, un grand défaut. Mais ce défaut est moins sensible et nuit moins dans les leçons d'un professeur. Là, les lenteurs, les digressions, voire les retours en arrière pour reprendre ce qui lui a échappé, une marche incertaine et hésitante, et même pas de marche du tout, peuvent se tolérer. La dialectique qui pousse le discours en avant n'y est pas nécessaire;

la logique libre et un peu lâche de la conversation y suffit. Cependant, même en Sorbonne, marcher ne gâte rien. Un auditoire qui avance à la suite du maître vaut mieux qu'un auditeur qui ne bouge pas de place. A la tribune, où le discours est essentiellement une exhortation vive à une assemblée, soit pour qu'elle pense d'une certaine façon, soit pour qu'elle donne ou refuse un vote, la marche est la loi même du genre. Après que Villemain avait parlé, on n'était ni plus ni moins décidé qu'avant. La seule chose sur laquelle on fût d'accord, c'est qu'il avait de l'esprit. J'ajoute à son honneur que, le fond de cet esprit étant la justesse, on était favorable à ce qu'on entrevoyait de son opinion dans cette phraséologie ingénieuse, qui voulait presque autant la dérober que la laisser voir.

Tel, si mes souvenirs ne me trompent, il a paru comme orateur dans les Chambres du gouvernement de juillet. Ministre, Villemain n'était que le premier des chefs de division de son département. Il l'administrait plutôt qu'il ne le gouvernait. Irrésolu à la fois pour trop voir et pour trop peu vouloir, c'était assez pour lui de tenir son ministère en ordre, d'avoir son portefeuille à jour, de s'assurer que, chaque matin, la maison avait du haut en bas reçu ce coup de plumeau qui n'essuie que la poussière de la veille, et laisse se former la crasse. Très attentif aux moindres lettres, persuadé qu'une lettre bien rédigée est une affaire bien faite, il revoyait toute la correspondance de ses bureaux, comme il eût fait de ses discours académiques. Si c'était souvent pour dire mieux que le rédacteur, quelquefois c'était pour le seul plaisir d'enjoliver. C'est un piège où tombent d'ordinaire les lettrés devenus ministres. Lettrés ils restent, dans un genre d'écrits dont la première qualité est d'exclure tout ce qui est purement littéraire. Villemain n'aimait pas qu'une lettre finît sèchement. Par des « ajoutés », comme on disait au temps de Lamotte-Houdard, il tâchait de lui donner du nombre. La lettre était-elle adressée à un personnage important, les civilités finales s'élevaient jusqu'au style académique. Toutes les pièces soumises à sa signature se changeaient en minutes, en ses mains prodigues de corrections et d'additions. Il fallait en faire de nouvelles copies. La besogne était triplée. De là le pas lent, dont marchait, sous un chef si occupé de la rédaction, le département de l'Instruction publique.

Je dirigeais alors la division des sciences et lettres. Sachant l'humeur de l'homme, je prenais grand soin de la rédaction. Ce que prescrivait le ministre, encore plus d'exemple que de parole, je le recommandais aux chefs, et ceux-ci, par ricochet, aux rédacteurs. Nous ne réussissions pas toujours. De temps en temps, j'étais mandé au cabinet pour être rendu juge de quelque phrase d'une élégance douteuse. « Qui donc a rédigé cette lettre? » me demandait le Ministre, qui m'en savait tout au moins l'éditeur responsable. Je lui nommais l'auteur. Il fallait voir quel plaisir malicieux il prenait à me battre sur le dos d'un autre. Je n'étais pas si simple que de me défendre et je prenais la leçon pour moi. Un jour pourtant, qu'à propos d'une lettre à un préfet il me faisait trop sentir ma responsabilité de chef de service, je me rebiffai. « Ne faites-vous pas trop d'honneur, lui dis-je, à certains de vos correspondants, en croyant qu'ils lisent en Aristarques vos lettres administratives? — Ah! j'entends, dit-il, vous trouvez que j'aurais mieux à faire qu'à corriger la prose de mes bureaux. Vous me comparez sans doute à Addison, qu'on accusait de perdre à récrire les lettres de ses employés le temps qu'il aurait dû donner à l'expédition des affaires. Je sais, ajouta-t-il en me regardant en face, qu'on m'appelle ici un ministre non d'action mais de rédaction. » Je m'étais en effet permis ce méchant jeu de mots, et quelque honnête collègue était allé lui en faire sa cour.

Il manqua une belle occasion de me donner un démenti, ce fut quand il présenta la loi sur la liberté de l'enseignement secondaire. Là, s'il y avait à rédiger, il y avait encore plus à agir. Or jamais Villemain ne rédigea plus et n'agit moins. Ce qu'il fit, défit, refit d'articles pour cette loi, qui devait finir par un avortement, passe tout ce que jamais aurait pu faire en ce genre le docte et ingénieux ministre de la reine Anne. Préoccupé surtout de l'idée toute négative de ne pas donner prise, il croyait y réussir par des artifices de rédaction, et il y employait la merveilleuse dextérité de sa plume. A tous les soins que demandait ce travail, vrai casse-tête chinois législatif, il s'en ajoutait un autre : il voulait tenir secret son projet de loi, et il veillait pour le garder des extraits infidèles et des commentaires désobligeants. Il se savait entouré de conseillers dont quelques-uns lui faisaient une opposition sourde, et d'amis intimes qui n'en voulaient qu'à sa place. Justement ému de quelques petites trahisons dans la presse, il avait mis sa loi à l'abri des indiscrets subalternes, dans un tiroir particulier dont il avait toujours la clef dans sa poche. Il l'y tenait enfermée à double tour, l'en tirant de temps en temps, aux heures où il n'avait à craindre ni audiences ni visites, pour y coucher à la dérobée les changements auxquels, pour un moment, moment très court, il s'était arrêté.

Un matin, croyant avoir sujet d'être content d'une rédaction qui lui était venue dans la nuit, il m'envoya quérir pour m'en faire confidence. Après quelques mots échangés sur un détail de mon service, il me mène à son tiroir, tire de sa poche un trousseau de clefs, en essaye plusieurs, ouvre enfin la cachette et y prend un petit carré de papier sur lequel étaient écrites quelques lignes. Il me les lit, non sans m'avoir demandé le secret. Il s'agissait, si je m'en souviens bien, de déterminer, sur un point particulier, un minimum de liberté et un maximum de garantie, au moyen de nuances dont je ne pus saisir tout d'abord la finesse. Je pris l'air, non d'un homme qui ne comprend pas, mais d'un amateur de beau style législatif, et je le priai de me relire l'article. Il me le relut, et m'en demanda mon avis.

Mon embarras était grand. Je m'en tirai par la vérité. Je dis, ce qui était vrai, que l'article en soi était excellent, mais que, pour en bien juger, il fallait connaître sa place dans l'ensemble du projet, et quel en était le lien avec le reste. Il jeta sur moi un regard qui voulait dire : « Vous êtes bien curieux », et il remit le carré de papier dans le tiroir, qu'il referma comme un caissier fait de sa caisse. Puis, d'un ton narquois : « Et vous, me dit-il, que feriez-vous à ma place, si vous aviez à présenter un projet de loi sur la liberté de l'enseignement secondaire? — Je ne suis pas fait pour ces sortes de risques-là, lui dis-je. Mais si j'étais, non à la place de M. Villemain, mais M. Villemain lui-même, je saurais clairement ce qu'en pareille matière l'État peut donner et ce qu'il doit retenir; je donnerais de bonne grâce, et je retiendrais résolument. On n'est pas M. Villemain pour avoir peur des contradictions dans une assemblée française, quand on y parle d'enseignement. » La louange fit passer la liberté du conseil, mais le conseil ne fut pas suivi. Le jour même qui précéda la présentation de la loi trouva notre Addison multipliant ses visites au tiroir, rédigeant et corrigeant encore, avec l'espoir que les deux opinions intéressées se payeraient de ces habiletés où se complaisaient son esprit et sa plume. La loi eut le sort de toute loi dont l'auteur n'a su que rédiger en articles ses irrésolutions et ses incertitudes. Ceux qui voulaient des droits, comme ceux qui voulaient des garanties, se mirent d'accord pour préférer le *statu quo*.

III

Qui a fait ce Villemain amoindri, sinon la politique? D'où lui est venue, sinon de la politique, la tentation de forcer son talent et de faire le métier auquel il était le moins propre? Je ne suis pas près de pardonner à cette mauvaise conseillère d'avoir employé à ses œuvres éphémères, et compromis dans ses intrigues, un lettré de cette valeur; et je ne me consolerai jamais que, pouvant laisser à la France un bon livre, la politique ne le lui ait pas permis.

Je dis à dessein un bon livre, et non un beau livre. Pour écrire un beau livre, où, selon la parole qu'on prête à Platon, le beau ne soit que la splendeur du vrai, il faut un homme de génie, et je ne fais pas à la politique l'honneur ni le tort de croire qu'elle ait la puissance de faire perdre au genre humain un homme de génie. Chez un tel homme, la vocation est si impérieuse, les perspectives de gloire si attirantes et si prochaines, l'art est placé si à part et si au-dessus des autres emplois de l'esprit, qu'il n'y a pas à craindre que les séductions de la politique le détournent de son droit chemin. C'est par là tout au plus que finit l'écrivain qui a eu du génie et qui n'en a plus. Villemain manquait du génie qui fait les beaux livres. Mais aucun lettré n'eut plus que lui le talent d'en faire un bon.

Pensant à son tour d'esprit particulier, j'entends un livre sérieux avec des agréments, qui cultive doucement son lecteur, l'instruit de tout ce qu'il ne sied pas d'ignorer, sinon de tout ce qu'il faut savoir, lui apprend à n'être pas dupe de la mode. Livre rare, après tout, puisqu'il n'y a au-dessus de lui qu'un livre de génie. Mais à quoi bon m'évertuer à le définir, au risque d'omettre quelque trait caractéristique? Un exemple dit tout : c'est l'*Institution oratoire* de Quintilien. Et Quintilien lui-même, mis en regard de son contemporain Tacite, n'est-ce pas l'auteur du bon livre, en regard de l'auteur du beau livre? Dans le même ordre d'idées, notre littérature a aussi son bon livre. C'est le *Traité des études* de Rollin, moins didactique et plus aimable que le livre de Quintilien, où il n'y a guère moins de préceptes pour le cœur que pour l'esprit, et qui, en traçant le modeste tableau des études de collège, jette de si vives lumières et donne de si efficaces conseils sur l'usage qu'on en peut faire dans la vie.

Le bon livre que nous devait Villemain, c'est celui dont le *Tableau de la littérature française au* XVIII*e siècle* est un imposant fragment. Associer la critique à l'histoire, la peinture des mœurs aux jugements littéraires, la biographie des écrivains à l'appréciation de leurs œuvres, l'étude du génie littéraire français à celle des emprunts qu'il a faits à l'étranger et de ce qu'à son tour l'étranger lui a emprunté; faire de libres comparaisons entre les œuvres des siècles divers dans toutes les langues littéraires, et apprendre aux lecteurs à découvrir, partout où elles se trouvent, et à goûter les beautés des lettres : telle devait être la pensée du livre, et telle il la présenta au public et la rendit tout à coup populaire, dans ce trop court enseignement à la Sorbonne, le vrai titre de Villemain.

L'éclat de cet enseignement s'est projeté sur toute sa carrière. Même après que la politique l'eut diminué, bon nombre de ses auditeurs de Sorbonne ne voulurent jamais le trouver au-dessous de lui-même. Nul professeur n'a exercé plus de séduction. Nul, en ce siècle, n'a donné plus de brillantes fêtes à l'esprit, dans la nation littéraire par excellence. Je fus quelquefois de ces fêtes, et, si j'ai peur d'être sévère pour Villemain ministre, c'est en souvenir du Villemain de la Sorbonne. Quelle richesse de dons naturels et d'artifices aimables! Quel art de paraître improviser ce que le plus souvent il récitait! Quel à propos dans les citations! Et lorsque, après les avoir préparées, annoncées, fait désirer à un auditoire affriandé, il les lançait au milieu du silence de l'attente, comme il savait faire ricocher sur le professeur les applaudissements qui s'adressaient à l'auteur cité! Avec peu d'imagination et encore moins de sensibilité, comme il excellait à feindre l'une et l'autre, par cette tendresse pour les choses de l'esprit qui était son génie particulier! A tout cela donnez pour fond cette justesse dont je parlais tout à l'heure, qui lui tenait lieu de décision, et qui formait comme le corps de son discours, en sorte qu'on en rapportait, à défaut de principes, tout au moins de bonnes tendances. Si ce n'est pas là tout le professeur de 1824, c'est du moins sous ces traits principaux que me le représente, après un intervalle de plus d'un demi-siècle, ma mémoire restée sous le charme.

Sans être un linguiste, et quoiqu'il ne sût à fond, en fait de langues étrangères, que l'anglais, il avait fait assez de pas dans l'étude des grands idiomes littéraires modernes pour saisir les choses sous les mots à demi compris. Il s'y aidait, tantôt des dictionnaires, tantôt de l'explication d'un homme compétent, mais le plus souvent de son esprit, qui lui était de tant et de si divers secours. Cet esprit était tout une science première. Aussi y avait-il confiance, jusqu'à dire que la première condition, pour savoir les langues étrangères, c'est d'avoir de l'esprit. Un jour que voulant l'intéresser à un homme de lettres, auteur de quelques traductions, j'insistais sur son aptitude pour les langues, sur le temps et le soin qu'il avait mis à les apprendre :
— « A-t-il de l'esprit? me dit-il ; s'il en a, c'est assez ; je le tiens pour un bon traducteur. »

Au temps de ses plus beaux succès à la Sorbonne, les gens sensés, — j'entends ceux pour qui c'est faire un mauvais compliment à un professeur de littérature que le louer « d'avoir agréablement mêlé la politique aux lettres », — auraient pu prévoir ce qui allait couper court à cet essor. C'est la politique. Dès 1821, Villemain s'y était engagé, à sa manière, sans responsabilité et sans rôle, en causeur de salon, ou par quelque article non signé dans les journaux. En 1824, les prédilections de son cours sont de plus en plus pour la littérature politique. De plus en plus il prend occasion des questions de goût et de morale, des comparaisons entre nos écrivains et les écrivains étrangers, pour louer nos *institutions représentatives*. C'étaient autant de coups indirects portés à la Restauration, déjà suspecte de ne pas vouloir s'en accommoder. De plus en plus il s'expose à mériter l'éloge qu'on devait faire de lui plus tard, « d'avoir préparé à sa manière la révolution de juillet ».

Ce n'est plus le critique supérieur qu'on applaudit à la Sorbonne, c'est l'opposant sournois. On l'admire pour l'art, plus ingénieux que louable, de faire flèche de tout bois contre le gouvernement de son pays. M. Villemain a eu le faible d'estimer assez cet art-là pour conserver, dans ses leçons recueillies en volumes, l'indication des « témoignages d'assentiment qu'avaient excités ses paroles. » Il les reproduit, nous dit-il dans sa préface, « non comme des souvenirs pour sa vanité, mais comme des dates dans l'opinion. »

Qu'un professeur populaire, dans un pays régi par des institutions libres, ne résiste pas à la tentation de toucher à la politique, je le comprends, et comment l'empêcher? Nos mœurs le souffrent; elles font des triomphes à qui transforme la chaire en tribune. Mais que ce professeur, à vingt ans de ses succès d'allusions, relisant les passages qui les lui ont valus, n'ait pas quelque doute sur la convenance de mêler la politique à l'enseignement, ni sur l'innocuité de ce mélange, voilà un travers pour lequel je ne me sens aucune indulgence. J'ajoute qu'en me rappelant aujourd'hui certains jours de sortie, où je courais du collège à la Sorbonne pour entendre les leçons de Villemain, je me sais fort peu de gré d'avoir marqué par mes battements de main « des dates dans l'opinion. » Et, pour tout dire, je suis plus sûr d'avoir contribué à détourner un professeur de son devoir, et un écrivain de sa vraie voie, que d'avoir travaillé au bien de mon pays.

IV

Faut-il imputer aux émulations que suscitait la politique entre les hommes éminents du régime de juillet 1830 la tentation qu'éprouva Villemain de s'essayer dans l'histoire ? Pour qui aspirait à un rôle politique, l'histoire était une désignation plus sérieuse et plus acceptée que la critique littéraire, et les deux premiers rôles, à cette époque, étaient tenus par deux historiens, Guizot et Thiers. Ce fut la cause et l'unique inspiration de cette *Histoire de Grégoire VII,* qui se fit tant attendre, et qui n'a vu le jour que comme œuvre posthume. Villemain l'avait entreprise avec l'ambition d'un émule; il la continua à bâtons rompus, dans l'ennui de douter de plus en plus qu'il fût de force à disputer le prix. Il l'a moins terminée qu'il n'a cessé d'y travailler.

Au temps où il avait pour moi un caprice de bienveillance, il voulut bien m'en lire quelques pages. Il y racontait un combat de cavalerie. Une rivière séparait les deux armées. Des cavaliers la traversaient à la nage. Arrivés à l'autre bord, ils essayaient vainement d'en gravir les berges escarpées ; la terre détrempée s'éboulait sous les pieds des chevaux, qui tombaient à la renverse dans le gouffre. Il lisait cela de cette voix mordante et sonore qui n'était pas sa moindre qualité, et il mettait dans sa lecture toute la chaleur qui manquait à son récit. J'écoutais sans dire mot, trouvant peu à louer et décidé à ne rien critiquer. « Je vous devine, me dit-il; vous ne me trouvez pas le talent de l'historien. — Vous en avez d'autres, lui dis-je, et l'historien des lettres n'a rien à envier aux autres historiens. » Il n'y avait pas moyen de se fâcher. Aussi ne se fâcha-t-il pas ; mais j'estime que l'expérience lui parut suffisante ; car il ne m'exposa pas une seconde fois au péril de lui donner mon avis, sans avoir tout prêt un compliment pour le mitiger.

J'ai eu la curiosité de rechercher si l'*Histoire de Grégoire VII*, récemment publiée par les héritiers de Villemain, contient ce récit. On n'y trouve que la mention, au chapitre VI du livre Ier, de défis échangés entre les deux armées de Rodolphe de Souabe et de Henri IV[1], campées sur les deux

---

[1]. Rodolphe de Souabe avait été nommé empereur d'Allemagne par les princes allemands, après l'excommunication de Henri IV par le pape Grégoire VII.

rives du Neckar. Y eut-il un jour où l'on passa des défis aux actes? C'est ce jour-là qu'aurait eu lieu l'escarmouche de cavalerie dont il m'avait lu le récit. Est-ce ma critique discrète et tempérée par l'éloge qui le refroidit pour ce morceau, et finalement lui en fit faire le sacrifice? Je ne sais. Toujours est-il qu'une autre fois ma franchise caressante me réussit moins.

C'était en 1835. Nommé, l'année précédente, secrétaire perpétuel de l'Académie française, Villemain avait payé sa bienvenue à la Compagnie par le remarquable discours qui se lit en tête de notre dictionnaire de 1836. Je le rencontrai un jour, comme il venait d'en donner le bon à tirer. « Vous arrivez bien à propos, me dit-il en me montrant les bonnes feuilles; je pensais justement à vous communiquer mon discours. » Il me le mit dans les mains. « Lisez-le à loisir, dit-il, et donnez-m'en votre sentiment. Je vous demande non une approbation de civilité, mais un jugement. » Lire en épreuves un écrit de Villemain, je laisse à penser si j'en fus à la fois alléché et flatté. Cependant mon plaisir n'était pas sans mélange. Je savais combien il était malaisé de le louer à son goût, et périlleux de le critiquer, surtout pour de bonnes raisons. Je savais mon *Gil Blas*, et ce qu'il en avait coûté au héros du livre pour avoir trop bien obéi à l'archevêque de Grenade, qui lui ordonnait de trouver des taches dans sa dernière homélie. Je ne voulais pas tomber dans le même piège. « Après tout, me disais-je, c'est une affaire de mesure. Villemain a plus d'esprit que l'archevêque de Grenade. Il me viendra en aide. » Bref, je croyais choisir entre diverses issues ; je ne choisissais qu'entre des pièges.

Je lus le discours avec un plaisir que ne gâtait pas, comme on le pense bien, l'idée flatteuse d'en avoir eu la primeur. C'est un des meilleurs opuscules d'un écrivain qui n'a pas fait une œuvre. Je n'eus pas de peine à en approuver la doctrine. Cette théorie d'une « époque privilégiée où l'usage, en fait de langues, exprime un état des esprits plus sain, plus vigoureux et plus élevé », c'est celle que j'exposais à l'École Normale ; c'est l'idée mère de mon *Histoire de la littérature française*. La louer chez Villemain ne me coûtait guère, car je me louais par la même occasion. Mais j'avais à donner au discours des louanges plus désintéressées. Dire, avec Sainte-Beuve, que c'est un « petit chef-d'œuvre, où il y a quelque chose du secret de artistes, l'arrangement qui échappe à toute décomposition, et cet enchâssement créateur que les anciens comparaient volontiers au bouclier de Minerve », je n'aurais pas été jusque-là. On peut n'y pas voir toutes ces belles choses, et n'en être pas moins charmé de ce qu'on y voit. J'y appréciais, pour mon compte, l'agrément du détail, le prix de chaque phrase lue à part, dans un travail dont le tout m'échappe. Il y a là plus d'une pierre fine; mais il a manqué l'enchâsseur pour faire de toutes ces pierres fines un chef-d'œuvre de bijouterie. La doctrine s'y montre et s'y dérobe tour à tour. Est-ce selon certaines convenances cachées dont le « secret est celui des artistes? » Non. C'est l'arrangement d'un écrivain qui louvoye entre plaire et déplaire, et pour qui concevoir une idée et s'inquiéter de ce que l'on en dira est une seule et même opération d'esprit. Mais cela même, si c'est un défaut, est celui d'un homme rare, outre que, dans plus d'une page de ce discours, la vérité, par une rencontre heureuse, trouve son compte où l'écrivain n'a cherché que le sien.

Je devais bien me garder de rien dire de tout cela à Villemain. Mais comment lui servir une louange où il n'en perçât pas quelque chose ? J'étais donc bien embarrassé. Lui crier à toutes les pages, comme le flagorneur d'Horace, *pulchre, bene, recte*, était-il homme à s'y laisser prendre? N'y verrait-il pas tout de suite plus de précautions pour moi-même que d'admiration pour lui? Si je mêlais aux louanges des réserves, le ferais-je si bien que les unes ne lui gâtassent pas les autres? Pour faire agréer à Villemain un jugement sur ses écrits, ce n'eût pas été de trop de l'art de Villemain.

Après bien des perplexités, je crus avoir enfin trouvé la nuance. Un des plus brillants morceaux du discours se termine par cette phrase : « L'érudition moderne nous atteste que, dans une contrée de l'immobile Orient, une langue parvenue à sa perfection s'est déconstruite. » Ce *déconstruite* m'était suspect. Il n'est pas dans le dictionnaire de 1836. « Voilà mon affaire! » me dis-je. Le secrétaire perpétuel de l'Académie française ne voudra pas accepter dans le discours d'introduction du dictionnaire un mot qui ne se trouve pas dans le livre. Son goût, son savoir, son talent ne sont pas en question. Il n'y a là qu'un néologisme. Encore ne fait pas qui veut de ces néologismes-là. Ce serait jouer de malheur si je ne lui faisais pas accepter une critique si anodine. Pas de doute, loin de la prendre mal, il m'en sera obligé.

Confiant dans mon expédient, j'allai lui rendre ses épreuves. A peine entrais-je dans son cabinet, qu'il fond sur moi, m'arrache les feuillets des mains comme ferait un avare qui retrouve son voleur, et me regardant d'un air inquiet : « Eh bien, qu'y trouvez-vous à reprendre? — A reprendre, dis-je, demandez-moi d'abord ce que je trouve à n'y pas louer. — Bah, fit-il, c'est de la politesse. Vous avez autre chose à me dire. — Puisque vous voulez qu'on vous critique malgré soi, lui dis-je, il y a, en effet, dans un alinéa, un mot sur lequel j'ai du doute. — Quel alinéa, quel mot? » dit-il d'une voix que précipitait l'impatience; et il se mit à feuilleter avec moi les épreuves, œil contre œil, doigt contre doigt. Je lui montrai *déconstruite*. « Le dictionnaire ne donne pas ce mot-là, lui dis-je; et c'est tant pis; il devrait y être; je n'en sais pas qui dise mieux la chose ». Il me quitta brusquement, froissant ses feuillets dans sa main : « Vous croiriez-vous par hasard un écrivain? » me dit-il. J'aurais pu répondre : « Pourquoi non? Ne m'en avez-vous pas vous-même donné le brevet dans votre bel article sur mes *Poètes latins de la décadence?* » Mais c'était assez d'avoir été Gil Blas ; je ne voulais pas être Trissotin. Je me contentai de dire : « Il s'agit de votre prose, Monsieur, non de la mienne », et je me retirai. La scène se passait sur le seuil de son cabinet. Il en ferma bruyamment la porte sur moi, en présence de son huissier, témoin, non pour la première fois, de la façon dont il recevait les critiques.

Dussé-je être accusé de *politicophobie*, j'impute encore à la politique cet excès de délicatesse de Villemain sur la critique. Il l'avait de nature plus qu'homme du monde. De plus il lui en était venu d'un genre d'éducation, connu d'ailleurs de peu de gens, l'éducation des succès précoces. Tant de louanges prodiguées à ses premières pages, les prix d'académie au lendemain des prix de collège, les salons aristocratiques (les ruelles d'alors) recherchant le professeur adolescent, tous les visages souriant aux saillies d'un esprit gracieux, moqueur et flatteur à la fois, que la conversation inspirait, qu'exaltait la louange ; tout cela l'avait mal préparé aux blessures de la critique et ne promettait pas bon accueil à qui hasarderait dans ce concert une note discordante. Pourtant, si sa vie fût restée purement littéraire, je ne doute pas que, grâce à la vertu des lettres qui guérissent la vanité par la juste estime de soi-même, son extrême tendresse à l'éloge et à la critique ne se fût modérée. La politique lui en ôta la chance. A cet excès d'attention sur son mérite elle ajouta ses exaltations particulières, la peur des journaux égale au désir d'en être loué, le dépit des louanges mal données aussi vif que celui des critiques; les injustices de la critique politique qui prend si peu de soin de se distinguer de la calomnie. Vrai régime des bains russes, où les jets de vapeur brûlante succèdent aux douches d'eau glacée. Seulement les réactions violentes, qui peuvent être salutaires au corps, sont mauvaises à l'âme. Elles la rendent toute chagrine et endolorie. Heureux, quand à toutes ces causes de trouble intérieur il ne se joint pas ce genre de corruption propre à la politique, qui porte un homme public à ne plus faire de choix entre les moyens de capter les louanges ou de conjurer les critiques!

V

C'est à la violence de ce régime qu'il faut attribuer la fin politique de Villemain. Cette fin parut au public aussi prématurée qu'inattendue. Le cabinet dont Villemain était membre avait encore deux années à vivre. Rien ne faisait craindre que le ministre de l'Instruction publique tombât avant le cabinet. Sur le fond des choses, il n'avait aucune difficultés ni avec le chef du ministère, ni avec aucun de ses collègues, ni avec le Roi. Au département de l'Instruction publique, il était chez lui, et s'il ne lui plaisait pas d'y être populaire, il n'y trouvait pas moins concours empressé et obéissance. Cependant, au milieu de circonstances si favorables, un très grave désordre de santé le forçait de donner sa démission. La vie publique était devenue trop forte pour lui.

La cause immédiate de ce désordre, ce fut l'agitation croissante où l'avaient jeté, dans la session de 1844, les longs débats de la Chambre des pairs sur la liberté de l'enseignement secondaire.

Placé assez près de lui pour en être le témoin journalier, je me souviens d'avoir prédit, avec beaucoup d'autres, que cette loi lui serait mortelle.

Dans le cours de ces débats, il lui était venu des préoccupations à la fois des adversaires et des défenseurs de la loi, et de ceux-ci les plus vives. Pour ne citer que les noms marquants dans ces deux groupes, les adversaires étaient Cousin et Montalembert, les défenseurs le duc de Broglie et Rossi. Le duc de Broglie, rapporteur de la Commission, ménageait plus la personne de Villemain qu'il ne défendait son œuvre. Même sur les points où il était d'accord avec le ministre, par la manière dont il donnait les raisons de leur commune opinion, par la hauteur où il les élevait, il les faisait siennes. Rossi, de son côté, faisait de la loi une apologie sensée et motivée, que, disait-on, le ministre aurait dû faire. Si soigneux qu'ils fussent d'éviter que leur concours eût l'apparence d'une aide prêtée à qui en avait besoin, Villemain ne s'y trompait pas. Il se jugeait moins défendu que protégé. Aussi se figure-t-on aisément quels déplaisirs devait lui causer une protection dont l'assemblée, sans y mettre de malice, lui faisait sentir le prix en applaudissant ses protecteurs.

D'autre part, des adversaires tels que Montalembert et Cousin n'étaient pas d'humeur à user, dans l'attaque, des mêmes ménagements que le duc de Broglie et Rossi dans la défense. Ils ne poussaient pas le souci de la délicatesse du ministre jusqu'à désarmer leur discussion de toutes ses pointes. Cousin surtout ne se refusait pas un léger persiflage. Par ses protestations mêmes contre toute intention de « contrarier M. le ministre », il rendait plus poignantes les piqûres de sa parole. Adversaire ardent des doctrines de Villemain, mais point ami de celles de Cousin, Montalembert visait à la fois, dans ses critiques de la loi, les deux grands universitaires. Il demandait dédaigneusement si, dans l'Université de 1844, « il y avait des Rollins ». A quoi Villemain ne trouvait rien à répondre, pas plus qu'aux malicieuses courtoisies de Cousin. Il assistait à cette lutte, engagée par-dessus sa tête entre ses adversaires et ses défenseurs, dans l'attitude d'un client, entre l'avocat adverse qui le malmène et son avocat à lui, qui ne le défend pas à son gré.

C'est une condition *sine quâ non*, dans le gouvernement par les assemblées, que le ministre qui présente une loi en soit le meilleur avocat. Nous aimons tant les discours, et tenons si peu aux lois, qu'il y a plus de profit, pour un ambitieux, à faire un beau discours sur une méchante loi, qu'à mal parler sur la meilleure loi du monde. La loi de Villemain était loin d'être excellente; mais il fut loin lui-même d'en être le plus habile avocat. Il ne fit ni le meilleur discours ni même un seul bon discours. De toutes les phrases irréprochables qu'il prononça, la première ne poussait pas la seconde, ni celle-ci la troisième, ni la troisième les suivantes, vers une conclusion. Aussi les auditeurs, ne se sentant pas conduits, ne savaient s'ils avançaient ou s'ils reculaient. Ils écoutaient le ministre par égard pour le bel esprit, l'applaudissaient par civilité, et ils cherchaient ailleurs les raisons de se décider.

Ces raisons, ils les trouvaient en abondance, et admirablement exprimées, dans les discours des organes des trois opinions en présence. Les partisans de l'Université eurent une vraie fête, dont leurs contradicteurs même ne se refusèrent pas de prendre leur part. Ce fut dans la séance où Cousin tint pendant deux heures entières l'auditoire sous l'éblouissement de sa parole. Dans sa défense de l'Université, il n'avait rien laissé à dire après lui de vrai ou de spécieux, au sujet de ce grand corps, de son histoire, de ses services, de tous les beaux côtés de ce qu'il appelait l'État enseignant. Dans le sens opposé, tout ce qui pouvait s'alléguer en faveur de la liberté, en y mêlant un peu de mal de l'Université, Montalembert l'avait dit, de quel ton! avec quelle voix veloutée et mordante! de quel geste sobre et modeste, qui laissait à l'âme seule tout l'honneur et tout l'effet du discours! Enfin, pour l'opinion intermédiaire, celle qui proposait de faire une part équitable à la liberté dans l'enseignement public, que restait-il à ajouter à l'admirable rapport du duc de Broglie, à sa discussion si serrée et si lumineuse, qui appelait sur le fond des choses l'attention dont il semblait ne pas vouloir pour sa personne? Sans compter M. Guizot, qui se réservait le *quos ego* contre les intempérants, et qui se chargeait de rabattre les « enivrements de la parole libre et bruyante[1] ». Grands orateurs, grands débats, d'où sortit péniblement une loi qui n'arriva même pas jusqu'à la Chambre des députés, et qui suscita plus d'un doute dangereux sur l'efficacité du gouvernement par la parole.

A défaut d'un premier rôle à la tribune, il en

1. C'est en entendant M. Guizot que le bon général Philippe de Ségur s'écria : « Voilà un discours qui prend les choses de haut! »

est un que doit prendre tout ministre qui présente une loi. Ce rôle est de conduire le débat, de le dominer, de ne laisser ni aux partisans de la loi le mérite de donner les raisons décisives, ni aux contradicteurs l'avantage du dernier mot. Villemain n'en parut pas tenté un moment, et il se rabattit à un rôle plus modeste. Rétablir quelques faits mal présentés ou mal interprétés; donner des éclaircissements techniques sur des exercices scolaires; défendre, à l'abri de la commission, quelque amendement timide; de temps en temps décocher de son banc quelque dénégation épigrammatique en réponse à des assertions hasardées; triompher des bévues échappées à des orateurs de troisième ordre; tel fut ce rôle, pour lequel il eût suffi d'une manière de commissaire du Roi. De là, au lendemain des séances, d'où il revenait plus accablé des insuccès de sa parole que des échecs de sa loi, ses impatiences, ses brusqueries, et je ne sais quelle inquiétude fébrile qui, du cabinet du ministre, se communiquait à tous les étages de la maison. Bientôt, il finit par ne plus s'en rendre maître, et il quitta cette maison qui lui était mortelle.

On le vit, les années suivantes, reparaître à la

Chambre des pairs, et remonter à cette tribune qui lui avait été si peu hospitalière. Sa situation était plus libre, et il avait choisi son terrain. C'étaient des questions de politique brillante[1]. Il ne parut ni à l'Assemblée ni au public que, pour le succès d'estime qu'il obtint, il eût dû rompre un silence que lui commandait le soin de sa santé.

VI

Mettez bout à bout tous les jours et toutes les heures consumés à cette ingrate besogne; distribuez-les entre les ouvrages inachevés ou insuffisants de Villemain, et dites si j'ai tort d'en vouloir à la politique, qui pour lui donner quelques satisfactions de vanité, parmi tant d'inquiétudes et de trouble, nous a fait perdre des œuvres excellentes !

Supposez qu'au lieu d'aller s'offrir à la légère à la politique, avant même qu'elle ne pensât à lui[2],

---

1. Par exemple, les réfugiés politiques, la Pologne, etc.
2. Témoin sa première campagne pour la députation, où il échoua.

il eût traité toute la suite de la littérature française sur le plan de son *tableau* de la littérature au XVIIIe siècle, remontant au XVIIe, pour y développer la belle théorie des époques privilégiées[1], puis au XVIe, et par delà, jusqu'aux *aimables primitifs* de notre littérature, quel livre utile et populaire lui devrait notre nation! Sans doute la pensée française aurait pu s'élever plus haut dans des pages plus originales; mais je ne sache pas de livre qui eût préparé plus solidement les jeunes générations à goûter les beautés de nos chefs-d'œuvre.

Je ne veux pourtant pas charger la politique des torts qu'elle n'a pas. Plus de liberté d'esprit de ce côté-là, plus de temps donné au pur travail littéraire, peut développer un écrivain par son fond; mais ce fond ne change pas. Sans doute le talent de Villemain eût gagné en étendue. S'il n'était pas d'humeur ni peut-être de force à chercher les vérités transcendantes pour les dire, et à les dire à ses risques et périls, il eût trouvé plus de ces vérités moyennes qui sont de plus d'usage, parce qu'elles sont à la mesure de plus de gens. Ayant plus à écrire, il aurait écrit avec plus de simplicité

---

1. Voir ci-dessus, page 191.

dans la même distinction. Mais la nature ne l'avait pas fait profond, et il ne le serait pas devenu par le travail. Il n'eût pas pénétré plus avant dans les grands écrivains. Royer-Collard disait de son chapitre sur Montesquieu : « Voyez cette leçon sur Montesquieu. Il y a de tout, suivant sa méthode. Il abuse du procédé philosophique de l'association des idées : il bat les buissons ; il fait lever de tous côtés ce qui se rapproche plus ou moins de Montesquieu. Il remonte jusqu'au pythagoricien Hippodamus, l'inventeur du représentatif[1]. » C'est touché d'une main dédaigneuse ; mais c'est touché juste. Il est très vrai que, dans ce chapitre sur Montesquieu, on n'a pas Montesquieu. Mais le peu qu'on en a est si attrayant, qu'il donne envie d'y aller voir. Si l'on n'entre pas dans le monument, on est du moins conduit jusqu'au seuil par une agréable avenue. Avec plus d'heures prises à la politique, il est certain que l'avenue se fût encore embellie, et que « des buissons battus » il se fût levé d'autres accessoires plus rapprochés du sujet.

Eût-il suffi d'ailleurs à Villemain de plus de

---

1. Notes recueillies sur Royer-Collard par un de mes anciens et plus chers élèves, Garsonnet, inspecteur général de l'Université.

temps et de soin donné aux lettres sévères, pour acquérir ce qui ne lui a pas moins manqué que la profondeur, je veux dire le courage d'être de son avis ? On peut en douter. Son faible, à cet égard, est d'autant plus fâcheux que le plus souvent cet avis était le bon. Mais il n'y a pas de bon avis qui ne soit exposé à la contradiction; et Villemain, quoique d'un tour d'esprit à aimer la vérité, tout au moins comme chose de bon sens, ne l'aimait pas jusqu'à se faire des affaires pour elle. C'est à propos de ce faible que, poussant sa pointe sur le même chapitre, Royer-Collard disait : « Vous voulez savoir son dernier mot sur l'*Esprit des lois?* Vous êtes bien curieux. Il n'oserait pas le dire dans la crainte de se compromettre avec quelqu'un. Il est de ceux auxquels il est encore plus difficile de prendre un parti que d'avoir une idée. » Otez le ton de mauvaise humeur et le *grave supercilium* dont Royer-Collard accompagnait ces boutades, le mot est d'une parfaite vérité. La tendresse à la louange, la peur de la contradiction sont les deux faces du même faible. Rien n'en pouvait corriger Villemain. Mais où de nature il n'avait que la peau très tendre, la politique mit les chairs à vif. Libre de ce côté-là, je ne dis pas qu'il fût devenu un champion de la vérité littéraire, mais il eût moins craint de laisser voir à quel point il était fait pour la discerner et pour l'exprimer. En même temps que le pays eût tiré plus de profit de son rare bon sens, il en eût tiré lui même plus d'honneur pour son nom.

Ainsi, par une supposition fort légitime, respectueuse, en tout cas, pour la mémoire de Villemain, en grossissant ses qualités de tout ce qu'il eût gagné à les consacrer aux lettres, et en retranchant de ses défauts ceux qui lui sont venus de la politique, on composerait de la même somme de talents mieux employés un Villemain très supérieur à l'autre. Ce serait un premier parmi les seconds, moins admiré que les écrivains de génie, mais peut-être plus lu; un guide, un auteur familier, pour tous ceux que le génie étonne et décourage. Au lieu d'œuvres, soit inachevées, soit entreprises par de trop légers motifs, nous aurions, sur notre littérature, une belle et imposante glose, où un Français, de race parisienne, nous eût expliqué les grandeurs du génie littéraire de notre pays. Nous compterions un livre de plus à mettre aux mains de nos enfants, et ce livre leur eût ôté l'envie de lire ceux que nous n'y mettons pas.

La chose est-elle donc si invraisemblable? Manque-t-il d'exemples, dans ce siècle, d'écrivains qui, pour avoir résisté à la tentation de faire de la politique, ont rempli tout leur mérite? Je n'en veux citer qu'un dans le genre même où Villemain a excellé. C'est Sainte-Beuve. Que serait-il advenu, si, au lieu de la visite que lui fit, en septembre 1845, le docteur Véron, pour offrir à ses *Causeries du lundi* les colonnes du *Constitutionnel*, il eût reçu de quelque électeur, dépêché par sa ville natale, l'offre de la députation? Vous imaginez-vous l'auteur de cette merveilleuse galerie de portraits écrivant des rapports d'une plume dépaysée, et le causeur si capricieux et si libre s'apprenant à forcer son talent, pour être un médiocre orateur politique? On tremble, rien qu'en y pensant. Car à quoi, je vous prie, a-t-il tenu qu'un homme de tant de sortes d'esprit n'ait pas cru avoir l'esprit politique? D'autres, d'un plus grand vol, n'avaient-ils pas eu cette illusion, et leur exemple ne l'avait-il pas rendue contagieuse? J'ignore ce qu'aurait gagné Boulogne-sur-Mer à se faire représenter par un de ses plus illustres enfants, et notre Université à ce que Sainte-Beuve en devînt le grand-maître. Mais je sais, de toute certitude, ce qu'auraient perdu les lettres françaises à n'avoir pas les *Causeries du lundi*.

VII

Après Villemain, et comme sur ses pas, deux lettrés éminents, deux fins juges des conduites des hommes, qui savaient mieux que personne par où Villemain avait failli, Saint-Marc Girardin et Vitet tombaient dans le même piège, et, bien que gardant un rang littéraire élevé, restaient au dessous d'eux-mêmes. Que je ne le pardonne pas à la politique, je n'en ai qu'une trop bonne raison; il m'en a coûté leur amitié. Oui, pour beaucoup moins que des rivalités, pour un peu moins que des dissentiments (car je ne leur ai rien disputé ni rien contesté), pour ne les avoir pas suivis dans leurs regrets et leurs espérances politiques, ils se sont refroidis pour moi. Mon visage, auquel, pendant dix-huit ans, ils avaient souri amicalement, était devenu pour eux un visage de fâcheux! Mais qu'importe ce que j'ai perdu? Il s'agit de ce qu'a coûté aux lettres la malechance qui les a faits hommes politiques.

Quel gage n'avait pas donné aux lettres sérieuses et aimables le *Cours de littérature dramatique* de Saint-Marc Girardin ! C'est par l'éloge de ce livre que Sainte-Beuve commença ses *Causeries du lundi*. Cet éloge n'est pas « continu » ; Sainte-Beuve s'autorise, pour y mêler des réserves, du peu de goût qu'avait Saint-Marc Girardin pour « la fadeur ». Il lui reproche ce qu'on peut appeler son péché mignon, « le scintillant, le sémillant, le cliquetis des rapprochements, le persiflage pour égayer son sérieux, » toutes choses auxquelles il se complaisait trop comme professeur pour s'en défier comme écrivain. Le reproche est juste, et les louanges que donne un tel critique en augmentent de prix.

J'avais moi-même, quelques mois auparavant, apprécié dans la *Revue des Deux Mondes*[1] le *Cours de littérature dramatique*. J'y louais beaucoup cet agréable mélange de la littérature et de la morale, qui en est le trait caractéristique. Je remerciais l'auteur de m'avoir guéri de mes préventions contre certains livres, de me faire la leçon en ajou-

---

1. L'article fait partie du volume intitulé : *Portraits et études littéraires*, Michel Lévy, 1875.

tant à mes plaisirs. Des défauts, je n'en disais rien. Ils ne me paraissaient pas de ceux qui gâtent le lecteur, et j'ai toujours pensé que, là où le fond est sain et la langue naturelle, un peu de persiflage par endroits, et même quelques paradoxes, peuvent servir d'assaisonnement à la vérité.

Le gros défaut du *Cours de littérature dramatique*, c'est qu'il est resté tel qu'il était en 1849, incomplet comme sujet, inachevé comme livre. L'auteur pensa-t-il jamais à le finir? « A quoi bon faire des livres ? me disait-il un jour. Notre temps ne veut que des articles. » Au moment où il parlait ainsi, j'avais déjà publié un ouvrage, et les deux premiers volumes d'un second. « Vous m'en donnez l'avis trop tard, lui dis-je. Mais, ajoutai-je, le tort est-il de faire des livres ou de ne pas les faire bons? Le livre est le grand devoir de l'écrivain. C'est l'œuvre qui lui appartient le plus en propre. Dans un article, il se glisse plus ou moins de l'esprit de tout le monde. Dans un livre on est plus sûr de ne mettre que du sien. — Si la peine vous en plaît, reprit-il, de l'air un peu moqueur dont il disait toutes choses, à la bonne heure! Quant à moi, je n'estime pas que le mérite en vaille la peine. » Saint-Marc Girardin ne se risquait pas à demander aux gens plus d'attention qu'ils n'en veulent donner. Il lui semblait qu'on se fait suivre de plus de lecteurs, en sautillant devant eux, qu'en marchant d'un pas grave et régulier. Le succès de son cours avait pu l'y tromper. Toujours est-il que, moitié par humeur, moitié par calcul, il n'aimait pas à faire des livres. Si tel a été l'homme, qu'ai-je à me plaindre de la politique qui n'en pouvait mais? Je m'en plains pourtant, parce que je la reconnais dans ce dégoût pour les œuvres de longue haleine, et tout ce que je trouve d'excellent dans le *Cours de littérature dramatique* ne me console pas de ce qui y manque [1].

Saint-Marc Girardin eût pu achever ce livre, et en laisser d'autres. Pour ne citer que son *Tableau de la littérature française au* XVII*e siècle*, il y eut des gens qui, comme moi, lui étaient assez amis pour lui conseiller de le retravailler et de le compléter. Je ne sache pas de sujet qui fût plus fait pour l'homme, ni d'homme plus fait pour le sujet. Il le sentait si bien qu'il fut tenté un moment de

---

[1] ... De ce qui n'y eût pas manqué, si Saint-Marc Girardin eût consenti, comme le lui conseillait Sainte-Beuve dès 1836, « à être davantage et tout à fait ce qu'il est surtout, homme de lettres*. »

* *Portraits contemporains*, t. II, article Villemain.

suivre ce conseil. Mais c'était un livre à faire, et l'on sait ce qu'il pensait de ceux qui en font. Aussi a-t-il réimprimé le *Tableau* sans changements. Si les raisons qu'il en donne dans l'avertissement ne sont pas des raisons, ce sont du moins de jolis mots.

Enfin, vais-je manquer de justice envers lui, si je regrette qu'il ait trop mérité le singulier éloge qui lui a été donné de faire « salle pleine, » aux leçons du jeudi, par l'attrait des allusions politiques? Non que, dans ces leçons, aux grâces très négligées de la conférence il ne mêlât par moments les qualités solides d'un enseignement donné au nom de l'État. Mais pour les gens qui vont à la Sorbonne chercher l'instruction, il y avait chance, ces jeudis-là, de ne trouver que de l'amusement. Saint-Marc Girardin s'en doutait bien un peu. Témoin ce trait charmant que m'en a conté une personne qui le tenait de lui. Un provincial de ses amis, de passage à Paris, était venu lui faire visite. Il va rue Bonaparte, où demeurait Saint-Marc Girardin. On lui dit qu'il est à la Sorbonne. « Voilà qui est jouer de bonheur, se dit notre provincial! Du même coup je vais voir l'ami et le professeur. » La leçon finie, le premier visage que voit Saint-Marc dans la cour de la Sorbonne est celui de son ami. « Ah ! lui dit-il à demi content, on ne vient pas voir ses amis ces jours-là. » Comme si venir à son cours c'eût été le surprendre en déshabillé. On n'est pas plus sincère avec plus d'esprit. Pourtant, je l'eusse aimé mieux se félicitant honnêtement d'avoir eu, dans l'auditoire, un témoin éclairé d'une leçon fortement préparée, où l'on eût applaudi, non aux allusions politiques, mais aux vérités de morale et d'art qui apprennent à les dédaigner.

Je cherche vainement en quoi le pays a profité de toutes les heures que Saint-Marc Girardin a retranchées aux lettres pour les donner à la politique. Il en a traversé le dangereux terrain d'un pas si léger, qu'il est difficile d'y trouver sa trace. Je lis, dans quelques apologies académiques, qu'il a été du grand parti libéral; parti d'opposition sous la Restauration, parti de gouvernement sous le régime de Juillet 1830, et de nouveau, sous le second Empire, parti d'opposition; puis, après le second Empire, de nouveau parti de gouvernement et de conservation. Voilà de bien grands mots pour caractériser le rôle d'un homme qui ne les aimait guère. Disons les choses telles qu'elles sont.

Saint-Marc Girardin n'a été en réalité le partisan décidé que d'une seule chose, le droit de penser et de dire de tous les partis, y compris le sien, ce que bon lui semblait. Il n'a été le « défenseur infatigable » que de sa liberté personnelle. Inclinant plus, je le veux bien, vers la politique libérale que vers la politique d'autorité, jamais il ne se brouilla tout à fait avec celle-ci, servant à sa manière, sans dévouement, mais, par contre, sans ambition embarrassante. Il savait très bien qu'on songeait plus à éviter ses épigrammes qu'à rechercher son concours, et qu'il donnait trop peu pour demander beaucoup. Tout au plus désira-t-il, pourvu qu'il n'eût pas à le dire tout haut, être un ministre d'appoint dans un ministère mi-parti de libéralisme et d'autorité. Tel nous le montre l'ensemble de sa vie publique, en dépit de quelques paroles ou de quelques démarches qui semblaient plus près de l'action. C'était un très spirituel juge des coups, médiocrement pressé d'entrer dans le jeu.

Pourtant, un jour vint, — c'était au mois de février 1871, — où la fortune le poussa au tapis vert, et lui dit : A ton tour à jouer! Bien qu'il y eût plus à perdre qu'à gagner, Saint-Marc Girardin ne recula pas. Il était à Antibes, entouré des siens, lorsqu'il apprit que le suffrage universel l'envoyait à l'Assemblée nationale. Il en fut si ému qu'au dire de Sylvestre de Sacy, qui me l'a conté, son premier mouvement fut d'embrasser sa famille en pleurant, comme sous le pressentiment d'épreuves au-dessus de ses forces. A peine arrivé à Bordeaux, on le nommait commissaire pour la négociation du traité de paix avec l'Allemagne. Après ce douloureux devoir, il s'en laissait imposer d'autres, mal payé de toutes ses peines, et, de plus en plus, à mesure que les difficultés croissaient, confessant ses désillusions, seule manière dont notre amour-propre nous permet de confesser nos erreurs. Je dirai plus loin ce qui hâta sa mort.

VIII

Que dire de Vitet? Quel mal ne lui a pas fait la politique? Tandis que Saint-Marc Girardin n'en avait que la curiosité, et s'en donnait le spectacle, au risque d'en prendre par moments les illusions, Vitet en avait les passions. A cet homme de tant d'esprit, à ce Français patriote, à ce chrétien édifiant, il a échappé un jour, sous l'inspiration de la politique, certaines paroles qui ne sont ni d'un homme d'esprit, ni d'un Français, ni d'un chrétien.

S'agiter en sous-ordre, soit dans le gouvernement, soit dans l'opposition; n'avoir que l'importance d'un confident, et l'influence des petites entrées; être auprès des hommes dirigeants le premier de leur suite; prêter sa plume aux pensées des autres; et, après avoir été durant toute sa vie publique, sans responsabilité, en assumer une, au dernier moment, qui pèsera sur sa mémoire; tel est le rôle que la politique a fait à Vitet. Pour jouer ce rôle, en toute honnêteté d'ailleurs, comptons ce qu'il a pris de temps aux lettres, et ce qu'il a sacrifié de sa renommée.

Après quelques livres d'histoire romanesque donnés au goût du jour, à l'imitation, avec la part d'originalité que sait mettre, même dans l'imitation, un homme de talent, Vitet trouve enfin sa vraie voie et tout à coup il s'y montre inventeur. C'est la critique d'art. Nous avions le successeur, et, si la politique l'eût permis, l'égal de Winckelmann. Ce que Winckelmann a fait pour l'art dans l'antiquité, Vitet nous promettait de le faire pour l'art dans les temps modernes. Il y apportait toutes les qualités du genre, la science, aux conditions sévères où notre temps lui donne créance, l'art de généraliser, le goût sans ses timidités, l'admiration sans superstition, le sens du pittoresque, l'analyse, et pour faire valoir tout cela, le talent de l'écrivain. On sait à quelle œuvre je pense. Quelles pages ont été plus goûtées que l'*Étude sur Eustache Lesueur !*

Quand je cherche à qui comparer l'auteur de ces pages, il ne me vient à l'esprit que des noms illustres. Il m'a rappelé Winckelmann ; il me rappelle, par plus de traits encore, l'érudit créateur que Voltaire nomme « l'illustre et profond Fréret. » Laissons la première place à l'homme extraordinaire qui, dans toutes les branches de l'histoire et de la critique historique, a fait tant de découvertes et légué à la science une méthode si sûre pour en faire d'autres. Mais s'il s'agit, non de rangs, mais de ressemblances, quels hommes se ressemblent plus que Fréret et Vitet ? L'un fait marcher à la fois, dans ses immenses études, la chronologie, la philosophie, la philologie comparée, où il est créateur et guide, la mythologie, la géographie ; il les éclaire l'une par l'autre; il répand la lumière sur toutes les parties de l'histoire et sur toute la vie du passé. L'autre, dans un cadre plus restreint, touche à toutes les branches de l'histoire des beaux-arts, peinture, sculpture, architecture, dans toutes les diversités de pays, d'époques et de caractère, depuis les pures conceptions de l'art jusqu'à ses ingénieuses applications à l'industrie. Vitet discute les textes comme Fréret, avec la méthode de Fréret. Comme lui, il joint au bon sens la pénétration hardie, la curiosité, l'esprit de comparaison. Comme lui, dialecticien habile, il est comme lui doué du talent d'exposition, plus grave dans Fréret, et plus propre à convaincre, dans Vitet plus aimable, plus mondain et plus persuasif. Cet avantage qu'a le second sur le premier tient au genre de vie qu'a mené Vitet, y faisant deux parts, l'une à la société, au soin des personnes, l'autre aux choses de l'esprit. Il est autant mêlé à son temps que Fréret est étranger au sien, lui qui, selon la fine remarque d'un de ses biographes, n'avait presque pas aperçu son siècle, tant il était absorbé dans le passé. Si Vitet n'a pas le génie et l'invention de Fréret, il a des agréments qui ont manqué à celui-ci; une allure aisée, et, jusque dans la discussion, un air de conversation de salon qui fait penser à Fontenelle. Sans compter que, par le caractère de son sujet, non moins que par son heureuse nature, il a quelque chose dans le style qui sent plus son écrivain.

En définissant le tour d'esprit particulier de Vitet, j'ai en vue l'aimable et solide étude sur Eustache Lesueur, dont l'unique défaut est de n'être qu'un fragment d'une œuvre inachevée. Il l'a fait précéder d'un *Précis* qui donne la plus juste idée en même temps que le plus vif regret de ce que Vitet pouvait faire et de ce qu'il n'a pas fait. On y suit la marche de l'art depuis le XVIe siècle jusqu'à l'époque où s'épanouit le génie de Lesueur. Chaque période est marquée par ses traits distinctifs ; chaque artiste est nommé et caractérisé en son lieu, chaque œuvre est pesée. Mais les preuves manquent. C'est un sommaire admirable, je le veux bien ; mais il a le tort de me mettre en appétit pour me laisser à jeun. Je ne prends pas mon parti de ne voir qu'un résumé où je voulais une histoire développée ; de trouver, au lieu d'une suite de jugements distincts et individuels sur les artistes, une exacte, mais sèche nomenclature ; au lieu de descriptions à la fois techniques et pittoresques, de froides énumérations ; en un mot, de parcourir en vingt ou trente pages un espace de cent cinquante ans.

A l'auteur d'un tel Précis, rendez le temps que lui a pris la politique, tout se raconte et se motive. Chaque alinéa devient un chapitre ; et le Précis devient un livre où, par la plume d'un Français doué de toutes les délicatesses du goût national, la France porte un jugement définitif sur une des plus belles manifestations du génie de l'homme dans les temps modernes. Quelle place prendra un tel livre parmi les livres populaires ! Il nous rendra les beaux-arts aussi familiers que les lettres, les plaisirs qu'on y prend aussi accessibles que les plaisirs littéraires. Nous aurons, pour nous conduire devant les chefs-d'œuvre des arts, non pas un guide des voyageurs, mais un maître de la critique et un écrivain. Un intérêt supérieur va s'ajouter pour nous à tous ceux qui donnent du prix à la vie morale ; le niveau de notre éducation nationale s'élève.

Qui a empêché cela, si ce n'est la politique ? Ce que la France de l'avenir y a perdu, la France contemporaine de Vitet l'a-t-elle du moins gagné ? Parlant d'un homme qui ne m'a plus voulu pour ami, mais que je n'ai pas cessé d'aimer, je crains tellement de ne pas lui faire sa part, que je vais chercher dans les écrits où il est loué de propos délibéré des raisons contre mes propres sentiments. Ce n'est pas de ma faute si j'y persiste. Par exemple, je lis dans une notice apologétique, que « le rôle politique de Vitet n'a pas été sans éclat, quoique moins éclatant que son rôle littéraire ». En quel moment Vitet a-t-il joué un rôle politique de quelque éclat? Toutes les fois qu'il est intervenu de sa personne dans la politique, combien j'eusse aimé mieux que quelque avocat l'eût fait à sa place!

Était-il besoin d'un esprit de cette valeur pour négocier, en janvier 1848, avec les organisateurs de la campagne des banquets, le compromis dérisoire par suite duquel, au moment du potage, ces conjurés d'espèce singulière devaient se lever de table à l'arrivée du commissaire de police, et ajourner la suite du festin jusqu'à ce que la question du droit au banquet fût décidée par les tribunaux? Ne pouvait-on trouver une autre plume que celle de cet ancien et si fervent partisan de la séparation des pouvoirs, pour faire valoir les beautés de la loi dite des « questeurs », qui donnait au président de l'Assemblée nationale le droit de disposer des forces militaires[1]? Quelle apparence d'éclat y a-t-il dans le rôle qu'il se laissa imposer de rapporteur de la « Constitution Rivet » ?

O divins peintres de la Renaissance, aimables primitifs qu'il a si finement appréciés, si tendrement aimés, et vous, grands peintres de notre école française du XVIIe siècle, Poussin, Lesueur ; vous aussi, génies inconnus, qui avez élevé dans les airs nos cathédrales gothiques, voilà donc pour quelle besogne de tâcheron parlementaire Vitet s'arrachait à votre commerce familier, et cessait de méditer vos belles œuvres ! Et quand on pense à tout ce qu'il a fallu de démarches, d'allées et de venues, de diplomatie avec les amours-propres, de manèges avec les ambitions, de paroles,

---

[1]. Voici de quelle façon Lamartine, dans ses Mémoires, liv. XXXV, p. 451, a caractérisé l'acte malheureux auquel Vitet prêta son concours actif et sa plume : « Proposer de diviser l'armée de Paris en deux parties, l'une pour défendre le président, l'autre pour protéger l'Assemblée, c'était organiser de sa propre main la guerre civile sur les deux rives de la Seine. C'était le coup d'État fait par l'Assemblée contre le pouvoir exécutif de la république, et contre le pouvoir universel de dix millions de suffrages populaires... Il n'y a pas de mot, excepté celui de suicide, pour caractériser cette folie... De ce jour, je vis la République perdue sans ressources. Je me voilai le front pour ne pas voir ce qui allait se passer. Un coup d'État en appelle un autre. »

de lettres, pour n'arriver qu'à des avortements ridicules, pour voir l'opposition dynastique banqueter, sans se soucier si elle en avait le droit, ni de ce qu'allaient faire les affamés qui n'étaient pas du banquet; puis le 2 Décembre répondre à la provocation de la loi des questeurs; puis la « Constitution Rivet » renversée par les mêmes gens qui l'avaient votée, on se prend d'une douloureuse pitié pour un homme supérieur auquel il en a coûté si cher de n'avoir pas pu ou voulu rester ce que Dieu l'avait fait!

En politique, tout homme secondaire a son équivalent. Les œuvres de la politique sont si éphémères, tout au moins si sujettes à changement et à revision, qu'un écrivain distingué qui s'y emploie ne vaut ni plus ni moins, pour le résultat final, qu'un avocat de province. Tout ce que le premier y met de plus que le second est en pure perte. Ce sont œuvres de transaction, d'arrangement amiable ou de connivence, impersonnelles, et qui n'appartiennent pas plus à celui-ci qu'à celui-là. Chacun y peut être remplacé ou suppléé, sans qu'il y paraisse. Il n'en est pas de même dans les choses de l'esprit. Un penseur, un écrivain, n'a ni remplaçant ni suppléant. Il n'y en a qu'un seul pour une certaine pensée, ou pour un certain livre, comme, dans la langue, il n'y a qu'un seul mot pour exprimer une chose. Quand donc la politique enlève aux lettres un écrivain, il quitte ces hauteurs où il n'y a ni égaux ni équivalents, quoiqu'il y ait des pairs, où chacun est créateur, pour se perdre dans ces régions basses où un écrivain fourvoyé risque de trouver son maître dans le moindre praticien parlementaire; et il y a des pensées perdues pour l'esprit humain, des germes de vie que la politique a étouffés!

Mais quoi! est-ce donc si peu, dans un pays régi par un gouvernement parlementaire, de tenir même les rôles secondaires, comme Saint-Marc Girardin et Vitet? Non, sans doute; de même que ce n'est pas si peu de tenir l'emploi des utilités au théâtre. Je n'ignore pas que, même en dehors de ce que Sainte-Beuve appelle « la fadeur de l'éloge continu », on n'a pas loué sans raison Saint-Marc Girardin et Vitet de leur aptitude aux choses de la politique. Moi-même, j'ai quelques pages imprimées où je fais compliment à Vitet de ne s'entendre pas moins bien en finances qu'en peinture, et de parler aussi pertinemment du budget que d'Eustache Lesueur. Si c'était encore à faire, je ne le ferais pas. Et quand je pense comme il importait peu, dans les occasions où la politique a eu besoin d'eux, que la chose se fît par eux ou par tout autre, et quels efforts ils ont dû faire seulement pour ne pas paraître étrangers aux matières où ils intervenaient, je m'obstine dans mes regrets, et je déplore qu'ils aient ôté aux lettres qui durent ce qu'ils ont donné à la politique qui passe.

Elle passe, et si vite, qu'ayant vécu avec eux une partie de ma vie publique, à la Chambre des Députés, assis sur les mêmes bancs, c'est à peine si je me souviens de ce que nous y avons fait. Dans cette histoire du gouvernement de Juillet, où nous avons été, eux et moi, des parties inégales, mais dont aucun de nous n'a été *pars magna*, j'ai à fatiguer ma mémoire pour retrouver leurs traces. Il me faudrait recourir aux procès-verbaux de l'Assemblée, ou aux tables de l'ancien *Moniteur universel*. Ils ont rendu quelques services obscurs, je n'en doute pas. Lesquels? Je les ignore. Quels qu'aient été ces services, les lettres les ont trop chèrement payés; sans compter qu'ils n'ont pas paru à tout le monde désintéressés. Pour en parler avec pleine connaissance, j'aurais toute une étude à faire, tandis que, pour apprécier ce que les lettres y ont perdu, il suffit de me représenter achevées les œuvres que la politique a pour toujours interrompues.

IX

Maintenant, et pour dernier grief, si la mort de ces deux hommes a été aussi prématurée qu'inattendue, où faut-il en chercher la cause, sinon dans la politique? Le jour où elle leur a infligé la plus poignante de ses disgrâces, celle d'occuper une grande place et de s'y voir insuffisant, ce jour-là, elle les a frappés mortellement. Je ne crois ni mal connaître le cœur humain ni me tromper sur l'humeur de nos Français, si je dis que pour un homme appelé à un poste important par l'opinion qu'on avait de ses talents, y tromper l'attente publique est une de ces plaies morales dont on ne guérit pas. Je me souviens de ce qu'il y avait d'amer dans le témoignage ironique que se rendait Villemain d'être un « ministre régulier ». C'était une manière d'avouer qu'on attendait de lui quelque chose de plus. Je me souviens aussi des ébranlements de sa raison, dans la mémorable discussion sur la liberté de l'enseignement secondaire, et comme il revenait diminué de ces séances, où le ministre « régulier » avait été un orateur insuffisant.

C'est du même mal que sont morts Saint-Marc Girardin et Vitet. Au seuil de la vieillesse, ils paraissaient appartenir à peine à la seconde moitié de l'âge mur. Peu de temps avant leur mort, on les félicitait des promesses de longévité que faisaient leur visage et toute leur personne. Eux seuls sentaient intérieurement les ravages de la politique. Ils semblaient craindre le moment où elle leur demanderait plus qu'ils ne pouvaient lui donner.

Ce moment arriva. Appelés par leur notoriété à faire partie de l'Assemblée de 1871, Vitet avec la satisfaction imprévoyante de la rancune, Saint-Marc Girardin, moins passionné et partant plus avisé, avec les pressentiments d'Antibes, ils se virent portés tous les deux à la vice-présidence, c'est-à-dire menacés de la chance d'avoir à présider. Tâche redoutable, qui demande tant de qualités de corps et d'esprit, où certaines qualités, éminentes en d'autres emplois de l'intelligence, ne sont pas toujours des ressources et peuvent être quelquefois des obstacles!

Nous avons appris par de grands exemples tout ce qu'il y faut. Il y faut d'excellents yeux; l'oreille du chef d'orchestre qui, dans une vaste composition, distingue chacune des parties; une voix sachant murmurer un conseil à l'orateur qui se fourvoie et lancer un rappel à l'interrupteur qui s'oublie. Il faut parler d'abondance et avec propriété trois langues : celle de la politique générale, celle des affaires, celle de la question en débat. Triple difficulté, surtout pour les lettrés, professeurs ou écrivains, toujours un peu empruntés dans la langue des affaires. Ajoutez à ces aptitudes le sang-froid dans le tumulte, le courage aux heures du péril, et surtout cette impartialité, presque plus de tempérament que de volonté, tant elle est rare, par laquelle un président, pris dans un parti, sait faire accepter son arbitrage au parti opposé, et mettre sa parole au-dessus du soupçon. Quand c'est d'un tel poste qu'on tombe par insuffisance, il y a danger qu'on ne reste sur la place.

A certains égards, Vitet était moins loin de convenir à la fonction que Saint-Marc Girardin. Il avait touché à toutes les grandes questions de gouvernement et d'administration. Il était instruit dans les matières de finances. La langue de la politique pratique lui était plus familière. La parole correcte et nette ne lui faisait pas défaut. Mais il avait la voix sourde, et s'il n'était incapable ni de résolution ni de courage, peut-être l'impartialité était-elle difficile à l'homme des lèvres duquel devait tomber un jour la malheureuse parole que l'on sait[1].

Tout au contraire, Saint-Marc Girardin n'avait pas beaucoup de peine à être impartial, parce qu'il était tout près d'être indifférent. En revanche, il avait fort à faire pour dépouiller au fauteuil le professeur applaudi de la Sorbonne. Il lui fallait prendre garde que ce qui réussit devant un auditoire sans contradicteurs échoue devant une assemblée où tout membre a le droit de contredire. Étranger, d'ailleurs, à la plupart des choses où s'entendait très bien Vitet, il en ignorait plus d'une, et il était à craindre qu'il n'y pût suppléer par l'esprit, dont on a dit si excellemment qu'il sert à tout, mais ne suffit à rien.

C'est avec ces mauvaises chances qu'en l'ab-

---

1. Voir la *Lettre sur la situation*, au directeur de la *Revue des Deux Mondes*, livraison du 1ᵉʳ janvier 1871.

sence du président empêché ils eurent successivement à présider, Vitet la séance du 11 mars 1872, Saint-Marc celle du lendemain. L'affaire en discussion, commencée le 11, devait se continuer le 12. Il s'agissait d'autoriser des poursuites contre un journal de province prévenu d'avoir offensé l'Assemblée par la plume de deux députés. Le général Changarnier avait proposé « l'amnistie du dédain ». Un ordre du jour fut rédigé en ce sens. Ceux sur qui devait tomber l'amnistie n'en voulurent pas. Un débat s'engage entre eux et les membres qui la voulaient. Bientôt il dégénère en rixe. Les demandes de parole, les protestations, les interpellations au président se succèdent, se croisent jusqu'au pied de la tribune. Vitet s'agite pour tenir tête aux agitateurs. Dans ce bruit de voix confuses, il n'entend pas les interrupteurs et il n'en est pas entendu. Il ne lui vient ni un mot ni un geste pour imposer le silence. Pourtant l'ordre du jour proposé est voté. Les opposants qualifient ce vote de violation du règlement. Un d'eux s'emporte jusqu'à dire que, s'il est inscrit au procès-verbal, c'est un faux qu'on y aura enregistré. Soit que Vitet n'eût pas entendu le mot, soit qu'il eût manqué d'à-propos pour le relever, il parut se le tenir pour dit. Le vote fut maintenu, et la séance levée.

Le lendemain, Saint-Marc Girardin montait au fauteuil. On lit le procès-verbal. L'injure faite à l'impartialité de Vitet y avait été consignée. Il en demande la rétractation ; on la lui refuse. Il insiste, il y est aidé, ne s'y aidant lui-même ni par aucun mot heureux ni par aucun accent d'indignation vraie. La lutte de la veille recommence, et, pas plus que Vitet, Saint-Marc Girardin ne parvient à la dominer. Cet esprit si vif, ce parleur si prompt et si piquant, ne sait que menacer le plus bourgeoisement du monde de suspendre la séance. Il la suspend en effet, et, sur l'invitation qu'on lui adresse de plusieurs bancs de se couvrir, il se couvre. Mais, pour comble de disgrâce, le chapeau dont il se sert, et sa façon de le porter, la presse légère leur avait fait une célébrité.

Sur cette commune mésaventure de leur vie publique, je n'ai pas eu leurs confidences. Mais je sais, comme si je l'avais ouï de leur bouche, ce qu'il leur en coûta d'avoir à reconnaître que là où tel des opposants qu'ils rappelaient à l'ordre se fût tiré d'affaire, ils avaient échoué. Si l'on ne meurt pas de ces blessures-là, on en ressent l'atteinte jusqu'aux sources de la vie. Un homme politique ne se relève pas d'une chute où il donne tout à la fois à ses adversaires la joie de la pouvoir dire méritée, à ses amis l'occasion de le plaindre de bouche, aux indifférents le soupçon qu'il s'est trompé sur ses talents par ambition.

C'est peu après leur disgrâce présidentielle que Vitet, puis Saint-Marc Girardin, sont morts. Que cette disgrâce n'en ait pas été la seule cause, je le veux bien. Il y en eut une dont ils ne durent pas peu souffrir, ce fut l'ennui secret de l'effacement de leur rôle oratoire dans l'éclat de leur rôle parlementaire. Cet ennui, chez Saint-Marc Girardin, s'était aggravé d'un amer déboire qui lui était venu d'où lui venaient d'ordinaire les compliments et les caresses, du *Journal des Débats*. Lui qui, si longtemps, y avait régné, s'était vu plaisanté dans cette même maison qui l'avait tant loué de son talent de persifler les autres, et il avait dû la quitter, pour n'y plus rentrer, par un acte de dignité personnelle qui, du reste, n'eut que des approbateurs. Vitet, plus soutenu contre les défaillances par tout ce qui lui restait de passion peu généreuse contre le gouvernement tombé, ne laissait pas de sentir les atteintes du découragement J'en eus un témoignage qui ne fait pas tort à sa mémoire. Déjà malade, il avait fait prier un haut fonctionnaire de l'Université, de mes amis, et qui me l'a conté, de venir causer avec lui de quelques détails de sa besogne législative. Celui-ci le trouva couché, parcourant des journaux étalés sur son lit. Vitet, dès qu'il le vit, rejetant les journaux dans la ruelle : « Je devrais, lui dit-il, ou plutôt je puis rougir devant vous, de passer mes matinées à lire tout cela, au lieu de me recueillir. Vous ne saurez jamais ce que le journalisme nous a fait de mal. Défiez-vous-en. » Pour un lettré si curieux et si délicat, pour un juge des choses de l'art si autorisé et si goûté, pour un vrai chrétien, qu'était-ce que se recueillir, sinon être rendu aux lettres, à l'art et à Dieu? La politique lui en ôta le temps et jusqu'à l'espérance. La mort lui laissa-t-elle du moins une dernière heure à donner à Dieu?

Quelles qu'aient été les autres causes qui abrégèrent la vie de ces deux hommes éminents, je ne doute pas que la cause principale, la cause suprême, n'ait été celle-ci : c'est qu'un jour où toute la France, rendue plus attentive aux débats de l'assemblée par la perspective d'une séance de scandale, avait les yeux fixés sur eux, ils furent trouvés au-dessous de leur fonction et d'eux-mêmes. Peu importe, après tout, que cette cause ait été la principale et la dernière; le tout a précipité leur fin, et ce tout est à la charge de la politique.

X

Qu'est-ce à dire? Faut-il donc que les lettrés illustres s'abstiennent de politique, et laissent, dans les assemblées, toute la place aux rares privilégiés de la naissance ou de la fortune et aux avocats? La France n'ayant pas de pépinière où recruter des sujets pour le gouvernement, pas de classe politique, comme on en voit ailleurs, d'où l'on y entre comme de plain-pied, force est bien de prendre les hommes d'État où l'on peut. Les uns sont appelés à la politique du fond de leur laboratoire, les autres de leur cabinet. N'y a-t-il pas à la fois devoir civique et devoir d'honneur à répondre à cet appel? Y manquer, ne serait-ce pas une désertion? Soit. Qu'ils en courent la chance. Mais s'ils échouent, on me permettra bien, pour le chagrin que j'en aurai, de demander quel bien fait aux affaires, et quel service rend au pays, l'exemple d'un homme supérieur par l'esprit, qui pèse moins, dans la politique, que quelque harangueur de Cahors ou de Carpentras.

Non qu'il ne me fâche beaucoup de voir de tels hommes absents des conseils publics, faute d'aplomb à la tribune, d'une forte voix, ou de quelque autre qualité beaucoup moins prisable que les leurs. Pour le peu que je compte dans les lettres, j'en souffre à la fois par esprit de corps et par esprit de justice. Aussi ai-je souvent pensé à quelque autre manière d'employer de tels esprits à la politique. Si de tous les ridicules le plus grand n'était pas de proposer des constitutions, je proposerais tout au moins un article pour la constitution future. Il consisterait à substituer à ces salles de spectacle, où des acteurs d'un certain ordre jouent trop souvent la comédie, une salle de conseil, sans tribune, sans spectateurs, et partant sans spectacle. Là délibéreraient, sur le ton de la vraie délibération, les élus du pays, en moins grand nombre, bien entendu, qu'il n'en faut pour remplir les salles de spectacle. S'il plaisait aux électeurs d'y nommer des avocats, ceux-ci, n'ayant plus à parler pour la galerie, prendraient plus souvent le parti de se taire, ou parleraient à meilleur escient. Quant aux lettrés illustres, le jour où ils pourraient faire écouter des raisons fines, exprimées dans un langage choisi, et dites de leur voix naturelle, ce jour-là, ils prendraient confiance en eux-mêmes et ils tiendraient dans le conseil du pays la place qu'ils tiennent dans le pays. On verrait alors, par les comptes-rendus de ce conseil, ce que doit être l'éloquence politique dans les sociétés modernes, pour y être l'organe écouté de l'esprit de conservation et de progrès. On saurait ce que doit être la parole pour ne parler qu'à la raison.

Cette éloquence, l'ai-je donc rêvée? N'est-ce pas celle que j'admirais dans les discours des de Broglie et des Rossi à la Chambre des pairs? Ceux-là parlaient du haut de la tribune comme ils eussent fait d'un fauteuil au conseil d'État. Le conseil d'État! Voilà un mot qui me remet en mémoire les plus pures et les plus profondes émotions que m'ait causées l'éloquence appliquée à la discussion des intérêts publics. Je parle d'un temps où le conseil d'État gardait encore quelques glorieux vétérans de l'époque impériale. C'étaient les Fréville, les Maillard, et dans une vieillesse encore verte, un petit homme bourgeois de visage, mais du plus fin esprit, parlant avec un léger accent gascon qui en était comme le sel, la belle langue des affaires, c'est M. Béranger (Voir une *Note* à la fin de ce volume).

Ce M. Béranger, à qui Napoléon Ier, présidant un jour son conseil d'État, adressait cette sommation si obligeante : « Monsieur Béranger, vous n'avez rien dit. Vous avez quelque chose à nous dire! » Parleurs nerveux, simples, calmes sans être froids, sachant s'animer par la force de leur raison, sans s'exciter par le bruit de leur voix; de vrais esprits qui ne souffraient pas que le corps se mêlât de leurs affaires. Après eux, c'étaient leurs disciples, devenus à leur tour des maîtres dans le même genre d'éloquence, un Dumont, pour ne citer que le plus illustre, dont la parole lumineuse, nourrie et facile, vive quand il le fallait, semblait s'affadir et s'éteindre à la tribune législative, quand elle se faisait entendre après les violents et les éloquents des jours à grand spectacle.

Ceux-ci, dont je suis bien loin de ne pas admirer les qualités, avec des réserves sur l'emploi qu'ils en font, seraient-ils donc perdus pour le pays, et, si l'on veut, pour l'art, parce qu'ils ne parleraient plus pour des curieux? Je crois plutôt que, défendus par les habitudes du lieu et par les conditions qu'on y ferait au succès, contre les emportements du tempérament oratoire, ils s'élèveraient plus haut dans les régions de l'éloquence. Le public ne serait plus désappointé par le contraste entre le bruit que font les grands discours et ce qui en reste sur le papier imprimé. Il n'y aurait plus d'auditeurs à billet, mais, en revanche, c'est tout le pays sachant lire qui apprendrait de ses délégués non pas à se tromper sur ses affaires, mais à y voir clair, et comment une nation bien conseillée s'instruit à distinguer ses vrais intérêts de ses passions.

Mais je laisse là mon utopie et j'en viens à la conclusion de cet écrit. Le mal que j'ai signalé existe; il est grand; personne ne le peut nier. Des existences agitées, des cerveaux troublés, des morts avant le temps, des œuvres inachevées, des hommes ne donnant pas à leur pays tout ce qu'ils avaient reçu de Dieu, des pertes pour le patrimoine intellectuel de la France, voilà le mal. Quoique plus de la moitié en soit à la charge de la politique, quel moyen de lui en demander compte? La politique n'est pas une personne; elle n'a pas d'oreilles. Faut-il se tourner vers les électeurs et les prier de laisser les écrivains dans leur cabinet? En vérité, lorsqu'ayant à choisir entre un marchand, un avocat, un rentier oisif et un lettré éminent, ils donnent la préférence au lettré, je n'irai pas leur dire qu'ils ont eu mauvais goût. Les seuls qui puissent recevoir un conseil, ce sont les lettrés exposés à cette fortune. Or je n'en sais qu'un à leur donner, et je conviens qu'il n'est pas neuf. C'est le conseil qu'Horace donne aux poètes, « de considérer longtemps ce que peuvent, ce que ne veulent pas porter leurs épaules. »

Quid valeant humeri, quid ferre recusent.

Je les renvoie aussi aux deux petits chapitres de Xénophon dont j'ai parlé au commencement de cet article. Car il peut se trouver parmi eux des Glaucons, et, quoique plus rares, les Charmides n'y manquent pas[1]. Eh bien, que les Glaucons, à défaut d'un Socrate pour leur tirer doucement l'aveu de leur ignorance, se demandent avec candeur s'ils savent la guerre, les finances, les mines, ou s'ils

---

1. Qui ressemble plus, par exemple, au Charmide de Xénophon que Saint-Marc Girardin et Vitet? N'étaient-ils pas, comme lui, hommes de grande valeur, de plus d'esprit que la plupart des gouvernants, en fréquentes relations avec eux, consultés, goûtés par eux?

pensent gouverner sans rien entendre aux matières de gouvernement. Quant aux Charmides, qu'ils aient, comme celui d'Athènes, le courage de se connaître. Qu'ils examinent s'ils sont d'humeur à parler dans les assemblées, s'ils en ont le talent, s'ils sont doués des qualités de corps qu'il y faut, et, dût la politique emprunter la bouche d'un Socrate pour les tenter, qu'ils s'en rapportent sur eux-mêmes à eux seuls. Cet examen est-il si difficile? D'illustres exemples prouvent qu'il est possible et qu'on s'en trouve bien. En tout cas, il faut le faire, et le faire sans attendre qu'on y soit forcé par les premiers mécomptes, avant les railleries du public, auquel il ne déplaît pas, comme on sait, de voir tomber, par ignorance d'eux-mêmes, les hommes que sa faveur a aidés à s'y tromper.

1875.

CHAPITRE XI

Deux espiègleries ministérielles.

Pourquoi je n'ai pas fait dans ces *Notes* une place plus grande à Villemain, et n'y ai point parlé de Cousin. — I. Cousin, l'auteur de la première espièglerie. — Dans la discussion de son budget, à la Chambre des députés, il est harcelé par Taschereau sur l'emploi de certains encouragements littéraires. — Cousin se plaint publiquement de la façon dont il est servi par ses bureaux. — Comme chef de ses bureaux, je lui en fais mes plaintes. — Le rapport ne se retrouve pas. — Le chef du bureau des lettres, Constant Berrier. — Nous cherchons vainement la pièce. — Le ministre, à ma demande, ouvre un des tiroirs de son bureau, où je la lui montre. — II. L'espièglerie de Villemain. — Il me demande mes propositions pour une place vacante dans une des bibliothèques de Paris. — Il les agrée : je rédige l'arrêté de nomination. — Je suis mandé par un huissier au cabinet du ministre, qui me fait une scène. — Motif de ce changement. — Échange de paroles vives entre le ministre et son subordonné. Conclusion.

Ayant beaucoup connu, d'abord comme subordonné, puis comme collègue dans les Chambres, puis enfin comme confrère à l'Académie française, Cousin et Villemain, on m'a quelquefois demandé quelle place je leur avais faite dans mes *Notes biographiques*. La vérité est que j'y ai fait à Villemain une place à peine proportionnée, et que j'y ai parlé à peine de Cousin. C'est, je l'avoue ingénument, que, sur le compte de ces deux hommes célèbres, je n'ai pu encore arriver à l'impartialité. Quoique morts depuis longtemps, je ne puis penser à eux sans quelque léger tressaillement, comme si j'étais encore à leur sonnette. Est-ce donc que j'aurais à dire de trop fâcheuses choses pour leur mémoire? Nullement; mais, talent et esprit à part, il n'y a pas assez de bien à en dire pour que je n'aie pas hésité longtemps à les mettre en scène. Ils m'ont fait souvent parodier les vers de Corneille sur Richelieu :

J'en ai vu trop de bien pour en dire du mal,
J'en ai vu trop de mal pour en dire du bien.

Encore n'est-il question que d'un mal relatif, qui, chez eux, a été une affaire d'humeur, et qui ne regarde que leur vie d'hommes publics. C'est ce que je définirais une certaine difficulté d'être bons. La justice même semblait leur coûter, toutes les fois qu'ils ne pouvaient être justes sans paraître bons. J'ai entendu l'un d'eux parler de rendre à l'État le fonds de secours aux gens de lettres, par l'ennui de donner même l'argent de l'État. J'ai vu l'autre faire courir à la poste pour y reprendre, jusque dans la boîte, des arrêtés signés et expédiés, par la seule raison qu'ils auraient fait aux intéressés des surprises trop agréables. C'est le même qui, tombé du pouvoir, à la suite d'un trouble d'esprit, rencontrant dans la rue des gens de sa connaissance, leur disait : « J'aurais pu vous faire du bien ». Et en effet, devenu libre de toutes les corruptions de la politique, peut-être en sentait-il l'envie rétrospective. Tous les deux avaient une façon différente d'en user avec les gens de leur dépendance. L'un semblait trouver un malin plaisir à les tracasser; l'autre marchait dessus sans paraître sentir que le pavé était animé.

Je leur en ai voulu à tous les deux, et je leur en veux encore, d'avoir gâté l'idéal que, dans ma jeunesse, avec plus de candeur que de connaissance du cœur humain, je m'étais fait de la vertu des lettres, comme se communiquant nécessairement de l'esprit au cœur. Dans les premiers écrits qui appelèrent sur moi l'attention du public lettré, on avait pu lire, exprimée de diverses façons, la maxime que l'écrivain n'est que le *vir bonus scribendi peritus*. Ces deux hommes m'en avaient fait voir l'illusion. Ils avaient séparé ce que je croyais inséparable. Le bien écrire ne menait plus au bien faire. Heureux quand il ne servait pas à faire le mal! Le défaut intime de ce qu'ils ont écrit, même dans le meilleur propos, c'est que le *vir bonus* et le *scribendi peritus* n'y tiennent pas la plume à deux. On est séduit par une si rare dextérité de main; on n'est ni ému ni convaincu. Il n'y a pas entre le lecteur et l'auteur commerce d'honnêtes gens, mais simplement des convenances d'esprit superficielles et passagères.

Mais voilà qu'en me laissant aller à dire ce que j'avais résolu de taire, j'ôte à deux hommes considérables le bénéfice d'une hésitation qui pouvait être interprétée en leur faveur comme un scrupule de parler sans information suffisante. J'arrête donc là mes réflexions et je reviens à mon premier dessein qui était de raconter, de ces deux hommes, deux faits que j'ai qualifiés du seul nom qui convienne à la chose, espiègleries ministérielles.

I

L'auteur de la première était Cousin. Ministre de l'Instruction publique dans le Cabinet du 10 mars 1840, Cousin défendait son budget à la

Chambre des députés. Il était aux prises avec un député d'humeur hargneuse, grand éplucheur de budgets, grand ennemi des abus, sauf de ceux où il eût trouvé son compte, curieux de papiers secrets, qui s'y faisait la main dès ce temps-là, pour la recherche et la publication future des lettres pillées aux Tuileries le 24 février 1848; homme d'esprit d'ailleurs, à la parole acerbe, à qui ne faisaient peur ni les réputations ni les puissances : J. Taschereau.

Il savait mieux le dossier du ministre que le ministre lui-même, et il le harcelait sur certains emplois du fonds des encouragements. Cousin n'en donnait pas d'explication satisfaisante, soit qu'il ignorât ou qu'il affectât d'ignorer la chose. Il ne fallut rien moins que l'intervention du président, proposant l'ajournement du débat, pour tirer le ministre des chicanes de son contradicteur. C'est sur cette piqûre d'épingle que, s'étant rassis au banc ministériel d'où il avait parlé, Cousin se retourna vers les banquettes les plus proches, et leur jeta cette parole à mon adresse : « Voilà comme je suis servi au ministère! »

J'en fus informé le lendemain par un député de mes amis. La chose avait été dite assez haut pour arriver à un grand nombre d'oreilles. Le soir même, sans prendre le temps de dîner, je me rendis chez Cousin pour savoir à qui s'adressait son reproche d'être mal servi. « A vos bureaux, me dit-il, qui m'ont laissé sans une note pour m'expliquer sur mon budget. » — Sans une note, Monsieur le Ministre, vous le dites, et bien que j'aie le souvenir très présent de vous avoir envoyé, dans un rapport général, toutes celles qui concernent mon service, je me garde de ne pas vous en croire ; mais la chose est si étrange qu'avant de nous reconnaître, mes collaborateurs et moi, coupables d'une telle faute, vous approuverez que j'aille m'en assurer. » Et courant de ce pas aux bureaux de la division des lettres, j'en vidai les cartons. Je n'y retrouvai ni le rapport ni les notes qui avaient servi à le rédiger. Je remuai tous mes papiers particuliers, tous ceux du chef de service. Ce fut en vain.

Redescendre chez le ministre pour lui avouer ma déconvenue, peut-être pour l'en divertir, je n'en fus pas tenté. Je crus plus court et plus efficace de prendre une voiture, de me faire conduire chez le sous-chef du bureau, de le ramener au ministère et de recommencer ensemble les recherches. Nous demeurions dans la même maison.

Sans rentrer chez moi, j'allai droit à l'appartement de mon collaborateur. Il sortait de table, et il s'était mis à la fenêtre donnant sur un jardin pour y prendre le frais du soir, et, comme il me l'avoua, pour y chercher des rimes qui le fuyaient. Car il était poète, et, par moments, poète tout de bon. Son Permesse n'était qu'un filet d'eau, mais ce filet roulait des paillettes d'or. Il s'appelait Constant Berrier. Il a gardé des amis parmi les vieux retraités du ministère de l'Instruction publique. C'était une des âmes les plus honnêtes et les plus douces que j'aie connues. Ses bons vers avaient cette grâce qu'ils venaient d'un grand fonds de bonté. Sauf quelques distractions auxquelles n'échappent guère les rimeurs, Berrier, dans son service fort délicat, était aussi ponctuel qu'assidu. Nous n'avions guère de dissentiments que sur les termes poétiques qu'il glissait dans sa rédaction et dont l'impropriété relative lui échappait. Du reste, affable, accueillant, voyant volontiers d'humbles confrères dans les gens de lettres malheureux qui sollicitaient des secours, il faisait aimer l'État par la façon dont il s'employait à répartir entre eux le maigre fonds affecté au soulagement de leur misère.

Je lui racontai l'affaire, et, sans lui laisser le temps de m'en exprimer son étonnement : « Venez avec moi, lui dis-je ; une voiture nous attend en bas ; allons voir si nos recherches faites à deux seront plus heureuses. » Il laissa son dernier vers inachevé, et nous partîmes. Cartons, tiroirs, tout fut visité et retourné de nouveau, sans plus de résultat. Nous revînmes fort confus et échangeant nos conjectures. Cousin avait à côté de lui une façon de secrétaire qui tenait du valet de chambre et du confident. C'était un personnage équivoque qui ne me voulait pas de bien ; il faisait volontiers sa cour au maître de tout ce qui m'arrivait d'embarras dans mon service. « Ne serait-ce pas lui, dis-je à Berrier, qui aurait fait une descente de lieux dans nos bureaux pour en enlever nos notes, et nous ôter le seul moyen de prouver la parfaite correction de nos actes dans cette affaire ? Le ministre ne me porte pas dans son cœur ; le secrétaire n'a-t-il pas voulu se faire valoir à mes dépens ? »

Rentrés chez nous, si nous ne dormîmes pas bien, on le croira sans peine. J'étais, pour mon compte, très blessé du propos de Cousin, et de cette sorte de dénonciation publique qui me rendait responsable de l'insuffisance de son apologie devant la Chambre. Pour le pauvre Berrier, qui avait écrit de sa main la copie du rapport, qui l'avait porté lui-même au cabinet du ministre, ce ne fut pas la muse qui le tint éveillé toute la nuit. Quoiqu'il connût mon habitude invariable de revendiquer pour moi la responsabilité de tout ce qui se faisait dans la division, je ne parvenais pas à le rassurer. Il ne croyait qu'à demi à la fiction administrative du chef couvrant ses employés, et il avait peur qu'on ne lui fît un mauvais parti.

L'insomnie, qui rend inventif, m'avait révélé tout le mystère. Le lendemain, à la première heure, je fis prier le ministre de me recevoir. Il était à son bureau : « Eh bien, me dit-il d'un air demi-moqueur, demi-sévère, que vous ont appris vos recherches ? — Que le rapport sur l'état des encouragements ne peut être qu'ici, lui dis-je, en mettant la main sur le tiroir aux affaires urgentes ; voulez-vous bien, Monsieur le Ministre, ouvrir ce tiroir ? Je suis certain que vous y trouverez ce que nous cherchons. » La demande risquait fort d'être mal reçue. Mais soit que mon assurance l'eût déconcerté, soit un bon mouvement, ce fut le supérieur qui obéit à l'inférieur. Cousin, de l'air d'un

écolier dont on fouille le pupitre, ouvrit le tiroir.
La première pièce qui lui sauta aux yeux, ce fut
le rapport. Il s'excusa en homme d'esprit et en
ministre. Quant à moi, je triomphais trop pour me
garder d'en rien laisser voir. Ce que je crois, en
fin de compte et pour ne pas faire Cousin plus noir
qu'il n'était, c'est que poursuivi par la voix aigre
et nasillarde de Taschereau, il avait usé envers moi
du procédé du vieux cerf de La Fontaine, qui, pour
dépister les chiens :

> En oppose un plus jeune et l'oblige par force
> A présenter aux chiens une nouvelle amorce.

II

J'ai plaisir d'ailleurs à dire que Cousin n'affecta
pas de faire la grosse voix avec moi, et qu'il prit la
chose philosophiquement. Il n'en fut pas de même
de Villemain. Peu s'en fallut que la seconde espièglerie ministérielle ne tournât au tragique.

Une place de sous-bibliothécaire était devenue
vacante dans une des bibliothèques de Paris.
Quoique l'affaire fût de mon ressort, je m'étais

abstenu d'en parler au ministre. Je savais par expérience de quel peu de poids eût été une présentation faite par la division compétente. C'est de ces sortes de places que le mot de Talleyrand, s'il l'a dit, est vrai : « Ne demandez pas une place vacante, parce qu'elle est donnée ». C'était, pour les ministres de l'Instruction publique, comme une monnaie de poche dont ils se réservaient la distribution. On envoyait à la division les noms des préférés; elle n'avait que les arrêtés à faire. J'attendais donc un ordre du cabinet, lorsqu'à ma grande surprise le ministre me fit dire de lui présenter un candidat. Je compulse les dossiers du personnel de la bibliothèque en question, je compare les titres des candidats en ligne, je m'assure que le plus ancien est aussi le plus méritant; je le propose au ministre. Il approuve et m'invite à lui envoyer au plus tôt l'arrêté de nomination.

Cet excès de confiance en moi ne laissait pas de me surprendre, et tout en regagnant mon cabinet, j'y rêvais, tant la chose était insolite. L'arrêté rédigé, je le fais remettre au ministre. Deux heures se passent. Tout à coup je suis mandé d'urgence. Qu'y a-t-il? me dis-je; est-ce que le ministre, dont c'est l'humeur, pensant à la joie que va causer au candidat sa nomination se serait ravisé? A peine entré : « Monsieur, me dit-il d'une voix qui jouait l'émotion, vous m'avez trompé. — Vous voulez dire, Monsieur le Ministre, que je me suis trompé ? — Soit; toujours est-il qu'en nommant votre candidat, j'allais commettre une injustice. Fort heureusement je m'en suis aperçu à temps. Voyez plutôt, ajouta-t-il, en me tendant le dossier de mon candidat, qui me présentez-vous? Un homme qui s'est rendu coupable d'une grave infraction au règlement. — En effet, dis-je, tâchant de garder mon sérieux, il est noté comme s'étant absenté un jour sans autorisation. Je le savais, mais j'ai trouvé la faute si vénielle, et elle est si ancienne, qu'en regard surtout de ses notes ultérieures invariablement bonnes, j'ai cru n'en devoir pas tenir compte, et c'est comme le plus digne que je vous l'ai présenté. — Vous avez eu tort, me dit-il en enflant la voix, en matière de discipline administrative, il n'y a pas de faute vénielle. — Vous êtes le maître, dis-je, Monsieur le Ministre, d'en juger ainsi, et de décider en conséquence. » Il me donna le nom à substituer à celui de mon candidat. C'était un employé estimable, dont le seul tort était d'avoir moins de services que le candidat évincé. Je me retirai, ne soupçonnant pas le motif qui l'avait fait préférer.

Un de mes collaborateurs m'attendait dans mon cabinet. « Savez-vous, me dit-il, qui l'on a vu sortir de chez le ministre, dans l'intervalle de vos deux voyages ? Il me le nomma. C'était un ancien ministre, resté bien en cour, partant fort ménagé par les ministres en place, protecteur en grand crédit, qui passait pour l'être plus volontiers des maris de jolies femmes. « Serait-ce donc un de ces maris-là qui vient d'être nommé ? dis-je à mon interlocuteur. — Justement, dit-il ; son meilleur titre est la protection de sa femme. »

Ainsi la vraie faute de mon candidat n'était pas le tort, vieux de plus d'un lustre, de s'être absenté vingt-quatre heures sans permission, c'était le minois de la femme de son concurrent ! Et le prendre avec moi sur ce ton ! Et me morigéner au nom de la morale administrative ! C'était trop fort ! Outré de ce pharisaïsme, je redescendis précipitamment au cabinet du ministre, et, sans me faire annoncer, allant droit à lui : « S'il y a un trompeur dans cette affaire, lui dis-je d'une voix émue, ce n'est pas moi. Quelqu'un sortait de votre cabinet quand vous m'avez fait appeler. Je sais qui. Pourquoi me faire toute cette morale? Je suis député, et si peu que je fasse de politique, je vois tous les jours, et de très près, ce que la politique fait faire. Étais-je assez simple pour m'étonner du choix que vous avez fait? M. X... est d'ailleurs un employé méritant. Mais j'ai peur que les mauvaises langues de la bibliothèque n'attribuent sa nomination moins à son mérite qu'aux beaux yeux de sa femme. » Il se leva brusquement de son fauteuil et me regardant d'un air de menace : « Et si je vous dénonçais, dit-il, comme j'en aurais le droit, à son prétendu protecteur! — Comme il vous plaira, repris-je froidement. Du moins, je l'aurai pour caution que la crainte de m'attirer une méchante affaire ne m'empêche pas de remplir mon devoir. »

Le colloque ne pouvait guère continuer sur ce ton. Aussi en restâmes-nous là, comme d'un commun accord, ne pouvant plus ni l'un ni l'autre soutenir nos rôles; le ministre, celui de défenseur de la morale administrative, moi, celui de subordonné trouvant son supérieur en défaut. Malgré sa menace, Villemain ne me dénonça pas. Je ne lui fis pas l'injure de l'en avoir cru capable.

Ces espiègleries me suggèrent deux réflexions. La première, c'est qu'il en faut imputer le tort, pour la plus grosse moitié, au gouvernement parlementaire, qui ne s'accommode pas des ministres à scrupules. La seconde, par laquelle je me recommande personnellement à la commisération rétrospective des lecteurs, c'est que la moins enviable des fonctions publiques est celle où l'on dépend d'un ministre bel esprit. Les ministres beaux esprits ont tous les défauts des autres ministres, plus les leurs.

Juillet 1882.

CHAPITRE XII

Souvenirs du Conseil de l'Instruction publique sous le second Empire. — Le Verrier et J.-B. Dumas.

I. Le Verrier après la découverte de la planète *Neptune*. — Mes premières relations avec lui. — Nous nous rencontrons comme collègues. — Sa part dans le plan d'études qui a pour principe la bifurcation. — II. L'évêque d'Arras, Mgr Parisis. — Les épigrammes du cardinal Mathieu contre la bifurcation qu'il raille et qu'il applique. — III. J.-B. Dumas. — Le président-né de toute réunion délibérante. — Son talent de parole. — Un modèle de l'éloquence administrative. — IV. Le Verrier. — Son caractère. — Ses rapports avec les élèves astronomes. — M. Tisserand, de l'Académie des sciences. — Les malices de Le Verrier. — Visite que me fait Le Verrier à l'École normale, après la nomination de M. Duruy comme ministre de l'Instruction publique. — Il veut donner sa démission. Je l'en dissuade. — Un de ses mots : « Ceux qui ne font pas et ne veulent pas qu'on fasse ». — Notre querelle au Conseil. — Sa dernière maladie. — Je vais le voir.

I

Parler de Le Verrier sans dire un mot d'astronomie, omettre, par ignorance ou par incompétence, ce qui fut sa vraie vie et ce qui a fait sa gloire, est-ce bien le cas vraiment, et qui donc m'y oblige? Je ne résiste pourtant pas à consigner dans ces *Notes* les quelques souvenirs qui me sont restés de cet homme non moins singulier que grand, et ce que j'ai entrevu de son mérite dans ce qui m'en était accessible. Comme astronome, je lui dois de m'avoir fait sentir ce qu'il faut de génie pour trouver sa route, avec les seuls yeux de l'esprit, dans l'immensité des régions stellaires, et, par delà, dans l'univers intelligible. Je ne le vis jamais sans une impression de respect. Même après l'avoir connu à l'user, même alors qu'amené à le contredire sur des choses de notre compétence commune, j'avais eu l'occasion de le mesurer, cette impression m'est demeurée. Aucune gloire littéraire ne m'a autant imposé que cette gloire scientifique, soit qu'entre lettrés, un peu de vanité aidant, on se trompe sur les distances, soit tout simplement la vérité de ce que Tacite fait dire à son Galgacus : « Tout ce qui est inconnu passe pour merveilleux [1]. »

La première fois que je vis Le Verrier, ce fut dans les salons de M. de Salvandy, ministre de l'Instruction publique. Sitôt que la planète Nep-

---

1. *Omne ignotum pro magnifico est.*
Vie d'Agricola, 30.

tune avait été reconnue et ajoutée à la géographie céleste par l'accord de tous les observatoires, M. de Salvandy, avec sa promptitude généreuse à appeler sur les talents la faveur du souverain et les récompenses de l'État, avait présenté Le Verrier au roi Louis-Philippe. Ce prince l'avait nommé chevalier de la Légion d'honneur et précepteur du comte de Paris, pour les études mathématiques. Depuis lors, Le Verrier se faisait voir fréquemment aux soirées du Ministre de l'Instruction publique. Il y était l'objet d'une curiosité empressée. Il ne paraissait d'ailleurs, dans ses paroles simples et sans affectation, ni qu'il descendît de sa planète ni qu'il voulût y faire monter les gens. Il n'en parlait pas. Il portait modestement sa gloire. Un air un peu sauvage, une physionomie grave, des cheveux blonds et abondants ; à défaut d'élégance, l'aisance que donne le succès ; aucune ride encore au front; une parole nette et ferme, tout chez lui annonçait un de ces hommes qui doivent laisser sur la terre une trace ineffaçable. Il avait alors le rire franc et facile; il ne connaissait pas encore la lutte, ne l'ayant pas cherchée, mais il y était tout préparé. Comme on a dit des lenteurs et des hésitations de Mirabeau dans ses exordes, « qu'il attendait sa colère », Le Verrier attendait la contradiction. Ce n'est pas le moyen le moins sûr de la provoquer.

Nous en étions, lui et moi, aux politesses discrètes. Il ne me coûte pas d'avouer qu'il faisait moins d'attention à moi que je n'en faisais à lui. La petite notoriété littéraire que m'avaient donnée quelques écrits ne lui imposait guère. Je ne sais pas si ce que j'y ajoutai dans la suite le toucha davantage. Chercha-t-il même jamais à savoir ce que sont les lettres et ce que vaut la notoriété qu'on s'y fait ? J'en doute.

II

A six ans de là, en 1852, nous étions collègues au Conseil impérial de l'Instruction publique. MM. Dumas et Le Verrier avaient été chargés d'y soutenir le trop fameux système de la bifurcation, qui eut une fortune si contestée et si courte. J'ai dit ailleurs par quel respect bienveillant pour mon indépendance M. Fortoul, en m'appelant au Conseil de l'Instruction publique, avait approuvé que j'y prisse le seul rôle qui me convenait, celui de défenseur de l'intérêt littéraire. J'assistai donc aux longs débats que suscita la bifurcation, écoutant, avec quelque chose de plus qu'un juste sentiment de déférence, l'apologie qu'en faisaient ces illustres champions. Témoin prévenu, sinon partisan, je demandais de bonne foi et de bon cœur à reconnaître l'utilité du régime d'études qu'ils défendaient. Je cherchais s'il pouvait y avoir progrès à permettre à des adolescents de décider de leur vocation, et de choisir entre deux voies, au risque de les attirer dans l'une simplement par ennui de l'autre. Si je ne fus pas convaincu, j'eus du moins, avec le profit d'apprendre beaucoup de choses, le plaisir d'assister à de brillantes discussions. La plus stérile, quant au point principal, était loin de l'être dans les questions accessoires, en mettant en lumière d'importants détails de notre enseignement public.

Les orateurs et les opinants étaient pour la plupart de qualité. J'ai plaisir à me souvenir qu'il s'y trouvait des prélats considérables d'accord avec moi pour y veiller au grain littéraire. Sur ce point, personne n'était plus attentif et n'y prenait un intérêt plus éclairé et plus sincère que l'évêque d'Arras, Mgr Parisis. Il n'y avait pas de détail si insignifiant auquel il ne prît garde, pas de parole qu'il laissât passer sans l'avoir pesée, pas de rédaction proposée qu'il ne lût et relût de ses gros yeux à fleur de tête, si mobiles et si pénétrants. Ancien principal de collège, il connaissait à fond tout le mécanisme des études et la valeur pratique de chaque exercice. S'il en parlait avec moins de grâce persuasive que Rollin, il n'en savait pas avec moins de précision toutes les particularités.

Quand le moment fut venu de déterminer les épreuves littéraires du baccalauréat, les uns proposèrent, comme la plus probatoire, le thème; les autres, le discours latin. J'eus longtemps avec moi, contre le discours et pour le thème, l'évêque d'Arras. Mais la majorité pour le discours était forte et décidée. Elle avait entendu avec faveur le plaidoyer de Saint-Marc Girardin pour le discours latin; et quoiqu'il l'eût défendu de cet air sceptique qui permettait de douter qu'il en fût convaincu, ou qu'on risquât de l'incommoder en le contredisant, le ministre inclinant de ce côté, le discours latin eut gain de cause. L'évêque d'Arras finit par abandonner le thème. Ce fut le discours latin qui l'emporta. Il y a de cela trente ans. Je n'ai pas laissé depuis lors de m'informer auprès des personnes compétentes, ou de m'assurer par moi-même des destinées du discours latin. Rien ne m'a prouvé, jusqu'à ce jour, ni qu'un discours latin, comme il s'en fait en moyenne dans les examens, soit une preuve de latinité, ni qu'un bon thème latin ne soit pas une preuve d'esprit.

Cette facilité dans un prélat qui ne paraissait pas d'humeur commode, était une affaire de conduite. Le clergé avait fort à se louer du gouvernement nouveau. La concession de la bifurcation ne paraissant pas de grande conséquence, convenait-il d'en refuser l'expérience à qui pouvait la demander à titre de réciprocité de bons offices? C'est ainsi que l'évêque d'Arras, d'abord partisan très résolu du thème, l'avait à la fin laissé exécuter. Mais je suis persuadé que le cœur n'y était pas.

Il y eut, sur ce point, comme sur le système entier de la bifurcation, deux conduites dans le régime des établissements du clergé. On y disait du mal de la chose et on la pratiquait. Quand je fus envoyé à Besançon, peu de temps après l'inauguration de la réforme, pour en constater les premiers effets, il n'y était bruit que d'une harangue prononcée en latin contre la bifurcation par le cardinal-archevêque Mathieu, à la distribution des prix de l'école catholique. J'eus communication de la pièce. Elle était fort spirituelle. Étant allé présenter mes devoirs au cardinal, je lui en fis mon compliment, « un compliment de contrebande, lui dis-je, car je suis envoyé ici pour n'être pas de l'avis de Votre Éminence. Mais, ajoutai-je, puisque vous voulez assez de mal à la bifurcation pour en faire publiquement de si piquantes railleries, pourquoi l'appliquer dans votre école catholique? Pourquoi, fort de votre droit d'enseignement libre, ne restez-vous pas fidèle aux méthodes éprouvées, et manquez-vous cette belle occasion de démontrer qu'elles peuvent faire de meilleurs bacheliers que la méthode nouvelle? » Le cardinal m'allégua les scrupules des familles, leur crainte que, dans les examens, les élèves des écoles libres ne portassent la peine de n'y avoir pas été préparés par les programmes de l'Université. Il avait raison, mais il savait tout cela avant d'aiguiser contre le nouveau système des épigrammes en latin, au risque d'embarrasser familles et enfants par cette contradiction entre ses critiques et sa pratique.

III

Les deux membres prépondérants du comité chargé de préparer un règlement d'études sur le principe de la bifurcation étaient MM. J.-B. Dumas et Le Verrier. Ce sont deux importantes figures de notre temps. Quand, le xixe siècle achevé, l'histoire fera notre part dans le progrès intellectuel de la société moderne, de quelque pays qu'on regarde la France, on ne manquera pas d'apercevoir ces deux figures. Pour moi, qui les ai vues pendant tant d'années et de si près, il ne se peut guère que l'esquisse que j'en vais tracer ne soit ressemblante. La plus attrayante des deux, je pourrais dire sans injustice la seule attrayante, était celle de M. Dumas. M. Dumas[1] a passé quatre-vingts ans. Il a gardé la plénitude de son mérite, et il continue d'en faire profiter son pays. La brutalité des événements ne l'a dépossédé que de quelques postes d'où il pouvait le servir de plus haut.

En nos temps de délibération universelle et de parlement, le mode de travail le plus usité, dans les affaires publiques, ce sont les commissions, les

---

1. Mort en 1884.

comités et les conseils. Est-ce le meilleur, est-ce le plus efficace? Est-il vrai que, du choc des paroles qui s'y échangent, jaillisse toujours la lumière? Est-ce de là que vient le progrès? Pour mon compte, après la longue expérience que j'en ai, je reste dans le doute. Toujours est-il qu'on y tient, et s'il donne à trop de gens superficiels l'occasion de perdre des paroles, et à plus d'un mérite solide l'envie de se taire, la chose est dans nos mœurs; il faut en prendre son parti. Il se fait d'ailleurs du bien dans ces réunions. Mais il y faut une condition expresse, c'est qu'elles soient bien présidées. Tant vaut le président, tant vaut l'assemblée délibérante.

M. Dumas est un de ces présidents-là. C'est trop peu dire, il est le président-né. Aussi, l'ayant vu tant de fois à l'œuvre, et tout ce qu'on gagnait à l'avoir pour guide, je m'explique un fait qui, à son grand honneur, s'est passé dans ces dernières années. Lorsqu'on institua la commission internationale du mètre, des savants étrangers de grand renom, appelés à en faire partie, n'y consentirent que si la commission était présidée par M. Dumas. En France et à l'étranger, on était d'accord que, pour mettre l'ordre et la clarté dans des débats sur une matière si délicate, pour les diriger, pour tenir ensemble des hommes éminents, divers de nations et de langues ; pour en faire les citoyens d'une même patrie qui est la science ; enfin, pour aboutir à un résultat, il ne fallait pas moins que la réunion de toutes les qualités de caractère et d'esprit qui distinguent l'illustre secrétaire perpétuel de l'Académie des Sciences.

Il en est deux, entre autres, que l'on pourrait dire d'essence présidentielle, qui ont fait déférer à M. Dumas cette sorte d'office public. C'est d'abord son parfait désintéressement dans les questions en débat. Désintéressement ne signifie rien moins qu'indifférence. Dire que M. Dumas est indifférent aux questions, qu'il n'y porte pas des inclinations naturelles et des opinions réfléchies, que les solutions lui importent peu, ce serait faire de lui un singulier éloge. Un tel désintéressement serait bien près d'être un travers. Celui dont je le loue n'est pas loin d'être une vertu. C'est cette modération d'esprit par laquelle, soit scrupule d'abonder dans son sens, soit longue expérience de ce que deviennent, dans la pratique, tant d'innovations délibérées, discutées, votées, de ce qui s'y mêle de l'esprit de chimère à l'esprit de réforme, il n'y porte que le genre d'intérêt qu'inspirent les choses soupçonnées d'être provisoires. Mais comme le provisoire est, en certaine circonstance, le seul état possible, il ne néglige rien de ce qui peut l'assurer, au plus grand avantage du moment.

Rien de plus, et surtout rien à outrance. Il ne veut encourir que la responsabilité limitée d'un président qui dirige un échange d'opinions et n'impose pas la sienne. Pour mieux assurer la liberté de la contradiction, il ne veut pas se faire, de président, délibérant. Il ne se ménage pas la faculté du désaveu, les choses venant à tourner mal. Mais, ce qui est fort différent, il entend n'accepter dans l'événement que la part qu'il y a prise. Il pousse, dit-on, ce désintéressement d'esprit, et ce qu'on pourrait appeler cette impersonnalité présidentielle jusqu'à ne pas garder le souvenir de certains actes où il est intervenu de sa personne. C'est ce dont témoigne son dernier mot sur la bifurcation. Il avait été en apparence un de ses parrains, tout au moins un de ses soutiens. C'est sous sa présidence qu'elle avait été discutée. Mais, à y bien regarder, il l'avait moins défendue que présentée et recommandée au libre examen de ses collègues, et livrée à la contradiction. Elle ne pouvait s'autoriser d'aucune profession de foi explicite de sa part. Aussi, quand l'expérience y fit renoncer, n'eut-il qu'à laisser agir son impartialité naturelle, pour s'en détacher tout à fait jusqu'à l'oublier. Témoin ce qu'il en dit quelques années après, moi présent, à une séance du Conseil de l'Instruction publique. Un membre ayant, je ne sais à quel propos, parlé irrévérencieusement de la bifurcation : « Qui donc, dit M. Dumas de l'air le plus sincère, a inventé ce mot-là? » A quoi je lui dis à l'oreille, en souriant : « C'est peut-être moi ! »

On ne connaît tout le prix de cette qualité-là que par comparaison avec certaines présidences parlières, décisionnaires, qui veulent être toute l'assemblée. M. Dumas y joint un des plus beaux talents de parole dont il m'ait été donné d'être témoin en ce temps où le talent de la parole n'a d'égal que son impuissance pour le bien. M. Dumas ne l'a pas à un moindre degré que les mieux doués; il l'a autrement. Sa parole n'est pas de celles qui passionnent, qui troublent, qui enlèvent à l'auditeur sa liberté d'esprit, qui découragent la contradiction légitime, qui, au lieu d'éclairer, éblouissent, au lieu de conduire, égarent. On est à la fois guidé et soutenu. Non seulement on se sent libre de différer d'opinion, mais les plus réservés y sont encouragés et comme invités; et jamais la crainte du président n'arrêta une parole utile sur des lèvres ouvertes pour la dire. C'est essentiellement de la délibération, et l'honneur en est dû, pour la plus grande part, à celui qui la dirige. Que de fois, assistant à une discussion présidée par ce noble esprit, voyant tout ce qu'il apportait d'ordre, de lumière, d'humeur conciliante, comme il savait y mettre tout le monde à l'aise, et faire de sa supériorité même une commodité pour tous, ne me suis-je pas dit que si la vérité pouvait sortir des débats humains, certes elle serait apparue dans une séance présidée par lui! Mais la vérité, comme on l'a dit, est ce qu'elle peut; ce qui signifie que l'homme le plus habile ne peut rien pour elle. Heureux s'il ne peut rien contre elle!

M. Dumas a eu les commencements et donné les gages d'un grand chimiste. Il était fait pour la gloire des découvertes, et il pouvait, à l'exemple des savants illustres, ses devanciers, acquérir la fortune par de lucratives applications de sa science à l'industrie. Professeur hors de pair, dès ses premières leçons, il pouvait partager glorieusement sa vie entre le laboratoire et la chaire. Que ce fût là son penchant persévérant, comme c'était sa vocation, on n'en peut guère douter. Cependant, on le vit descendre de sa chaire et se retirer peu à peu de son laboratoire, non toutefois sans y rentrer de temps en temps, et y faire, comme à la dérobée, des retraites fructueuses pour la science. C'est que notre époque avait besoin de son aptitude particulière à diriger les travaux des autres. Il s'en fallait d'ailleurs que cette tâche fût exempte de soucis, et l'honneur en était coûteux. M. Dumas, en s'y dévouant, crut ne le payer que son prix.

Je témoignais tout à l'heure quelque incrédulité sur le peu que profitent à la vérité les discussions les mieux conduites. Je l'entends surtout de la vérité générale et durable, qui est au fond de toutes les questions. Pour la vérité locale et de circonstance, par laquelle on pourvoit aux mesures de gouvernement, aux lois, aux règlements, selon la mobilité des besoins et des mœurs d'une grande nation, pour ce *modus vivendi* qui règle les choses pour aussi longtemps qu'on veut bien n'y rien changer, non seulement les discussions peuvent y conduire, mais je ne sais pas d'autre moyen d'y arriver. Partant, j'estime qu'il n'y a pas d'office plus utile que celui de les présider, ni de talent d'un plus grand prix que le talent d'en faire sortir des résolutions et des résultats.

Jusqu'où M. Dumas a porté ce talent, les témoins de ces discussions ne sont pas les seuls qui l'aient su. Outre ce qui en a transpiré au dehors, par les éloges qu'ils en faisaient, le public des assemblées législatives, membres et spectateurs, ont pu s'en faire une juste idée, toutes les fois que M. Dumas y a pris la parole. Ils ne m'accuseront pas d'exagérer, si je dis qu'un jour de l'année 1843, il me fut donné de voir l'idéal même de ce genre d'éloquence. Ce jour-là, M. Dumas, en qualité de commissaire du roi, expliquait à la Chambre des Députés l'opération de la refonte des monnaies. Jamais plus de qualités d'ordre, d'exposition, jamais un langage plus clair, plus approprié, d'une plus élégante précision, plus pittoresque par moments, ne jetèrent plus de lumière sur un sujet plus spécial et plus aride. Cette fois, je sentis tout le prix de ma qualité de député, par le privilège qu'elle me donnait d'assister, des premières galeries, à un de ces rares triomphes de la parole qui ne sont une défaite pour personne.

Quoique l'homme illustre qui occupait alors la tribune soit aujourd'hui un octogénaire sans vieillesse, on peut se figurer ce que devaient prêter de force persuasive à son discours la même figure, plus jeune de quarante ans, le même regard aussi caressant, mais plus brillant, la même voix, plus soutenue et plus égale, le même geste, plus hardi et plus souple, ce geste qui complétait les descriptions de la parole et en rendait les images visibles. C'était une leçon de la Sorbonne accommodée à des auditeurs politiques, qui trouvaient leur compte à être traités en étudiants. Souvenirs aussi aimables qu'imposants : il ne s'y mêle aucun des regrets que m'ont laissés d'autres prouesses d'éloquence d'où je rapportais à la maison, avec des obscurités de plus sur le fond des choses, des doutes douloureux sur leur innocuité dans le gouvernement de notre pays !

IV

Ce n'est pas à Le Verrier qu'on eût demandé les qualités qui faisaient de M. Dumas le président nécessaire. Aussi, sauf au Bureau des longitudes où le directeur de l'Observatoire préside de droit ne songeait-on jamais à Le Verrier pour un office de ce genre. C'était assez qu'il se présidât lui-même. L'air à la fois chagrin et hautain, le front soucieux, soit effet de la contention d'esprit et de l'opiniâtreté du travail, soit mauvaise humeur naturelle ou influence de santé, il semblait n'apporter dans les conseils que des raisons de n'être pas de l'avis des autres, et s'être préparé au combat plutôt qu'à l'accord. Sans sympathie pour les personnes, l'opinant ne le prévenait pas en faveur de l'opinion. Les idées ne l'affectaient guère que comme des chiffres, exacts ou faux, selon son calcul ou sa passion. Supérieur, toutefois, quand il était dans la vérité, et persuasif, lui aussi, mais à la manière de l'évidence mathématique, il lui arrivait souvent de se tromper. L'en faire convenir n'était pas chose aisée. S'il fut jamais convaincu, il ne l'avoua qu'à lui-même.

Ses erreurs, plus fréquentes sur les hommes que sur les choses, lesquelles s'accommodent plus de l'absolu, me faisaient souvenir de ces belles paroles de Fréret, dans son mémoire sur *la Certitude historique*. Parlant des mathématiques comme préparant mal à l'art de conduire et de gouverner les autres : « Je connais, dit ce profond critique, en quoi consiste l'excellence des mathématiques; mais je ne sais par quelle fatalité ces sciences, si utiles et si nécessaires pour régler nos connaissances, non seulement ne sont d'aucun usage pour diriger notre conduite dans les occasions pratiques, mais peuvent même quelquefois devenir dangereuses lorsque des esprits trop ardents les veulent appliquer aux matières qui n'y sont pas assujetties. » Et plus loin : « Ceux qui sont accoutumés au procédé de la géométrie, qui consiste à ramener les assertions ou théorèmes à des propositions identiques avec les premiers axiomes, ne reconnaissent bientôt plus d'autre méthode que celle des propositions identiques; et comme les grands génies donnent ordinairement dans les plus grands excès quand ils ne savent pas se modérer, ils en viennent bientôt à regarder comme fausses, ou du moins comme très incertaines, toutes les choses dont la certitude n'est pas absolue et parfaite. » Ne semble-t-il pas que Fréret eût prédit Le Verrier?

Dieu merci! les grands excès dont parle Fréret, l'occasion ne fut pas donnée à Le Verrier d'y tomber. Mais l'occasion des petits excès survenant, il ne s'en défendait guère. Gare aux gens qui se hasardaient sur le chemin de sa logique ! Ils risquaient fort d'être éliminés de ses équations comme « des inconnues ». Accoutumé à ne compter qu'avec l'absolu, il prenait volontiers ses idées pour des lois, la résistance qu'on lui faisait pour une infraction à la loi, les contradicteurs pour des rebelles. Dans une des discussions du Conseil de l'Instruction publique sur la trop fameuse bifurcation, comme je lui objectais que beaucoup de professeurs subiraient la réforme sans s'y soumettre : « Eh bien, dit-il, on les brisera. » Sur quoi, je me permis de lui dire : « Vous n'aurez pas à les briser, par la raison qu'ils ont une manière d'obéir qui ne laisse pas prise. Dans le corps enseignant, on est du tempérament du roseau ; on plie et ne rompt pas. On plie pour ne pas perdre sa place ; on ne rompt pas, parce que les opinions y étant le fruit de longues études, de savoir accumulé, de grades conquis, on compte sur un retour des choses pour les remettre en honneur. On inscrira donc vos nouvelles méthodes sur l'enseigne ; dans l'intérieur de la classe on n'en appliquera que ce qu'on voudra. » Ne pouvant pas me foudroyer, il ne me répondit pas.

A l'Observatoire, où il était plus craint qu'obéi, s'il ne brisait pas ses collaborateurs, il s'en fallait qu'il leur rendît la vie douce. Chaque année, il sortait des mains de nos maîtres de conférences et du directeur de nos études scientifiques, Pasteur, une élite de jeunes savants. Le Verrier en prenait la fleur pour les services de l'Observatoire. Arrivés là, il les immatriculait, comme des soldats, marquait à chacun son emploi, prenait soin de leur installation, les regardait une fois et pas de très près; puis tous rapports cessaient entre eux et lui. C'était assez qu'on vînt et qu'on s'en allât à l'heure. Les élèves astronomes se succédaient à l'Observatoire comme dans une hôtellerie, sans voir leur chef, sans en être vus. C'est ainsi que Le Verrier manqua plus d'une occasion d'aider, de mettre dans leur voie, de jeunes talents où la science eût pu faire plus tôt de précoces recrues.

J'en sais un, par exemple, qui méritait qu'il le devinât sous son air modeste; le plus appliqué, le plus assidu de tous; qui, tout en remplissant sa tâche, regardait et pensait au delà et, à défaut de direction, savait s'en faire une dans un amour de la science passionné et patient. C'est M. Tisserand. Il entrait à l'Observatoire en 1866, à peine aperçu de Le Verrier et trop timide pour le regarder en face. Aujourd'hui, il est membre de l'Académie des sciences où son mérite l'a poussé, en dépit de sa modestie qui lui en faisait peur. Un avenir prochain le verra sans doute directeur de l'Observatoire. Heureux les jeunes gens qu'il y dirigera et auxquels il rendra tous les soins qu'il n'a pas reçus !

Il y a moins de vingt ans, la section des sciences, à l'École normale, avait pour chef l'élève Tisserand. Dans les comptes rendus annuels des travaux de l'école, je me plaisais à le signaler à ses camarades, comme leur donnant tous les bons exemples. Si ces pages tombent sous ses yeux, que sa modestie, qui s'est accrue avec son mérite, me les pardonne ! Je n'ai pas résisté à la douceur de rappeler à son occasion ce qui a été une des joies de ma place, le plaisir de découvrir dans un jeune homme les qualités de l'âge viril, et de lui prédire la destinée promise à tout jeune homme qui joint au sentiment du devoir le talent.

V

Le Verrier ne se donnait pas de ces joies-là. Par contre, il ne se refusait pas celle de tracasser ceux des jeunes hôtes de l'Observatoire qui regimbaient contre sa férule. Peu soucieux de ce que les élèves astronomes faisaient pour l'astronomie, il tenait à ce qu'ils fussent de corps assidus et présents, et à l'heure. Il se montrait plus jaloux de leur ponctualité que de leur travail. Malheur à celui qui s'avisait d'enfreindre la consigne! Tel qui pensait à s'en aller avant la fin de la séance, entendait tout à coup la clef de sa chambre tourner dans la serrure; c'était le grand geôlier qui l'enfermait. Tel autre, retardé par d'honnêtes occupations au dehors, trouvait, par ordre exprès du grand découvreur de Neptune, sa cheminée sans bois. Il se vengeait innocemment en s'asseyant à sa table de travail avec toute sa garde-robe sur le dos.

On cite de Le Verrier cet autre trait à peine vraisemblable. Il avait fait pour l'Observatoire l'achat d'un verre astronomique. Soit qu'il l'eût reçu de l'acheteur sans le vérifier, soit caprice, Le Verrier s'en était dégoûté jusqu'à désirer qu'on l'en débarrassât. Pour en arriver là, sans qu'il y parût de sa faute, il avait chargé un de ses souffre-douleur de porter le verre dans une chambre où conduisait un corridor mal éclairé. Il fallait marcher avec précaution, le verre étant aussi fragile que lourd. Le jeune homme s'engage dans le corridor. Un fil de fer était en travers, — pour qui et par quelle main? — il s'y heurte, il chancelle, mais par bonheur, il réussit à se retenir dans sa chute. Le Verrier eut à prendre son parti de revoir intact le verre auquel il voulait tant de mal. La chose ne serait pas croyable si le patient n'était vivant, et s'il n'en avait tout récemment témoigné à un de ses amis qui est des miens, sans l'ombre d'amertume d'ailleurs. C'est là en effet un de ces traits dont la bizarrerie même vient à la décharge du coupable. On n'agit pas de cette sorte avec une conscience bien présente, et qui sait si la maladie n'y est pas pour la plus grosse part?

Le plus fâcheux de cet état de choses, c'est que les élèves astronomes ne faisaient que de l'astronomie de bureau. Le Verrier, tout entier à la nouveauté du service météorologique qu'il venait d'organiser, ne pensait à rien moins qu'à former une école d'observateurs. Il ne voulait que des commis pour la besogne administrative. Disons vite, comme circonstance atténuante, que dans cette malveillance indistincte, il n'avait nul intérêt. C'était, si l'on veut, dédain d'un habitant des célestes sphères pour les gens qui foulent la croûte terrestre. Je reconnais l'homme qui, se promenant un jour avec son fils, comme celui-ci rendait à un passant son salut : « Que fais-tu là ? lui dit Le Verrier. Souviens-toi qu'il faut s'arranger dans ce monde pour être salué de tous et ne saluer personne ». Excellent moyen de faire de ses enfants des gens mal élevés, moyen fort douteux de les préparer à se rendre dignes qu'on les salue.

VI

Quoique le plus souvent d'un autre avis que lui, dans le Conseil de l'Instruction publique, ce que je rappelle sans prétendre qu'il n'y eût jamais de ma faute, nous ne laissions pas d'être en très bons termes. Je n'y avais pas de peine, le tenant pour un des hommes qui faisaient le plus d'honneur à notre pays. Il s'y prêtait, de son côté, pour quelques qualités de commerce qu'il voulait bien me reconnaître, et il me passait volontiers d'être un littérateur. Il y eut même une circonstance où il en usa en ami avec moi.

M. Duruy venait d'être nommé Ministre de l'Instruction publique. Personne ne s'y attendait, et le premier qui l'avoua, d'ailleurs avec bonne grâce, ce fut M. Duruy. Inspecteur général presque de la veille, l'École normale supérieure l'avait compté quelque temps parmi ses plus récents maîtres de conférences. Il avait fait pour son compte ou fait faire pour le compte de l'éditeur Hachette quelques bons livres à l'usage des classes[1]. Tout cela le recommandait justement à l'estime du public universitaire, mais ne paraissait pas l'indiquer nécessairement pour le poste de ministre. Une chance heureuse l'avait fait connaître de Napoléon III, alors occupé d'écrire *l'Histoire de César*. Ne pouvant donner au travail de recherches tout le temps que demandait un tel sujet, l'empe-

---

1. Un de ces livres, qu'il a remanié et complété depuis, l'*Histoire des Romains*, est une œuvre considérable et remarquable.

reur s'était enquis auprès du Ministre de la Guerre, le maréchal Randon, s'il savait quelqu'un qui pût l'y aider. Le maréchal lui parla de M. Duruy. Il l'avait vu à l'œuvre comme professeur d'histoire au collège militaire de la Flèche. M. Duruy fut agréé, et installé aux Tuileries. Il fit apprécier sa collaboration, et il intéressa l'Empereur par certaines vues sur l'instruction publique, qui flattaient le tour d'esprit du prince, par beaucoup de libéralisme mêlé d'un peu de chimère. Bref, M. Duruy était ministre, et quoi qu'on pense aujourd'hui de quelques-uns de ses actes, si, à l'époque où il fut nommé, il ne parut pas au niveau de l'emploi, on ne pourrait le dire aujourd'hui sans injustice.

A tort ou à raison, Le Verrier ne le croyait pas l'homme de la place, ni pour le présent ni pour le futur. C'est pour s'en épancher librement avec moi qu'il était venu me voir à l'École, le jour même où le nouveau ministre était au *Moniteur*. Après un très bref bonjour, il se jeta dans le premier fauteuil qui s'offrait à lui, et se croisant les bras : « Pour le coup, me dit-il, c'est trop fort ; est-ce que vous êtes homme à le supporter ? Quant à moi, je suis décidé à donner ma démission. » Pour n'en être pas à prendre la chose si au tragique, il s'en fallait que je la prisse de sang-froid. J'avais senti le genre de désagrément qu'éprouveraient des officiers généraux auxquels on donnerait pour Ministre de la Guerre un simple lieutenant. Il m'échappa même d'en dire un de ces mots qui vont plus loin qu'on ne veut, et qui coûtent plus cher qu'ils ne valent. — « Que nous ne soyons pas contents, dis-je à Le Verrier, c'est notre droit ; mais que par nos démissions *ab irato*, nous fournissions au nouvel arrivant des places pour ses amis, ce serait par trop d'ingénuité. Attendons au moins qu'on nous demande quelque chose contre nos opinions ou contre notre devoir. »

Il prit l'affaire par le côté politique. Il nia que, pour le poste de ministre, les choix de caprice et de fantaisie fussent permis. « C'est sur la désignation de l'opinion, dit-il, que le souverain doit prendre ses conseillers. L'effet des choix de caprice est d'irriter et d'aliéner tous ceux que leur notoriété autorise à se croire les candidats du public. — Très bonnes raisons, dis-je ; mais peuvent-elles prévaloir contre la raison de devoir qui nous conseille de faire bonne mine à mauvais jeu ? » J'alléguai les obligations personnelles que Le Verrier avait à l'Empereur. N'avait-il pas été, dès le lendemain de l'avènement de Napoléon III, appelé au Sénat, et ne devait-il pas à ce prince l'inestimable bienfait de la liberté du travail dans la dignité? C'était, au fond, le sentiment de Le Verrier. Mais la surprise et le dépit le lui avaient caché. Il suffit de ces quelques mots pour qu'il le vît, et pour qu'il se représentât ce que lui commandait son devoir. Il n'insista pas, se leva, et sortit. Il n'y eût pas de démission. Mais je ne parierais pas que, tout au moins dans les premiers jours qui suivirent, les pauvres employés de l'Observatoire n'aient point pâti de l'effort qu'avait dû coûter à Le Verrier son changement de résolution.

La vraie cause de son dépit était-elle l'ambition déçue? C'est un de ces secrets que l'on garde pour soi. Si le choix fait de M. Duruy par l'Empereur pouvait être pris pour un caprice, appeler Le Verrier au ministère de l'Instruction publique eût été une faute. Nul n'avait moins de qualités pour le gouvernement. Ministre, il eût traité les personnes comme, à l'Observatoire, il traitait les jeunes astronomes, en perturbateurs éventuels de l'ordre absolu qu'il avait dans l'esprit.

Dans un historique des travaux météorologiques

de l'Observatoire, Le Verrier a dit : « Il y a des gens qui font et laissent faire; il y en a d'autres qui ne font pas mais qui ne laissent pas faire ; la pire espèce, ce sont ceux qui ne font pas et qui ne veulent pas qu'on fasse. » Je ne suis pas sûr que malgré nos bonnes relations, se souvenant de certaines discussions où nous avions été aux prises, il ne me rangeât dans cette pire espèce. J'ai raconté ailleurs qu'à une séance où je l'avais impatienté de mes objections, il me dit, non sans aigreur : « Vous qui trouvez tant à redire à ce que font les autres, je serais curieux de savoir ce que vous avez fait. — Puisque vous me provoquez, lui répondis-je, à faire la chose qui me déplaît le plus, c'est-à-dire mon apologie, voici ce que j'ai fait : toutes les fois que vous avez dit *oui*, j'ai dit *non*. Comptons vos *oui* et mes *non*, et voyons lesquels subsistent. » Le colloque n'alla pas plus loin.

Le Verrier n'avait pas tort de qualifier sévèrement ceux qui, ne faisant pas, ne veulent pas qu'on fasse. Mais il faut s'entendre sur le sens de faire. Vouloir changer ce qui est, avant de chercher s'il ne pourrait pas être amélioré, et si ce qu'on propose d'y substituer aura vie, est-ce faire? Par contre, s'y opposer, est-ce ne pas faire? Belle fécondité que celle des œuvres éphémères qui, sous prétexte de réforme, entassent projets mort-nés sur projets mort-nés, ruines sur ruines! Opposer à cette fécondité le bon sens, la nature des choses, n'est pas stérilité. Fort heureusement pour la science et pour la France, Le Verrier avait une fécondité d'une autre sorte. C'est de celles-là que sont sorties, outre des découvertes admirables, des méthodes pour en faire après lui! Heureusement le même homme, téméraire et fantasque dans les choses de la terre, a été, dans les choses du ciel, sensé et pratique, hardi sans témérité, et par moments prophète!

Sur cette grande part de sa vie, mon ignorance m'a condamné à ne l'admirer, comme la foule, que sur la foi des hommes compétents. A cet égard, il m'a fait connaître un genre de malaise d'esprit très sensible, c'est de pratiquer un homme supérieur, d'en avoir une haute idée, et de n'en pouvoir donner les raisons. Il n'avait pas, sur les choses générales, cette sûreté des premières vues et cette habitude de penser juste qui font qu'un ignorant peut affirmer d'un grand savant qu'il doit l'être en effet, ayant de si vives clartés sur les choses qui sont hors de la science. On ne niait pas le génie de Le

Verrier; dirais-je qu'on n'y croyait pas de foi? Or, avoir cette foi, c'est proprement sentir la gloire. Le Verrier ne m'en a pas donné la douceur. Jamais je n'eus sujet de dire de lui ce qu'après une conversation d'un quart d'heure avec le grand orientaliste Sylvestre de Sacy, il m'arriva de dire au premier que je rencontrai : « Savez-vous pourquoi M. de Sacy est un grand orientaliste? Ce n'est pas pour savoir mieux qu'homme du monde l'arabe et le persan ; c'est parce qu'il a un admirable bon sens. »

Le Verrier n'eût pas admis la belle pensée de Napoléon Ier, que « les sciences ne sont que des applications de l'esprit humain, tandis que les lettres sont l'esprit humain lui-même. » Il faisait peu de cas des lettres, et il ne s'y entendait guère plus que, toute distance gardée, je ne m'entendais aux choses de l'astronomie. Dînant un jour chez lui : « Expliquez-moi donc, me dit-il, du ton d'un homme bien décidé à ne pas accepter mon explication, ce que c'est que la littérature. — Je le veux bien, lui dis-je, quand vous m'aurez expliqué vous-même ce que c'est que l'astronomie. »

A l'époque de ce dîner, il n'était plus à l'Observatoire. Le même ministre auquel, en 1866, il voulait jeter sa démission, l'avait forcé en 1869 de la donner. Soit que je n'eusse pas été le seul à recevoir la confidence de 1866, soit plutôt que la façon dont il gouvernait l'Observatoire ne permît pas de l'y maintenir, le dieu jaloux avait dû quitter son temple. Il en reprit possession en 1871, par la raison glorieuse que, bien qu'ayant fait si mauvais ménage ensemble, l'Observatoire ne pouvait pas plus se passer de Le Verrier que Le Verrier de l'Observatoire. Il y revint sans être adouci, et, chose plus triste, il y apporta une santé gravement atteinte. Plus irritable que jamais, en même temps que son irritation avait plus d'excuses, il n'y eut désormais, à l'Observatoire, si humble serviteur qui fût à l'abri de son humeur de plus en plus intraitable. J'eus le regret d'en être un jour le témoin, et qui, pis est, la cause involontaire.

VII

C'était quelques semaines avant sa mort. J'étais allé le voir, non sans m'être assuré que ma visite lui serait agréable. Un vieux cabriolet découvert, loué pour la circonstance, le traînait d'un bout à l'autre de la grande allée qui s'étend devant la façade de l'Observatoire, du côté du jardin. Enveloppé dans une robe de chambre râpée, les jambes étendues sur la banquette de devant, le corps affaissé, le visage verdâtre, il avait plus l'air d'un cadavre que d'un mourant. Son regard seul, inquiet et sombre, était d'un homme en vie. Il m'invita d'une voix creuse à prendre place auprès de lui dans le cabriolet « pour y causer plus à l'aise », me dit-il. J'y montai et m'assis en face de lui. Quant à causer, j'étais trop ému pour lui en demander l'effort, et pour trouver moi-même de quoi dire. En ce moment passait tout près de nous un ouvrier jardinier. J'en pris prétexte pour parler à Le Verrier du jardin, où je savais qu'il faisait faire quelques changements. Il se plaignit des dégâts qui s'y étaient commis depuis qu'on avait laissé tout le monde s'y promener. Il en faisait réparer les clôtures et replanter les espaliers.

Je me pique un peu de jardinage; je le mis donc sur le sujet, et comme il ne m'y suivait pas, soit indifférence, soit fatigue : « Je ne connais pas votre jardin, lui dis-je, voulez-vous que j'en fasse le tour? — Oui, allez voir cela », dit-il, non moins soulagé que moi d'échapper à un entretien qui n'était guère plus possible à l'un qu'à l'autre, et appelant l'ouvrier, il lui dit de m'accompagner. Je descendis du véhicule qui reprit sa marche à pas de corbillard dans l'allée. Tout ce que me montra l'ouvrier, je le regardais sans voir; j'avais les yeux tournés en dedans de moi et j'y voyais l'image cadavérique de cet homme qui allait disparaître du monde en y laissant un si grand vide.

Ma tournée finie, je revins, reconduit par l'ouvrier. « J'ai tout vu, dis-je au malade, et je vous fais compliment de votre potager. » — « Qui vous a donné l'ordre d'y conduire Monsieur, dit-il avec colère à l'ouvrier, et comment en avez-vous la clef? Ne recommencez pas, entendez-vous, ou je vous chasse. » Le pauvre homme s'éloigna en tremblant. Le Verrier le suivit d'un œil plein de menace. Son visage s'était subitement coloré, sa voix était stridente. Je me gardai bien de reprendre ma place dans le cabriolet, et m'excusant sur la crainte de le fatiguer, je pris congé de lui. Il continuait à grommeler entre ses dents, le visage tourné vers l'ouvrier qui disparut enfin derrière un massif. Il me laissa partir sans me dire un mot.

Je m'éloignai, le cœur navré, songeant, sous le coup de la scène dont je venais d'être témoin, à tout ce que lui avait créé d'obstacles, suscité d'embarras, attiré d'inimitiés et de luttes un travers si étrange, et de quel prix il avait payé les mauvaises joies de la colère. Puis, de réflexion en réflexion, je me sentis saisi, non seulement de pitié, mais d'épouvante, à la pensée que les dons les plus rares de l'intelligence, l'esprit de divination scientifique, la patience dans les choses où elle est le génie, l'amour passionné de la science, le talent d'en communiquer à l'occasion les vérités par l'éloquence, que tant de qualités supérieures avaient été gâtées, et qui sait? empêchées de s'élever plus haut par l'humeur, et que cette humeur elle-même dépendait de mauvaises digestions ![1]

---

[1]. C'est en effet d'une ancienne affection des voies digestives que le pauvre grand astronome mourait. Il avait une autre maladie, celle d'être son propre médecin, et l'on sait qu'en ce cas le malade ne se gêne guère avec le médecin. Chez Le Verrier, il n'y avait que trop souvent accord entre eux pour fermer les yeux sur les écarts de régime. Cependant, il consultait plusieurs médecins, mais sous la réserve de corriger ou de compenser leurs consultations par une sorte d'éclectisme souvent trop complaisant pour les dérègle-

Un jour que je le trouvai assez débonnaire, je le priai de me donner quelque idée, sensible pour mon ignorance, du travail que lui avait coûté la découverte de *Neptune.* « Venez demain à l'Observatoire, me dit-il, je vous mènerai dans une chambre pleine, du plancher au plafond, de calculs ; c'est le télescope à l'aide duquel j'ai vu ma planète. »

Voilà qui fait oublier les travers de Le Verrier, et qui me donne à moi-même quelque scrupule de les avoir rappelés.

ments de son appétit maladif, et que Mme Le Verrier, sa femme, complice du malade, appelait « une médecine de moyennes ». Bref, Le Verrier avait hâté lui-même le dénouement. Le jour de ses obsèques, deux médecins célèbres qui suivaient le convoi, le docteur R. et celui que Le Verrier avait le plus longtemps écouté, le docteur J. G. s'entretenaient des causes de la catastrophe. « En fin de compte, dit le premier à son confrère, de quoi pensez-vous qu'il soit mort ? — De son autorité privée », dit spirituellement le docteur J. G.

Mai 1882.

CHAPITRE XIII

Souvenirs de la désignation faite en 1861, par l'Académie française, de « l'Histoire du Consulat et de l'Empire » pour le prix dit biennal.

Occasion de ce chapitre : I. Les procès-verbaux de Villemain. — Le mot de Royer-Collard. — II. Art admirable de Villemain pour insinuer son opinion dans la rédaction des opinions des autres. — Un Villemain inédit. — Les candidats au prix biennal et leurs patrons. — Les champions de George Sand. — Raisons de mon vote pour George Sand. — Objections imposantes du feu duc de Broglie. — IV. Mon incompétence à l'égard de l'*Histoire de France* de M. Henri Martin. — V. Part que je prends à la discussion des titres de M. Jules Simon. — Mes sentiments pour sa personne. — Nos relations de maître à élève à l'École normale supérieure. — Comment il devient, de par Cousin, premier agrégé de la Faculté de Paris, par préférence à son camarade et son concurrent, Alfred Lorquet. — Jules Simon successeur de Cousin à la Sorbonne. — VI. Intérêt que je prends aux accidents de sa vie politique. — Notre rencontre après une séance de la Chambre des députés où il n'avait pas voté avec son parti. — Rôle que je rêvais pour lui. — Motif de l'incertitude des jugements sur Jules Simon, homme politique. — Nos rapports après les événements de 1870. — VII. Mon opinion sur les ouvrages qu'il présentait au concours. — VIII. Discussion avec le patron principal de Jules Simon, Charles de Rémusat. — Effet produit sur l'Académie par la lecture d'une page de la *Religion naturelle*. — IX. L'Académie procède au scrutin. — Bulletin unique donné à Thiers. — Proposition de M. de Falloux appuyée par Dupin aîné. — Résultat définitif. — X. Ce que je pense aujourd'hui des objections faites au droit des cinq Académies de prendre dans leur sein les lauréats du prix biennal. — Mon opinion dernière sur les trois concurrents de 1861.

L'insigne honneur que m'ont fait, en 1884, l'Académie française en désignant pour le prix biennal[1] mon *Histoire de la littérature française*, l'Institut en me le décernant, m'a donné l'idée de recueillir mes souvenirs sur la première attribution qui en fut faite, en 1861, à l'auteur de l'*Histoire du Consulat et de l'Empire*. Chancelier de l'Académie à cette époque, je remplaçais, au fauteuil de directeur, Victor de Laprade que la maladie empêchait de siéger. J'eus donc à intervenir à la fois, comme membre et comme directeur, dans les longues discussions auxquelles donna lieu cette attribution. Quoique placé au meilleur endroit pour bien voir et bien entendre, le désir de rendre mes souvenirs plus précis, et le besoin d'en contrôler

1. Le prix biennal de 20,000 francs institué par un décret de Napoléon III, en date du 11 août 1859, est « attribué tour à tour à l'œuvre ou à la découverte la plus propre à honorer le pays, qui se sera produite pendant les dix dernières années, dans l'ordre spécial des travaux que représente chacune des cinq académies de l'Institut ». Il est appelé biennal, parce qu'il est décerné tous les deux ans, sur la désignation de l'une des cinq académies. C'était pour la troisième fois, depuis 1861, le tour de l'Académie française de faire sa désignation.

l'exactitude m'ont fait recourir à nos procès-verbaux, alors rédigés par le secrétaire perpétuel, Villemain, à qui la Compagnie ne trouvait qu'un défaut, celui de l'embellir quand il n'avait qu'à la peindre.

I

Il n'y a pas d'ailleurs à chercher dans ces procès-verbaux la reproduction littérale de ce qui a été dit. Sous la formule « un membre dit, un membre répond, » les opinants auraient fort à faire pour se reconnaître. Aucun ne pourrait y retrouver sa marque personnelle. Tous y parlent le même langage, et bien mal appris qui s'en tiendrait pour désobligé; car le langage de Villemain est le langage académique en perfection.

Royer-Collard disait de lui : « Ce n'est pas un académicien, c'est l'académicien. » Je prends le mot sans y entendre malice. Oui, c'est l'académicien, mais pour l'être à la façon de Villemain il fallait beaucoup de talent et infiniment d'esprit.

Il avait de l'académicien tous les genres d'habileté. Je ne parle pas de l'habileté de plume. Qu'en pourrais-je dire que n'en sachent tous les gens instruits? Il en avait la principale pour sa place; celle-là nos procès-verbaux seuls en ont eu la confidence. J'en puis parler pertinemment, en ayant été plus de vingt ans le témoin très attentif et, par moments, charmé.

J'appellerai indifféremment cette habileté l'art d'être partial avec le moins de dommage pour les personnes et pour les choses, ou l'art d'être impartial avec le moins de vertu pour soi-même. S'agissait-il de reproduire au procès-verbal les opinions des académiciens considérables par leurs titres extérieurs? Villemain excellait à leur prêter ce qu'il était censé leur prendre, et à donner à leurs paroles des développements proportionnés à leur crédit, et, selon les cas, à la bonne opinion qu'il avait d'eux. Le miroir était fait de telle sorte qu'on avait à la fois le plaisir de se reconnaître et celui de se voir en beau. S'agissait-il, au contraire, de membres ayant le double tort d'être peu en crédit au dehors, et de n'être pas d'accord avec lui, il savait les atténuer, et presque les dérober sous l'humilité de la rédaction et l'impersonnalité de l'anonyme. Il n'entendait distinctement que les paroles qu'il avait un intérêt politique, ou de civilité fructueuse, à renvoyer, comme un écho plus ou moins grossi, à ceux qui les avaient prononcées. Pour les autres, soit faiblesse de leur voix, soit chez lui paresse de l'ouïe, leurs paroles tombaient, comme le trait du vieux Priam, aux pieds du bureau. Le tout d'ailleurs, dans une mesure qui n'exposait pas les premiers à l'embarras de se voir trop ostensiblement préférés à leurs confrères, qui ne l'exposait pas lui-même, de la part de ceux-ci, à des demandes de rectification au procès-verbal. En somme, tous les opinants, les négligés même, avec le mérite de la résignation et de la bonne grâce, s'accommodaient de l'avoir pour interprète. Bien que se trouvant quelque peu travestis par leur secrétaire perpétuel, tous ne laissaient pas d'être flattés, par esprit de corps, de voir la plume de la Compagnie en de si habiles mains.

Ces qualités et ces habiletés donnent tout le piquant d'une œuvre de fine critique au compte rendu des discussions auxquelles donna lieu, à l'Académie française, la désignation, pour le prix biennal, du grand ouvrage historique de Thiers. J'ai plaisir à dire qu'en cette occasion, au mérite de rapporteur des discussions de la Compagnie et de juge discret de ses jugements, Villemain joignit le mérite plus éminent de ne guère dire que ce qu'il pensait au fond. Esprit droit, il aimait le vrai, par le penchant propre à tout esprit droit; mais caractère faible, quand il avait à le dire, il le déguisait, l'atténuait, le désarmait par la nuance, tantôt pour sa propre commodité, tantôt pour ménager les personnes, jamais jusqu'à le cacher ou l'altérer.

Pour qui n'a pas connu ses mobiles, ces nuances font l'effet d'une rhétorique ingénieuse, dont les finesses impatientent. Mais un lecteur averti y prend le même genre de plaisir qu'ont les chercheurs de *clefs* à deviner, chez un peintre de portraits généraux, les personnages qui ont posé devant lui.

II

Je citerai, parmi beaucoup d'autres, un exemple qui met en relief toute cette dextérité. Villemain avait à parler de l'*Histoire du Consulat et de l'Empire*. Comment dissimuler et comment dire que toutes les opinions n'en sont pas bonnes, que certains récits en sont trop longs? Villemain n'en est pas embarrassé. Il dira, d'une part, que si toutes les opinions de l'historien du *Consulat et de l'Empire* ne sont pas correctes, « la postérité en revisera plus d'une »; d'autre part, que, si les récits en sont trop longs, « elle les abrégera parfois »; et il ajoutera spirituellement : « un siècle ne veut rien perdre de ce qu'il a vu; mais les siècles choisissent », adoucissant ainsi pour l'auteur une critique méritée par la flatteuse perspective d'occuper la postérité de ses fautes. N'irais-je pas trop loin en apercevant cachée sous l'éloge de « la facile ordonnance d'un vaste récit », et d'une « diction toujours expressive par le naturel, dans l'immensité des détails », la restriction mentale qu'une ordonnance sévère d'un récit proportionné, et, dans la diction, la précision jointe au naturel eussent mieux fait les affaires de la vérité et de l'art?

Jamais d'ailleurs occasion plus importante ne fut offerte à Villemain de montrer à la fois son honnêteté littéraire et l'intensité de son attention à ses convenances personnelles.

Les candidats au prix biennal étaient George Sand, M. Henri Martin et Jules Simon. Chacun d'eux avait son groupe de partisans déclarés, parlant et agissant. C'étaient, pour George Sand, Mérimée, Sainte-Beuve et Jules Sandeau; les tenants de M. Henri Martin étaient MM. Guizot et Mignet, ceux de Jules Simon, Legouvé et Rémusat. Quels esprits distingués, quelles opinions imposantes, et aussi quels amours-propres dignes d'être ménagés! Combien ne fallait-il pas d'industrie au rapporteur pour tracer de cette joûte académique un tableau où chacun se trouvât placé en bonne lumière, pour reproduire la substance de chaque discours, en noter les traits saillants, et du même coup, pour en donner lui-même son jugement, — tentation irrésistible pour lui — soit en retranchant ce que l'orateur avait dit de trop, soit en omettant ce qu'il avait eu tort de dire! Heureux, dans ce dernier cas, si telles de ces omissions n'étaient pas une malice à l'adresse de quelque orateur dont les paroles n'avaient pas eu l'heur de lui plaire!

Voilà pour les patrons. Quant aux trois candidats, l'un avait déjà la gloire; les deux autres, déjà célèbres, étaient sur le chemin de l'Institut ou du gouvernement. Tous, ils pouvaient, par leurs amitiés ou leurs attaches dans la presse, être d'utiles clients ou d'incommodes critiques. Quel soin Villemain dut-il prendre pour qu'ils ne fussent ni mécontents de lui ni trop contents d'eux-mêmes? Il avait pensé à tout et pourvu à tout. Il avait trouvé le moyen de sauver la vérité et l'honneur de son jugement sans donner de griefs à personne. C'est dommage qu'on ne publie pas de tels procès-verbaux. Il y a là tout un Villemain inédit qui ne ferait pas tort au Villemain imprimé.

III

La discussion des titres des candidats fut très brillante. Elle dura plusieurs séances. Le premier sur lequel on délibéra fut George Sand. L'auteur d'*Indiana* eut des défenseurs qu'on pouvait appeler des champions. C'étaient Mérimée, Sainte-Beuve, Jules Sandeau; le premier et le troisième si qualifiés pour apprécier le genre de composition où George Sand s'était de si bonne heure rendu célèbre, où eux-mêmes ils ont excellé; le second si fin juge des écrits de tout genre. Mérimée parla avec une force et une ardeur relative qui contrastait avec son humeur flegmatique; Sainte-Beuve avec cette sorte de *furia* qu'il mettait en toute discussion, où sa pensée ne prenait pas le temps de se ranger et allait plus vite que sa parole; Sandeau, avec sa bonhomie spirituelle et cette sincérité qui donne l'envie de penser comme lui.

On n'a que faire d'insister sur ce qu'ils dirent. Peu d'auteurs ont été plus lus et plus goûtés que George Sand. Qu'on s'imagine ce qu'ont pensé de cet aimable génie, de 1832 à 1861, ses innombrables lecteurs, le plus grand nombre en se laissant charmer par la sirène, les autres en tâchant de garder leur sang-froid. C'est tout cela que firent valoir les éloquents avocats de George Sand. Sauf quelques diversités d'appréciation, où chacun avait fait ressortir dans l'œuvre ce qui l'y avait le plus touché, ils n'eurent qu'une voix sur le talent de l'écrivain, sur ce style enchanteur, qui à la pratique virile de la langue unit le tour d'esprit poétique et les grâces du langage féminin.

C'est Sandeau qui en dit les choses les plus propres à convaincre. Il fit la remarque fort juste, que, si au lieu d'une femme, l'Académie avait affaire à un homme, ce n'est pas le prix biennal qu'elle lui destinerait, mais une place dans ses rangs. L'usage ne le permettant pas, ne serait-il pas d'une courtoisie toute française de dédommager une femme, au niveau de tous les honneurs littéraires, par la récompense la plus élevée dont pût disposer la Compagnie? Mais la majorité ne voulait pas être persuadée. Il y avait des partis pris pour chacun des trois candidats, tous assez notables pour avoir été choisis et préférés pour leurs mérites, même sans la désignation de la politique. La bonne parole de Sandeau ne trouva donc d'écho que chez les partisans de sa cause.

J'étais de ceux-là, et je dis le peu que laissaient à dire les habiles préopinants. J'insistai sur la nature et les conditions du prix. « Si ce prix, dis-je, ne doit être accordé, aux termes du décret d'institution, qu'au livre le plus propre à honorer la France, quel livre peut répondre à cette condition s'il n'est pas, de tous les livres au concours, le mieux écrit? Sans doute aucune des cinq Académies de l'Institut n'était incompétente pour juger du fond d'un ouvrage; mais la plus compétente pour en apprécier le style et pour lui donner son rang dans la langue, n'était-ce pas l'Académie française? Ailleurs, sur des matières où trop de soin littéraire serait un luxe inutile, il n'est pas besoin pour « honorer le pays » qu'un livre soit irréprochable par le style et par la langue. Mais, à l'Académie française, quel livre peut aspirer à ce prix, s'il n'est pas écrit de main d'ouvrier?

Il va de soi, ajoutai-je, qu'on n'ait pas à dire d'un tel livre que s'il est bien écrit, il est mal pensé? Et entrant à cet égard dans les sentiments de ceux de nos confrères qui, tout en goûtant le style de George Sand, faisaient de graves réserves sur ses idées, je proposai à l'Académie de choisir parmi ses œuvres celles qui, au point de vue de la morale sociale, étaient inoffensives. « Ce choix seul, disais-je, serait une suffisante critique des œuvres non admises. Il dispenserait l'Académie de mêler à ses éloges des restrictions qui, même sous la forme la plus courtoise, en gâteraient l'honneur aux yeux de l'écrivain couronné. »

Ce fut le feu duc de Broglie qui répondit à notre apologie. Il dit que le talent d'écrire ne suffisait pas; que, si ce talent avait attaqué les bases mêmes de la civilisation, la foi religieuse et sociale, le culte public, l'institution du mariage, on ne pouvait le désigner pour un honneur tel qu'un prix extraordinaire décerné par le chef de l'État sur la présentation de l'Académie française, avec la sanction de l'Institut. Rejetant l'idée d'un choix à faire dans les œuvres de George Sand, il dit que, dans ce choix même, il se rencontrerait des opinions antisociales, dont la citation, devant la grande assemblée en présence de laquelle se décernerait le prix, compromettrait les ouvrages réservés comme irréprochables. « Que serait-ce, ajouta-t-il, si on rapprochait de ces livres, choisis par exception, d'autres du même auteur, écrits à la même date, qui choqueraient gravement d'autres bienséances morales? »

Je donne à peine le sommaire de l'opinion du duc de Broglie. Ce ne fut pas sans quelque mauvaise humeur que j'entendis ses premières paroles, pensant au tort qu'allait faire à la candidature de George Sand un tel jugement, d'un tel juge. Mais je finis par prendre plaisir à la façon supérieure dont on venait de nous battre. Et depuis lors, pensant à cette hauteur de vues, à cette dialectique forte et familière, et, surnageant sur le tout, à cette modestie, qui est comme le charme de la modération, je me suis persuadé que j'avais désormais un modèle et un guide pour m'aider, dans la mesure de mes forces, à penser juste, et à n'écrire que ce que je pense. Peut-être, avec une attention qu'un peu de prévention eût aiguisée, aurait-on pu remarquer, au ton légèrement dédaigneux de quelques paroles, que c'était le gendre de Mme de Staël qui jugeait George Sand. Mais s'il en parut quelque chose, aucune exagération du moins ne trahit la préférence qu'entre ces deux illustres femmes il avait bien le droit de donner à la première sur la seconde.

IV

Je n'oserais pas rapporter, même sommairement, ce qui s'échangea, à propos de l'*Histoire de France* de M. Henri Martin, entre ses partisans et leurs contradicteurs. Je m'y sentais trop incompétent. Quoiqu'une discussion où M. Guizot avait pris la parole ne pût manquer d'être intéressante, j'y fus médiocrement attentif. J'étais d'ailleurs un peu prévenu contre le tour d'esprit de M. Henri Martin ; or le propre de toute prévention de cette nature c'est que les oreilles sont plus ouvertes aux critiques qu'aux éloges. Je n'écoutai donc qu'à demi tout ce qui fut dit, très justement, d'ailleurs, de la pensée patriotique de son livre, de la sagacité de ses recherches, du mérite de sa narration, du mérite plus grand d'être revenu de ses premières injustices contre Louis XIV. Au contraire, je ne perdis pas un mot de ce qui fut répondu de ses erreurs systématiques, de ses singulières hypothèses, de son obstination naïve à donner à la tradition des Druides une influence chimérique sur le génie de la France, de sa passion démocratique, sans compter ce que l'inégalité ou le manque total de compétence, dans un grand nombre de matières, et l'effort trop visible pour juger sur la foi d'autrui de ce qu'il ne pouvait juger par lui-même, répandait par moments d'obscurité sur le style et ôtait d'originalité au livre.

V

Ce fut tout autre chose quand on en vint à discuter les titres de M. Jules Simon. J'étais tout oreilles à ce qu'on en dit, et si mon avis, en fin de compte, ne lui fut pas favorable, je pus donner comme gage de ma sincérité que, pour ne pas penser et voter comme ses illustres patrons, ma conviction littéraire avait dû faire violence à mon inclination pour sa personne.

Cette inclination était ancienne. Elle avait commencé au temps où, maître de conférences de littérature française à l'École Normale supérieure, je comptais parmi mes élèves le jeune Jules Simon.

On n'aura pas de peine à croire qu'il en était un des plus distingués. Sans rappeler les qualités qui constituent l'élève distingué, et que Jules Simon avait en commun avec les premiers de son année, je me borne à dire par quels traits il en différait. Il avait un sérieux précoce et un air de gravité bourgeoise qui trompait sur son âge, et qui l'eût fait prendre pour un homme établi. Je lui en fis un jour la mauvaise plaisanterie, dans la liberté des conversations entre élèves et maîtres qui suivaient la leçon, en lui demandant des nouvelles de sa femme et de ses enfants. Il avait la plume et la parole également faciles; je dirais trop faciles; il fallait que l'étude, le savoir, fournissent des matériaux à l'une, que la réflexion et l'expérience de la vie, qui commence de bonne heure pour les intelligences d'élite, fournissent des idées à l'autre. Tel de ses camarades avait le tour d'esprit plus fin, tel autre l'avait plus original. Mais il était le premier par l'égalité dans tous les exercices, et par plus d'aptitude apparente aux matières philosophiques. Du reste doux, bienveillant, insinuant, offrant, dans le jeune homme de vingt ans, l'ébauche fidèle de l'homme qu'on a vu plus tard dans les affaires publiques.

Il quitta l'école en 1835. Reçu le premier des agrégés de faculté dans le concours de philosophie, il y eut des gens pour insinuer que le mérite seul de son épreuve ne l'aurait fait arriver qu'au second rang. Le premier appartenait sans conteste à un brillant concurrent, Alfred Lorquet. Condisciple de Jules Simon à l'École Normale, et comme lui de ma conférence, Lorquet m'avait paru le mieux doué de tous ses camarades. Il l'était pour les lettres, il l'était pour la philosophie, il l'était pour la musique. Je lui ai dû d'être initié aux symphonies de Beethoven, qu'il exécutait sur mon piano de famille avec une verve admirable.

Voici un autre trait par où l'on jugera s'il devait m'être agréable. Le plus emporté dans le romantisme, au temps où M. Guizot m'envoyait à l'École Normale, Lorquet, un peu rustique d'humeur, m'entendant parler de Boileau, affecta de se boucher les oreilles avec ses doigts. Je ne m'en offensai pas, pressentant le converti dans l'ardent pécheur. « A la prochaine conférence, lui dis-je, vous ouvrirez une oreille, et à la suivante vous les ouvrirez toutes les deux. » La chose arriva ainsi. Et dès ce temps-là, à l'école où le maître n'était l'aîné de l'élève que de quelques années, Lorquet fut de mes amis.

Dans l'argumentation contre Jules Simon, Lorquet, de l'avis de tout l'auditoire, l'avait emporté sur son camarade. Mais Cousin, qui n'en disconvenait pas, avait décidé que Jules Simon serait le premier agrégé; il le fut. « Votre leçon a été la meilleure, dit-il à Lorquet; mais j'estime que Jules Simon doit passer avant vous. » Devinait-il dès lors, dans les promesses du jeune agrégé, ce qu'il tiendrait comme professeur, ou bien, pensant à se donner un suppléant à la Sorbonne, la souplesse d'esprit et d'humeur de Jules Simon lui parut-elle offrir plus de garanties de sagesse et de docilité aux doctrines du maître? Toujours est-il que le pauvre Lorquet se vit enlever le rang dont l'avaient jugé digne tous les témoins du tournoi. Ce fut la principale cause, sinon la seule, du prompt affaiblissement de ce rare jeune homme, qui après quelques années dans l'enseignement secondaire et une courte apparition à la Sorbonne, en qualité d'agrégé de faculté, alla cacher, dans l'obscurité d'une fonction administrative, une tête de bonne heure chenue, autour de laquelle, à l'âge des cheveux blonds et abondants, j'avais cru voir l'auréole.

Pour Jules Simon, il montait en 1839 dans la chaire de Cousin, et son succès justifiait avec éclat une préférence qui, accusée de passe-droit au temps du concours, fut comptée à Cousin comme une prédiction réalisée.

Soit faute de temps, parmi les travaux et les devoirs qui remplissaient ma vie, soit trop peu de curiosité pour les choses où je me sens insuffisant ou incompétent, je ne fus pas témoin de son succès. Mais j'ai su comme tout le monde qu'il avait été éclatant, et qu'à en juger par les applaudissements de la Sorbonne et par ceux de la presse, sans faire de comparaison téméraire, le disciple s'était montré digne du maître.

VI

Des préventions nées de la politique me rendirent indifférent à ses débuts comme député, et aux travaux de tribune ou de plume par lesquels il fit

admirer la variété de ses aptitudes et la souplesse
de son éloquence. Cependant ce qui m'en arrivait
par la notoriété flattait ou inquiétait en moi le fonds
d'affection que je lui gardais des deux années où
j'avais eu à le guider dans ses études à l'École
Normale. Toutes les fois que la politique l'engageait dans des voies où lui faisait prononcer des
discours contraires à mes opinions et à mes sentiments, je m'en affligeais; je ne m'en choquais
point. Je dois à ce lien intellectuel qui m'attachait
à mes élèves d'avoir conservé, dans le dissentiment, l'estime affectueuse, et de m'être défendu de
cette injustice vulgaire, poison de la politique, qui
refuse au contradicteur le mérite du désintéressement ou l'excuse de la bonne foi. J'ai souvent entendu juger Jules Simon par des personnes à qui
c'était manquer que de ne pas en dire du mal. Je
ne leur en donnai pas la mauvaise joie. Quand il me
fallait reconnaître que mon cher ancien élève était
dans l'erreur, ou que je l'y croyais, je lui appliquais
cette circonstance atténuante qu'il y était à la vérité, mais pour n'y pas rester. Par contre, quand il
était ou me paraissait être dans le vrai, j'en avais
une secrète satisfaction.

Un jour (c'était sous le second empire) que,

dans un vote de quelque importance, il s'était séparé de ses amis de l'opposition, le rencontrant sur le boulevard, j'allai à lui, et l'en félicitai avec la familiarité d'un ancien maître louant son ancien élève d'un bon travail. De mes éloges il ne prit que la bonne intention, dont il me remercia amicalement. Quant au regret que j'y mêlais de ne pouvoir pas lui faire plus souvent le même compliment, il n'en voulut pas. Je n'en fus pas surpris; car je ne prétendais à rien moins qu'à le faire convenir que les violences, auxquelles est condamnée l'opposition, pour être populaire, n'étaient pas plus dans son humeur qu'elles ne s'accordaient avec son talent; que son génie particulier l'appelait à être un grand orateur de gouvernement dans une monarchie. Il déclina très nettement, mais avec bonne grâce, les compliments et la destination. J'y persiste néanmoins, et le loyer qu'il reçoit aujourd'hui de ses services à la cause démocratique, et de l'honneur qu'il fait à son parti, n'est pas pour me faire changer d'avis.

Je cherche qui lui sait gré des prouesses d'éloquence qu'il nous fait applaudir de temps en temps; ce n'est certes pas son parti. Est-ce le parti de la conservation sociale? Il voit bien qu'on y est sensible à ses talents, et que s'il vient, même sans s'y asseoir, dans les bancs où siège ce parti, on lui fait bon visage. Va-t'on jusqu'à la confiance? On s'en tient à l'admiration. Jules Simon a un défaut bien rare que beaucoup voudraient avoir pour qualité : il a trop d'esprit et trop d'art. Comme son maître Cousin, il est, par les beaux côtés, de la descendance de Gorgias. Même quand on est d'accord de la vérité de ce qu'il dit, on n'a pas foi dans le diseur. Involontairement on croit que la même fertilité d'esprit lui fournirait de quoi soutenir victorieusement la thèse contraire. Ce n'est pourtant pas de la rhétorique. Gymnastique dirait mieux la chose. Si son discours n'est pas profond, il y aurait injustice à dire qu'il est creux. Il y en aurait plus encore à le qualifier lui-même de sophiste ; mais il a une telle façon d'être sincère, qu'on ne croit pas le calomnier ni lui vouloir du mal en en doutant. Si le propos en est tenu devant ses amis, vous ne verrez aucun se porter fort pour lui. Il y a, dans son éloquence, de la cavatine chantée par un grand artiste, et de la plaidoirie d'un avocat de goût. Le talent de l'artiste détourne de l'idée de juger l'œuvre, et surtout de s'en faire garant.

Quand on considère en Jules Simon l'orateur d'aujourd'hui, on est surpris que, dans la médiocrité générale de ses contradicteurs, un orateur si au-dessus d'eux soit si peu efficace, et que ce soient les mêmes qu'il a charmés qui lui résistent. C'est qu'en un temps où le matérialisme a le verbe si haut, on voudrait sentir, dans le philosophe qui en combat les doctrines repoussantes, l'accent de la foi. On voudrait qu'il défendît son opinion, non comme une spéculation supérieure, mais comme le bien de ses enfants. Un peu de passion inspirerait plus de confiance, et, quoique la religion naturelle exclue jusqu'à l'idée des violences du fanatisme, encore n'y trouverait-on pas malséantes les ardeurs et les indignations généreuses du prosélyte.

J'entends dire que Jules Simon a trompé ses amis politiques. N'ayant aucun accès auprès d'eux, ni connaissance quelconque de ce qui a pu se passer entre eux et lui, je ne sais qu'en croire. Mais j'estime que, pour savoir à quoi s'en tenir, une enquête n'est pas nécessaire. C'est assez de réfléchir à son parfait désintéressement dans la contagion de l'exemple, à son inviolable fidélité à des croyances qui ne font pas la fortune de leurs fidèles, pour expliquer par les grâces décevantes de son tour d'esprit la disproportion qui se remarque entre son talent et son crédit.

Nous gardâmes cette sympathie en dépit des causes de séparation inévitables. Jules Simon y eut plus de mérite que moi. Il était membre du gouvernement qui avait remplacé celui que j'avais servi. J'occupais au Ministère de l'Instruction publique la seule fonction que m'eût laissée la spoliation du 4 septembre 1870. Jules Simon, qu'on pressait de me l'ôter, me la conserva. Je le remerciai de ne pas avoir usé contre moi de la victoire que les événements avaient donnée à ses opinions. A mon tour, lorsque, tombé du pouvoir, il se tourna vers les lettres qui lui avaient ménagé des amis à l'Académie française, il me demanda ma voix, je la lui donnai. D'anciens serviteurs du gouvernement impérial m'en firent des reproches. Ils ne savaient pas que Jules Simon eût été mon élève, ni quelle est la force du lien qui subsiste, même après les séparations politiques, entre l'élève devenu l'un des chefs du régime nouveau et le vieux maître qui n'a plus à endoctriner et à conduire que lui-même.

VII

Pour en venir aux ouvrages que présentait Jules Simon au concours du prix biennal, mes sentiments pour l'homme n'ont, à aucun moment de ma vie, modifié mon jugement sur l'écrivain. Le goût n'est que la conscience de l'esprit; on ne ment pas plus à cette conscience-là qu'à l'autre. Qu'il y ait des parties d'écrivain dans ses ouvrages, qu'en plus d'un endroit on sente l'émotion oratoire, qu'en plus d'un autre se révèle la finesse du moraliste, qui songe à le nier? Il y a presque partout du bien écrit; j'y cherche ce que nul autre que lui n'eût pu écrire.

C'est du reste le défaut (si défaut il y a) de la plupart des orateurs qui écrivent. Ils ont l'abondance, le souffle, et comme des improvisations de style; ils n'ont pas de style. Quand Buffon écrit : « le style est l'homme même », il l'entendait de l'homme intérieur, ramené et replié sur lui-même par la pensée, non de l'homme tiré hors de lui par une passion qui s'épanchera par des paroles et s'envolera avec elles. Si je m'entendais bien moi-même en demandant le prix pour George Sand, j'avais donné du même coup l'exclusion à Jules Simon.

Aussi quand l'Académie délibéra sur le vote de la commission qui avait admis ses ouvrages à concourir pour le prix, je combattis ce vote. Je dis que si M. Jules Simon, par un ensemble imposant d'ouvrages distingués, honorait d'une manière générale le pays, aucun ne paraissait mériter l'éloge d'être « le plus propre à l'honorer. » Ces termes formels, ajoutai-je, appliqués au genre d'ouvrages qui relèvent de la désignation de l'Académie française, ne peuvent s'entendre que d'un livre supérieur par le style. Or, s'il y a beaucoup à louer dans les livres de M. Jules Simon, l'œil le plus prévenu n'y pourrait trouver la supériorité du style. » Je ne sais pas, voulant être vrai, fût-ce à mes dépens, si ce que j'y voyais percer d'opposition, plus ou moins couverte, au gouvernement que je servais, ne m'avait pas un peu aidé ou animé à découvrir leurs défauts. Partisan de ce gouvernement qui me donnait, outre ma part personnelle dans les satisfactions de la France, à l'extérieur, le bienfait de l'ordre, la sécurité du lendemain, la paix du travail, j'étais inquiet des caresses ou des avances insinuantes que faisaient *Le Devoir* aux partisans de la morale laïque, *La Liberté* à l'opposition irréconciliable, *L'Ouvrière* aux illusions socialistes. Peut-être ce sentiment a-t-il influencé mon goût. Je ne fus pas sans en avoir quelque scrupule, même alors. Je suis tout porté à le regretter, aujourd'hui que, sur toutes les questions de conservation sociale, nous sommes si près tous les deux, le vieux maître et l'ancien élève, de penser de même.

VIII

M. Jules Simon avait pour patron principal, à l'Académie, un de ses plus brillants esprits, Charles de Rémusat. Ce fut avec un véritable accent que l'aimable sceptique fit l'apologie des idées qui leur étaient communes. Il ne cacha pas, dans sa réponse, d'ailleurs très courtoise, à mes objections, que ce qui ne m'avait pas plu dans les livres de Jules Simon n'était pas ce qu'il en aimait le moins. Quoique pris à partie, le terrain côtoyant la politique, j'hésitais à m'y engager, quand un

argument fort inattendu me fit reprendre la parole.
Rémusat en était venu à compter, parmi les titres
de M. Jules Simon, le nombre d'éditions qui s'était
vendu de ses livres. Là-dessus, l'interrompant :
« Monsieur de Rémusat, dis-je, est bien généreux
de mesurer le mérite des livres à ce qu'en vend
le libraire. » Le mot risquait d'être mal pris par
un homme de moins d'esprit que Rémusat. Il signifiait tout au moins que ses livres ne se ven-
daient pas en aussi grand nombre qu'ils le méritaient. Or c'est un de ces compliments que ne
s'entend pas volontiers faire même l'auteur le plus
modeste du livre le plus spécial. Rémusat prit mon
mot dans son vrai sens, en homme qui n'ignorait
pas en quelle haute estime j'avais ses livres, et il
abandonna son argument.

Mais je ne m'accommodai pas mieux de ce qu'il
dit, en terminant, des qualités de l'écrivain chez
son candidat. Usant, ou plutôt abusant du droit
que les habitudes bienveillantes de l'Académie ac-
cordent au président : « Monsieur de Rémusat, dis-
je avec vivacité, a sans doute présente à l'esprit
quelque page où il pourrait nous les faire toucher
du doigt. Que ne prend-il la peine de nous les lire?
J'ai toujours admiré combien, à l'Académie, les

premières phrases d'un livre nous mettent tous d'accord sur ce qui porte le cachet de l'écrivain. M. de Rémusat a la main sur quelques volumes de M. Jules Simon. Il n'est pas en peine d'y trouver un morceau, où, soit le mouvement, soit la nouveauté de la pensée, ont suscité quelques expressions originales. Rien ne nous presse et la chose vaut bien que nous jugions sur pièces. » Rémusat était en droit de ne pas répondre à ce qui semblait être une sorte de défi. Il ne m'en fit pas le tort. Il prit le livre de la *Religion naturelle*, le feuilleta, et, trompé par une de ces complaisances littéraires où conduit la confraternité politique, il crut que la conclusion, en façon de prière, qui termine l'ouvrage, offrait le spécimen que je demandais. D'une voix où l'on sentait la confiance il en commença la lecture.

On avait écouté les trois premières phrases avec attention et prévention favorable pour le goût du lecteur. A la quatrième, Rémusat, en jetant les yeux au-dessus du volume, crut voir des visages où commençait à se peindre un autre sentiment que l'admiration. Bientôt de légers chuchotements l'avertirent, en même temps que son propre goût, qu'il n'était pas bien tombé. Il l'avoua de la meilleure grâce en déclarant que l'épreuve n'était pas décisive, et il ferma le volume.

IX

L'épreuve était plus que décisive, elle était définitive. On parla d'aller aux voix ; tout le monde y était prêt. Un premier scrutin eut lieu. Le nombre des votants était de 31. Le vote donna 8 voix à George Sand, 7 à M. Jules Simon, 7 à M. Henri Martin, à Thiers 1. Il y eut deux billets blancs.

Dans ma satisfaction de voir en tête mon candidat préféré, j'avoue que cette voix unique donnée à Thiers me parut équivaloir à un billet blanc, et je n'y vis qu'une singularité. Presque tous mes confrères en jugèrent comme moi. Aussi bien, qui pouvait proposer à l'Académie de prendre un candidat parmi ses membres, pour un prix qui, d'après une récente interprétation de l'Institut, ne pouvait être décerné qu'à un candidat du dehors ? Cependant quelqu'un y avait pensé, et ce bulletin au nom de M. Thiers n'était qu'une manière d'avertir l'assemblée qu'en cas d'un désaccord persistant sur les candidats étrangers, elle en avait un dans ses propres rangs sur lequel tous ses membres seraient du même avis. L'avertissement venait, dit-on, de M. de Falloux; je le crois sans peine, car le moyen, j'allais dire le stratagème (prenant le mot dans le bon sens), était d'un politique.

La preuve qu'il fut compris, c'est qu'au second tour Thiers eut 3 voix. La voix unique s'était grossie des deux billets blancs du premier scrutin. George Sand gardait ses huit voix; M. Henri Martin en avait sept; M. Jules Simon en gagnait une. Le troisième tour n'ôta rien aux trois premiers candidats; mais les 3 voix données à M. Thiers s'accrurent de deux, qui s'étaient abstenues jusque-là, ce qui en porta le nombre à 5.

Il n'y avait plus à se méprendre sur le dessein de ce petit groupe qui grossissait à chaque scrutin. Les trois groupes principaux n'espérant plus se confondre en un seul, et ne voulant pas se laisser entamer, auraient continué indéfiniment à se faire échec. Aussi ne fut-on pas fâché quand M. de Falloux, et, après lui, Dupin aîné exposèrent, que, si l'Académie française se conformait à la décision prise par l'Institut en 1859, aucune majorité ne s'y formant sur un nom étranger, elle ne pourrait

exercer son droit de désignation ; que le décret
d'institution de ce prix ne portait aucune exclusion
de ce genre ; qu'interprété dans son vrai sens, il
permettait à l'Académie de se tirer de l'embarras
où la mettait la fidélité des trois groupes à leurs
candidats ; qu'en regardant parmi ses membres,
elle voyait l'auteur illustre d'un livre « que plaçaient hors de pair la grandeur du sujet, la facile
ordonnance d'un vaste récit, la clarté toujours vive
d'un style que le naturel rendait toujours expressif;
qui instruisait la France autant qu'elle lui donnait
une grande idée d'elle-même ; qu'un tel livre était
digne d'une distinction pour laquelle on ne pouvait
chercher trop haut, que ce livre était l'*Histoire du
Consulat et de l'Empire*[1]. » L'Académie se rangea
sans discussion à cet avis. On passa au vote. Sur
les trente et un membres présents, dix-huit votèrent pour l'*Histoire du Consulat et de l'Empire*.
MM. Henri Martin et Jules Simon gardèrent chacun quatre voix; cinq restèrent fidèles à George
Sand ; la mienne était de ces cinq.

[1]. Ce sont les termes mêmes du procès-verbal.

X

Il y a de cela vingt ans. Quelle est, sur le principe de l'attribution du prix biennal et sur les candidats qui se le disputèrent pour la première fois, à l'Académie française, mon opinion d'aujourd'hui?

Sur la question du droit et de la convenance pour les académies de choisir dans leur sein le lauréat pour un prix d'une telle valeur, comment serais-je d'un autre avis que l'Institut qui m'a fait l'honneur de me le décerner après Thiers, après Guizot? Mais la reconnaissance n'est pas ma seule raison de penser ainsi. J'en ai une autre, où je suis d'accord avec tous les gens sensés; c'est qu'au train dont la mort renouvelle les titulaires de nos fauteuils, l'auteur, quel qu'il soit, du livre « le plus propre à honorer la France » n'a plus à frapper aux portes de l'Académie; il y est entré!

Sur le merveilleux talent d'écrivain de George Sand, je ne sens ni refroidissement ni doute; mais je suis plus près des réserves du feu duc de Broglie sur l'usage qu'elle en a fait trop souvent au détriment de la morale sociale.

A l'égard de MM. Henri Martin et Jules Simon, j'estime que, par le mérite de tout ce qu'ils ont fait, depuis vingt ans, le premier pour perfectionner son œuvre, le second pour ajouter aux siennes, ils ont approché si près du but, qu'aux yeux de plus d'un bon juge ils ont paru l'avoir touché.

Quant à l'*Histoire du Consulat et de l'Empire*, les réserves que je faisais il y a vingt ans sur les points défectueux de l'œuvre, je continue à les faire. Je ne me sens adouci ni pour sa longueur démesurée, sans proportion avec le temps de plus en plus court qui sera désormais donné aux lectures sérieuses, ni pour cette impartialité qui décroît à mesure qu'augmentent, chez l'historien de Napoléon Ier, les griefs du politique contre Napoléon III, ni enfin pour la négligence du style, double effet de l'excès dans le détail et du désir d'expliquer des choses qui s'expliquent d'elles-mêmes, et qui font descendre la langue au-dessous du travail de style. Mais je reste étonné de la grandeur du monument, et de plus en plus j'en admire la partie la plus originale et la plus durable, l'*Histoire du Consulat*.

C'est là que s'épanouissent à la fois, et comme parallèlement avec les progrès de la résurrection sociale, toutes les qualités de l'historien. Il en est une dominante, qui semble se répandre sur toutes les autres, c'est cet « enthousiasme premier », né d'une première vue désintéressée des choses, qui, selon Villemain, « donne de l'autorité aux jugements devenus sévères », qui, selon moi, avertit le lecteur de s'en défier. Dans cette peinture grandiose d'une nation écrasée qui se redresse, d'une société dissoute qui se reconstruit, de tous ces organes détruits qui successivement reprennent vie, de ce grand mort qui sort du tombeau, l'enthousiasme participe de la poésie. Si l'humeur et le tour d'esprit de Thiers n'excluaient pas jusqu'à l'idée de naïveté, on dirait la surprise naïve d'un découvreur à l'aspect du monde inconnu qui se déploie devant ses yeux. C'est cette partie supérieure de l'œuvre qui véritablement « donne à la France une si grande idée d'elle-même ». C'est par elle que l'*Histoire du Consulat et de l'Empire* remplit plus qu'aucun autre ouvrage du même temps la condition d'être le livre le plus « propre à honorer la France », et il semble que le fondateur du prix en eût indiqué à l'Institut le premier lauréat, le jour où il qualifia l'auteur de ce beau livre d'« historien national ».

CHAPITRE XIV

Particularités sur les deux premiers rois des Belges
Anniversaire
de la fondation de l'Académie de Belgique.

1. — La légende du roi Léopold Ier. — Son attitude dans la crise de 1848. — Entretien que j'ai à ce sujet, à Compiègne, avec Napoléon III. — Version de M. Van Praet, ministre de la maison du roi sous les deux Léopold. — Léopold Ier me donne une audience. — Idée que se fait ce prince de la France. — Un roi constitutionnel. — Que penser de la maxime : *Le roi règne et ne gouverne pas?*

II. Le Centenaire de l'Académie de Belgique. — Mission que me donne l'Académie française. — Mes difficultés. — Ma visite à M. Quételet. — Un flamingant. — Un discours rentré. — Le chevalier d'Arneth. — Je complimente Léopold II. — Un délégué indiscret. — M. de Sybel et les savants allemands. — Caractère de nos haines nationales. — Henri Sainte-Claire Deville et Liebig. — Un déjeuner à l'École Normale dans le laboratoire de Sainte-Claire Deville. — Liebig y fait lui-même le potage à l'extrait Liebig. — La vraie cause de la guerre de 1870.

I

Parmi les légendes de ces derniers temps, il en est une qui ne rencontre pas d'incrédules ; c'est celle du prétendu flegme légèrement railleur avec lequel le roi Léopold Ier reçut la nouvelle de la révolution du 24 février 1848. Selon cette légende, il aurait fait appeler ses ministres, et leur aurait dit : « Une révolution vient d'éclater en France ; il peut arriver que la Belgique en ressente le contre-coup. Si vous croyez que, ma personne de moins, elle soit plus en état d'y pourvoir, je tiens fort peu à ma place, et suis tout prêt à la résigner. » A quoi les ministres auraient honnêtement répondu : « Gardez-vous-en bien, Sire, la Belgique a besoin de vous. » Voilà ce que j'ai entendu affirmer par des Belges de distinction. En France, on a cru généralement que les choses s'étaient passées ainsi. Un de mes plus illustres confrères, M. Mignet, si bon juge des mobiles des personnages historiques, n'en faisait aucun doute. Il lui semblait reconnaître, dans la conduite prêtée à Léopold Ier, un acte éclatant d'acquiescement à la maxime constitutionnelle imaginée par son ami Thiers : « Le roi règne et ne gouverne pas », et il l'en croyait justement récompensé par l'affermissement de sa couronne et par la prospérité de son pays.

En réalité, tout autre aurait été le rôle de Léopold Ier. Loin de mettre la maxime en action, il aurait, ce qui vaut mieux, agi d'original, et se serait conduit comme un vrai roi d'avant la maxime. Il avait alors pour ministre de la guerre un homme dont les qualités militaires, parfaitement appropriées aux circonstances, faisaient le membre prépondérant du cabinet; c'était le général Chazal. D'une famille française établie en Belgique dans les premières années du siècle, très dévoué à sa patrie adoptive, le général Chazal avait mis sans réserve au service de la royauté belge un courage chevaleresque, beaucoup d'entrain et d'esprit, une veine d'éloquence naturelle qu'il ne se soupçonnait pas, et dont il avait fait la découverte, non sans surprise, la première fois qu'il était monté malgré lui à la tribune. Ma bonne fortune me l'ayant fait rencontrer chez un de mes amis, je lui demandai ce que je devais croire de l'attitude de Léopold Ier dans la crise de 1848. « Le roi, me dit le général, nous fit appeler au palais. D'un ton très calme, sans la plus légère apparence d'émotion, il nous parla de ce qui venait de se passer à Paris. Les circonstances sont graves pour la Belgique, nous dit-il; elles peuvent devenir difficiles; mais si les trois pouvoirs restent unis, nous nous tirerons d'affaire. » Sa résolution tranquille gagna tout le monde. De ce moment, la délibération du conseil ne fut plus qu'un échange de déclarations de confiance réciproques entre le souverain et les ministres. Sur quoi le ministre de la guerre, comme le plus pressé d'agir, par position et par humeur, proposa au roi de parcourir la ville en voiture découverte. Léopold Ier donna l'ordre d'atteler, et bientôt il partit du palais avec le général assis en face de lui. Soit une secousse de la voiture, soit un coup de vent, le chapeau de Léopold tomba. Le général mit pied à terre, le ramassa, et le remettant au roi : « Sire, dit-il, votre couronne est plus solide sur votre tête que votre chapeau. » Et la promenade dans la ville continua aux applaudissements de la même foule qui eût sifflé sous les fenêtres du palais, si elle eût supposé que le roi délibérait dans son cabinet sur la différence qui existe entre régner et gouverner.

Cette version, venant d'un personnage si autorisé, témoin et acteur à la fois dans la scène, m'avait trouvé d'autant mieux préparé à la croire vraie qu'elle contentait ma prévention contre la trop fameuse maxime. J'en étais resté si persuadé, que je la contais à tout propos. C'est ainsi que, me trouvant parmi les invités de Compiègne, le jour même où l'on y recevait la nouvelle de la mort de Léopold Ier, l'empereur m'ayant fait l'honneur de me parler de ce prince, j'eus l'occasion de lui dire ce que je savais, par le général Chazal, de son attitude en 1848. A ma grande surprise, je vis que l'empereur croyait à la légende et qu'il n'était pas loin d'en faire un sujet de louange pour le roi défunt. Napoléon III était sincère. Il venait d'inaugurer l'empire libéral, et c'était peut-être pour s'en approuver et s'y encourager qu'il avait cru volontiers à l'abnégation constitutionnelle prêtée par la légende au roi Léopold Ier. En entendant la version du général Chazal : « Au fait, dit-il, j'aime mieux ce rôle-là que l'autre ; il ajoute à mon estime pour Léopold Ier. »

Depuis lors, le temps ayant emporté ce sujet de discours avec tant d'autres, j'avais cessé d'y penser. Quand l'idée me vint d'écrire ces particularités sur les deux Léopold, j'eus un scrupule sur la fidélité de mes souvenirs, et je voulus m'en éclaircir auprès de personnes que j'avais lieu de croire bien informées. Sans contredire le fond du récit du général Chazal, ni l'anecdote du chapeau tombé, chaque version nouvelle en différait dans les détails. Une seule me parut offrir tous les caractères de la vérité, ou plutôt me parut être la vérité elle-même. Je la tiens du ministre actuel de la maison du roi, qui le fut pendant tout le règne de Léopold Ier, qui l'est resté sous Léopold II, M. Van Praet.[1]

Caractère aussi sûr qu'élevé, sachant concilier avec la réserve que commandent ses fonctions la loyauté et l'ouverture, esprit rare, le meilleur écrivain politique de son pays, et qui serait parmi les meilleurs dans le nôtre, la Belgique honore en M. Van Praet un des hommes qui jettent le plus de lustre sur son pays.

D'après sa version, dont il ne m'a pas demandé le secret, voici les faits dont il aurait été témoin.

Le 24 février, le roi l'avait envoyé à Paris. Il y portait à Louis-Philippe une lettre où le gendre donnait à son beau-père le conseil « de ne prendre de demi-mesure ni dans le sens de la résistance ni surtout dans le sens contraire ». Arrivé à Pontoise, M. Van Praet apprit par les agents du nouveau directeur des postes, M. Étienne Arago, que tout était fini. Il eut moins de peine à entrer à Paris qu'à en sortir, et il revint à Bruxelles dans le même convoi qui amenait en Belgique, à son insu, la duchesse d'Orléans et le citoyen Antony

---

1. Mort en 1887.

Thouret. Quand il eut rendu compte de son voyage au roi des Belges, ce prince lui dit : « Il faut me donner la liste de ceux qui seraient susceptibles de se mettre à la tête d'un mouvement. Je veux les faire appeler l'un après l'autre dans mon cabinet, leur parler théorie, causer avec eux tranquillement, comme un homme désintéressé dans la question, et leur laisser l'impression que j'ai beaucoup réfléchi sur les causes qui ont amené l'explosion en France. » Ce qu'il avait résolu il l'exécuta. Les personnes qu'il désirait entretenir vinrent à son appel. Elles furent frappées de son calme, de sa liberté d'esprit, de la largeur de ses idées, en même temps que séduites par son affabilité. Ceux des interlocuteurs qui survivent prennent plaisir à s'en souvenir, et en rendent volontiers témoignage au feu roi.

Peu de jours après, Léopold 1er passa une revue de la garde civique. Il se plongea tout seul dans la profondeur du flot populaire. J'ai sous les yeux une lettre d'un des officiers les plus distingués de l'armée belge, témoin de l'ovation enthousiaste dont le roi fut l'objet. Il était à cheval, seul, séparé de son état-major, enveloppé, noyé dans la foule ; on baisait ses mains, ses vêtements, jusqu'à ses bottes ; le peuple semblait tenir d'autant plus à garder son roi que le bruit avait couru qu'il ne ferait rien pour rester malgré le peuple. Rentré au palais, Léopold se fit servir un verre de vin et dit à M. Van Praet, d'un air de contentement qu'il ne cherchait pas à cacher : « Je crois que nous sommes les plus forts. »

Au conseil des ministres qu'il réunit peu après, il leur dit : « J'ignore si le pays désire vivre en république; s'il le désire, je demande qu'on me le dise. On est venu me chercher. Je n'ai fait aucune démarche pour être roi des Belges ; mais si vous aimez mieux rester ce que vous êtes, je suis avec vous à la vie et à la mort. » Ces paroles, et le ton de fermeté tranquille dont il les dit, donnèrent du cœur à tout le monde, et la crise fut traversée.

Je le demande aux casuistes de la maxime « le roi règne et ne gouverne pas », si ce n'est pas là proprement gouverner. Régner eût consisté, ce semble, à convoquer les ministres, à leur demander leur avis, sauf à ne pas les trouver d'accord, à perdre ainsi des heures en une de ces conjonctures où l'on ne perd pas impunément des minutes. Pendant cette consultation, sait-on ce qu'auraient pu faire « les personnes susceptibles de se mettre à la tête d'un mouvement » ? Auraient-elles attendu tranquillement que le gouvernement agît, ou bien auraient-elles commencé à remuer? Léopold, comme le plus intéressé, pour son pays et pour lui-même, vit le premier, à la double lumière de la responsabilité et du péril, ce qu'il y avait à faire. Il le vit et il le fit, avant tout conseil, de la seule façon qui pût réussir, c'est-à-dire en gouvernant. Valait-il mieux laisser arriver constitutionnellement le péril, que le prévenir et l'écarter contre les règles ?..

Le hasard heureux de quelques moments d'entretien avec Léopold Ier me fit voir de quelle étoffe sont faits les princes pour qui régner et gouverner ne sont, selon le besoin de leur pays, qu'une seule et même chose. J'ai, depuis vingt ans, l'habitude de passer une partie de l'été en Belgique auprès de ma fille aînée, mariée à un Belge qui a longtemps appartenu à la haute administration, M. Édouard Romberg. Mon gendre avait reçu à diverses reprises de Léopold Ier des marques de distinction bienveillante. Je voulais en remercier ce prince.

Par l'entremise de M. Van Praet, S. M. fut informée de mon désir; une audience me fut accordée. Je ne me trouvai pas sans émotion en présence de ce souverain d'un petit pays, que les souverains des plus grands pays tenaient pour leur pair, et tels d'entre eux pour leur maître en politique et leur conseil. Sa taille élevée, son grand air, une expression sévère qui tenait moins de l'humeur que de la gravité habituelle de ses pensées, tout en lui était imposant. Il m'ôta l'embarras de parler le premier et me dit que, sachant mon attachement pour la Belgique, il avait plaisir à me voir. Pour me ménager un bon accueil, M. Van Praet avait bien voulu lui rappeler la place que je faisais dans mes *Souvenirs de voyage,* écrits en 1832, à la Belgique et à son premier roi. Mes remerciements gracieusement reçus, le roi me mit tout de suite, et sans transition, sur le sujet où je me serais le moins attendu à l'honneur de recevoir ses confidences. Il ne s'agissait de rien moins que de Louis-Philippe, son beau-père, et de l'empereur Napoléon III. Je fus aussi surpris que charmé de l'ouverture et de l'abandon avec lesquels il les jugea tous les deux, disant le bien de l'air d'un homme qui prend plaisir à rendre justice, et, sur ce qu'il n'approuvait pas, exprimant moins des critiques que des doutes, dans ce langage mesuré et délicat qui, chez les souverains de race, est comme une sorte de diplomatie naturelle.

C'est par l'Empereur qu'il commença. Il me parla de ses grandes qualités, et, tout aussitôt, du danger que pouvait faire courir au second Empire son faible pour les nouveautés spécieuses qui se présentaient à lui sous le nom de progrès. Il marqua ce qui paraissait aventureux même dans la plus heureuse de ses guerres. Il loua la sincérité de sa sympathie pour les petits, et, parmi ses talents, la grande langue dans laquelle il parlait à son pays et à l'Europe. Les sentiments personnels qui me faisaient applaudir à ce que le roi des Belges avait dit à la louange de l'empereur ne m'empêchaient pas de reconnaître la justesse de ses réserves. Elles confirmaient des doutes dont je ne pouvais me défendre par moments sur l'avenir de la politique impériale. Je remerciai le roi de tout ce qu'un juge tel que lui me donnait de motifs de m'approuver et de me faire persévérer dans mon affection pour l'empereur; mais je ne trouvai rien dans mon esprit pour contredire ses appréhensions, et je ne sus pas composer mon silence, en les entendant, de façon à lui cacher que je les partageais.

Le roi, comme s'il eût deviné ce qui se passait en moi, quitta le sujet, et comme pour m'ouvrir un horizon plus riant, il me parla de la France. Je ne sache pas avoir entendu ni lu jamais un éloge plus flatteur de mon pays. J'en pus conclure quelle grande place tenait alors la France en Europe. Quant à la sincérité de Léopold Ier, il me suffisait, pour ne pas la mettre en doute, de penser au peu d'importance de mon personnage, au peu d'intérêt qu'avait le prince à caresser ainsi mon patriotisme.

Les fenêtres du salon où j'avais été reçu donnaient vue sur la place du palais. Le roi s'était tenu, durant l'entretien, debout, adossé à une console. Il m'emmena devant une des fenêtres et me montrant la place, — « Voulez-vous, me dit-il, savoir ce que je pense de votre pays? Supposez cette place à Paris. A quelque heure qu'on y passe, on a la chance d'y rencontrer un écrivain, un orateur, un poète, un soldat. Dans mon pays, sur une place de la même étendue, il s'écoulerait bien des heures avant qu'un passant y fît la même rencontre. Voilà, ajouta-t-il, votre France. » Et il m'en donna les raisons, que je n'eus pas de peine à trouver bonnes.

Comme je le complimentais à mon tour, et non par échange de civilité, de l'état prospère de la

Belgique, de ce qui s'y disait à l'honneur du roi, il en renvoya la louange aux Belges, à leur bon sens, à l'attachement que les deux grands partis qui s'y disputent le pouvoir savent garder à la royauté constitutionnelle. « Je n'ai, dit-il, que le mérite de rester impartial dans la lutte ; ce qui m'est facile, du reste, étant impartial d'humeur autant que par devoir. A quelque parti que les élections donnent la victoire, je ne suis ni dans les vainqueurs ni dans les vaincus, et nul ne peut se prévaloir ni de la satisfaction ni du mécompte que j'ai pu en ressentir. » Et comme pour me faire toucher du doigt sa politique d'impartialité absolue : « C'est un rôle, ajouta-t-il, que je me permettais autrefois de conseiller au roi mon beau-père. Il approuvait ma liberté, mais il ne suivait pas mon conseil. J'ai amèrement regretté qu'il se laissât qualifier par M. Guizot de « chef du grand parti conservateur. » Pour être grand, un parti en est-il moins un parti, avec tous les dangers et toutes les illusions de l'esprit de parti? Un roi doit être et rester le roi de tout le monde. Quant à moi, je respecte également les deux grands partis entre lesquels se partage l'opinion en Belgique ; je ne donne de gages ni à l'un ni à l'autre. »

En écoutant ces paroles, je me demandais si j'étais en présence d'une machine à signer des décrets dans un gouvernement parlementaire, ou d'un type de gouvernement personnel dans un pays libre.

Aujourd'hui, rapprochant ces paroles des confidences de M. Van Praet, je demanderai encore aux partisans de la fameuse maxime, maxime ou jeu de mots, si tenir d'une main ferme, entre les deux partis dominants, la balance égale, sans encourager ni désespérer l'un ni l'autre; si, dans les jours de crise, prendre, avant tout conseil, le gouvernail des mains des pilotes parlementaires, et gouverner tout seul; si garder en tout temps cette neutralité imperturbable qui modère les opinions et les oblige à se respecter; si tout cela est ce qu'ils appellent régner. Que ce soit là régner, je le veux bien : je n'aime pas à disputer sur les mots; mais qu'ils m'expliquent du moins ce que c'est que gouverner.

De tout cela que faut-il conclure? C'est que la trop fameuse maxime : « le roi règne et ne gouverne pas » est bonne pour faire des révolutions au cri de : Vive la réforme! Quant aux princes qui seraient tentés d'y chercher leur conduite en temps de crise, elle ne leur apprend pas plus à régner qu'à gouverner.

II

Le 28 mai 1872, l'Académie de Bruxelles devait célébrer le centième anniversaire de sa fondation par la grande Marie-Thérèse. Elle avait demandé aux compagnies savantes de différents pays de vouloir bien envoyer des délégués à cette fête. L'Académie française, pensant que mes anciennes relations avec la Belgique m'en rendraient la commission agréable, m'avait fait l'honneur de me désigner. A peine en était-on informé à Bruxelles, qu'un des membres les plus anciens et les plus considérables de l'Académie de Bruxelles m'exprimait, en son nom et au nom de plusieurs de ses collègues, le désir que je prisse la parole, pour les délégués, au banquet par lequel, selon l'usage, devait se terminer la fête. Mon humeur, mon peu de goût pour la représentation ne m'y portaient guère. Je pressentais les difficultés d'un discours de ce genre, prononcé par un Français, à deux années de la lutte de la France avec l'Allemagne, en face des délégués allemands. Quoique bien résolu, par respect pour la décision de l'Académie française, à remplir ma mission, dût-elle être une corvée, je ne laissais pas d'en être préoccupé. J'augurais pour mon discours un enfantement douloureux.

Je fis part de mes inquiétudes à M. Guizot, d'un si bon conseil en ces sortes d'affaires et en beaucoup d'autres. Il me rassura ; il me dit qu'à ma place il ne serait nullement embarrassé. « Je le crois sans peine, lui dis-je ; mais si je le suis, moi, c'est faute d'être M. Guizot. Entre ce qu'il me sera permis de dire et ce que je devrai taire, le moyen terme ne m'apparaît pas encore. — Vous le trouverez, dit-il, dans ce que nous avons le droit de garder de fierté pour notre passé. Je ne vous plains donc pas, et j'ai confiance en vous. » L'encouragement d'un tel juge m'obligeait. Je me mis donc à penser à mon discours.

Je recherchai quelle sorte de fierté convenait à un Français parlant au nom d'une réunion dont certains membres étaient Allemands. Le minimum, me disais-je, c'est de conclure du choix même d'un délégué français, dans un pays de langue française, qu'on y est disposé à entendre dire du bien de cette langue, et à nous reconnaître, sur ce point, une primauté supérieure à la fortune. Et puis, n'aurais-je pas à rappeler que l'auguste fondatrice de l'Académie de Bruxelles, en l'honneur de qui se donnait la fête, avait écrit et parlé dans notre langue aussi correctement, et peut-être avec plus de grâce qu'à Berlin? N'en avait-on pas un témoignage récent dans cette correspondance de Marie-Thérèse et de Marie-Antoinette, où, parmi des inégalités et des incorrections insignifiantes, la grande souveraine tient un langage si politique à son ministre Mercy d'Argenteau, si expressif et si délicat à sa fille? Tel devait être le thème, et tout au moins le début de mon discours; ou cela ou quelque chose comme cela.

Mon projet arrêté, j'allai le communiquer à l'ami qui m'avait mis en avant et fait agréer comme orateur pour le toast à porter au nom de tous. C'est un Belge, né à Paris d'un père français, qui a particulièrement à se louer de notre langue, pour le succès que lui ont valu de nombreuses publications, écrites en excellent français, sur l'histoire de son pays. Il approuva l'idée du discours. Je crus remarquer pourtant que ce n'était pas sans quelque hésitation intérieure. En effet, comme se ravisant : « Avant de prendre la plume, me dit-il, peut-être feriez-vous bien d'en aller causer avec quelques-uns des membres influents de notre Académie. » Et il me cita le secrétaire perpétuel, le savant M. Quételet.

J'allai, sur l'heure même, à l'Observatoire où celui-ci demeurait. Aux premiers mots sur mon idée : « Je craindrais, dit-il, dans la situation où se trouve la France depuis 1870, que l'on ne fût pas bien venu ici à lui reconnaître une suprématie en une chose quelconque. Quant à celle de sa langue, dont je suis d'accord avec vous, je ne dois pas vous cacher qu'il ne manque pas de Belges éclairés qui la contestent. J'en sais même qui voudraient que la Belgique quittât le français, comme langue nationale, pour le flamand. — N'allons pas plus loin, lui dis-je, je ne veux ni faire courir de risque à la nationalité belge ni chagriner ceux qui préfèrent ici le flamand au français ; je laisse à d'autres à faire le discours. — Gardez-vous-en bien, dit-il vivement ; je puis me tromper, je me trompe sans doute. Que n'allez-vous demander l'avis de M. X? C'est un de nos académiciens les plus au courant de ce qui se dit et s'écrit sur cette question ; nul mieux que lui ne peut vous édifier sur l'accueil que recevrait, dans la circonstance, un éloge de votre langue. » Je m'y rendis par déférence courtoise pour le conseiller, mais sûr d'avance de n'y entendre que des variations du même thème. C'était le même, en effet, seulement avec des variations aggravantes. J'aurais à ménager, outre la neutralité belge, toute cette école de *flamingants* qui pensaient à évincer de leur pays le français pour le remplacer par le flamand. L'air rêveur que je pris encourageant mon interlocuteur à pousser ses avantages : « Somme toute, me dit-il, vous ne ferez pas mal de choisir un autre sujet. — J'ai mieux à faire, lui dis-je, et mon choix est fait ; je ne parlerai pas. »

J'étais un peu ému, je l'avoue, non du péril que les flamingants font courir à la langue française, mais de voir qu'un homme éclairé, instruit, d'université, sans mauvaise intention contre la France, pût parler ainsi à un Français sans rire. Il ne riait pas du tout, il était même sérieux jusqu'à l'inquiétude. Ce fut donc avec un soulagement sensible qu'il me vit décidé à me taire au banquet.

Je ne tardai pas d'avoir l'explication de l'embarras où j'avais mis des gens de mérite par l'étrange prétention de dire modestement quelque bien de la langue française. Au nombre des délégués étrangers se trouvait un professeur distingué de l'Université de Bonn, auteur d'une *Histoire de la Révolution française*, M. de Sybel. Nous avions eu, sans nous connaître, une petite querelle sur l'authenticité de certaines lettres de Marie-Antoinette, où j'avais été trompé avec plusieurs critiques, Sainte-Beuve entre autres. Dans cette querelle, M. de Sybel avait eu tous les avantages, sauf celui de l'aménité, qui du reste ne compte pas dans son pays parmi les raisons nécessaires. Je ne l'avais jamais vu, mais je croyais me souvenir qu'au moment où les savants de son pays poussaient contre la France vaincue des cris assez semblables à ceux d'oiseaux de proie s'abattant sur un champ de bataille, M. de Sybel y avait fait écho, à sa manière, en gardant quelque air d'impartialité[1]. Donner à ce personnage l'ennui d'en-

---

1. Dans deux brochures notamment, publiées en 1871, à Dusseldorf :

Dans l'une, *la Paix de 1871*, on lit, entre autres énormités, que « la guerre a été l'œuvre de la fraction absolutiste cléricale; que c'est le clergé catholique qui a prêché à nos pacifiques paysans la croisade contre les hérétiques prussiens. »

Dans l'autre, *le Droit des Allemands sur l'Alsace et la Lorraine*, M. de Sybel veut bien qualifier les Alsaciens-Lorrains de « bons patriotes français » et il les en loue. Mais sous ces Français il voit des Allemands de race, et il les flatte de la douceur de sentir bientôt se réveiller en eux la force de la nature allemande. Ils payeront

tendre un membre de l'Académie française rendant hommage, avec l'assentiment d'une délégation européenne, à l'universalité de la langue française, à quelques lieues de la frontière allemande, n'était-ce pas exposer la Belgique à quelque demande d'explication sur sa façon de pratiquer la neutralité?

J'allai conter à mon ami les premières disgrâces de ma commission, et le parti auquel je m'étais résolu. L'ami m'en témoigna du regret, le Belge ne m'en dissuada point. Je n'eus d'ailleurs aucune mauvaise humeur de mon discours rentré, et j'aidai mon ami à chercher lequel des délégués était le plus désigné pour prendre la parole à ma place. Nous n'eûmes pas de peine à nous mettre d'accord. Vienne avait envoyé à la fête du centenaire le chevalier d'Arneth, conservateur des archives impériales, et coéditeur avec notre savant compatriote, M. Geffroy, de la *Correspondance secrète de Marie-Thérèse avec Marie-Antoinette et Mercy d'Argenteau*. Dans une fête donnée en souvenir

---

d'ailleurs moins d'impôts, et ils jouiront d'institutions municipales plus libérales.

Dans une troisième brochure, publiée un an après (Bonn, 1874), il pousse la générosité envers nous jusqu'à dire « qu'il ne faut pas estimer les Français trop bas, ni les mépriser comme un peuple perdu. »

d'une des fondations les plus mémorables de la grande souveraine, nul n'avait plus qualité pour prendre la parole que M. d'Arneth. Tous ceux auxquels nous parlâmes de ce choix y applaudirent. La veille même du banquet, M. d'Arneth arrivait à Bruxelles. On lui fit savoir au débotté la façon dont on avait disposé de lui. Il le prit de la meilleure grâce. Le lendemain, il prononça du ton le plus simple, où ne manquait pas l'émotion, quelques paroles cordiales et courtoises. Elles furent très goûtées. J'étais assis à côté de M. d'Arneth, et je puis dire que jamais orateur remplacé par cause d'indignité n'applaudit plus sincèrement son remplaçant.

Dans une autre circonstance de la même fête, j'eus à regretter de n'avoir point paru assez imposant pour éviter à la France, non pas une injure, mais ce que j'appellerai de son vrai nom, une niche. Les délégués allaient être reçus par le roi. Réunis dans le salon qui précède son cabinet, ils attendaient l'arrivée du prince. Il y avait à désigner lequel d'entre eux lui adresserait le compliment de rigueur. Après un court échange de paroles, on sembla s'être mis d'accord pour m'en conférer l'honneur. En conséquence, je m'étais placé le plus près de la porte par où le roi devait entrer. Je touchais du coude la muraille. Il ne paraissait pas possible que le roi parlât à personne, ni personne au roi, avant moi. La porte s'ouvre, et le prince allait en franchir le seuil, quand un individu, qui s'était coulé entre la muraille et moi, en se faisant assez mince pour ne pas me frôler, s'approcha de lui, ou plutôt arriva sur lui brusquement, et lui murmura, comme à la dérobée, quelques mots en allemand. Le roi fit comme le passant, qui, interpellé dans la rue par un fâcheux, l'entend sans écouter, et continue son chemin. Il lui répondit dans la même langue, brièvement et sans s'arrêter. Entré dans le salon, aux quelques paroles de circonstance que je lui adressai, et qui n'étaient significatives que par l'accent de mes sentiments monarchiques, il fit une réponse où je crus entendre, en ce qui me regardait personnellement, un petit-fils de Louis-Philippe répondant à un Français qui avait eu l'honneur de servir la France sous le gouvernement de son aïeul.

Pendant ce temps-là, le visiteur furtif avait disparu. Était-ce un des gens de service qui avait apporté au roi une réponse attendue? Était-ce quelque solliciteur effronté qui s'était faufilé parmi nous pour lui parler, sans audience, de son affaire ? Nous ne laissions pas d'en être intrigués, et nous trouvions l'indiscrétion un peu forte. Un officier du palais nous tira d'incertitude. L'indiscret était le délégué de l'Université de Bonn, M. de Sybel. Tout s'expliquait. Ce vainqueur de la France n'avait pas voulu que le premier visage sur lequel le roi jetterait les yeux fût celui d'un Français. Il avait tenu à établir publiquement qu'après la guerre de 1870, un professeur de l'Université de Bonn n'avait cure de l'étiquette, et qu'un Allemand prenait de droit le pas sur tout le monde. Quant au roi, il nous parut, à l'affabilité de son accueil, à la longueur complaisante de sa réponse, qu'il ne lui déplaisait pas qu'on y vît une manière délicate de nous faire ses excuses de cette incartade allemande.

Comme nous nous retirions, reconduits par le grand maréchal du palais, le comte van der Straten Ponthoz, je lui témoignai ma mauvaise humeur du singulier procédé de M. de Sybel. Il en avait été le témoin. C'est un Belge de beaucoup d'esprit et d'aménité, qui ne se cache pas de son goût pour la France. Il me donna le sage conseil de ne pas m'émouvoir de la chose. Aussi bien, de quoi pouvais-je me fâcher ? M. de Sybel n'avait réussi qu'à prouver publiquement que, pour prendre la parole au nom d'une délégation européenne, M. de Sybel avait été seul à penser à M. de Sybel.

Ce maussade incident me remit en mémoire l'indignation que j'avais éprouvée, comme tout le monde, de la conduite des savants allemands après la guerre qui laissait la France mutilée. Par contre, il me rappela la façon dont nous en avions usé envers eux, au temps où la France avait quelque chose à donner. On ferait une liste de ces hommes qui, selon la fortune, se sont montrés, ou les hôtes obséquieux de notre pays, ou ses ennemis implacables ; à nos pieds dans la prospérité, sur nos têtes dans le malheur ; amis sans s'attacher, tour à tour acceptant de notre générosité imprévoyante nos éloges, et s'en souvenant comme d'offenses [1].

---

[1]. Que dis-je? Cette liste est toute faite. On en a publié un volume, où par parenthèse, figure M. de Sybel. Parmi les lettres trouvées aux Tuileries dans le pillage du 4 septembre, il y en a trois du professeur de l'Université de Bonn. Dans la première (19 mai 1867), adressée au grand chambellan de l'Empereur, M. de Sybel se loue de la bonté avec laquelle Sa Majesté l'a reçu, et de la permission qu'Elle lui a donnée de « puiser aux Archives de l'Empire », et il exprime le « désir ardent » de présenter ses hommages à l'Empereur, pour le remercier. Dans la seconde, au même (18 juillet 1867), il informe le grand chambellan de la découverte qu'il a faite aux Archives d'une lettre inédite du général Bonaparte, écrite avant la signature des préliminaires de Leoben, découverte précieuse, dit-il,

J'entends des gens qui, pour vouloir garder l'impartialité, sont presque aussi Prussiens qu'on l'est à Berlin, prétendre qu'il n'y a pas de vrai patriotisme où il n'y a pas de ces férocités-là. Je le nie pour mon pays. On y est fait de telle sorte, faiblesse ou vertu, qu'en cas de guerre, si nous connaissons dans la nation ennemie un homme qui honore son pays par ses talents, à plus forte raison si nous l'avons eu sous notre toit, c'est assez pour que nous l'exceptions de notre haine nationale,

« tout ce qui provient du grand empereur étant important pour l'histoire de France ». Cette lettre en contenait une autre à l'Empereur lui-même, auquel M. de Sybel « ose présenter » une copie de cette pièce, « en faible témoignage de sa propre reconnaissance ! »

Sans doute il n'y a rien que de très simple à ce qu'un étranger, bien reçu par l'Empereur, et autorisé par lui à faire des recherches aux Archives de l'Empire, éprouve le désir de l'en remercier. Je me garde bien de prétendre que cette double faveur ôtait à l'obligé la liberté de ses sentiments sur la lutte survenue ultérieurement entre son pays et le nôtre. Mais tout ce qui va plus loin, « ce désir ardent » d'être présenté à l'Empereur, une première fois pour le remercier, une seconde fois pour lui offrir la copie de la lettre du général Bonaparte « en faible témoignage de sa profonde reconnaissance », tout cela créait entre l'Empereur et M. de Sybel quelque chose de plus qu'un lien de civilité, et obligeait, à mon sens, le savant allemand à ne pas s'associer à des déclarations publiques de haines ou de convoitises contre la France, desquelles il rejaillissait quelque chose sur le prince infortuné dont M. de Sybel avait si humblement sollicité les audiences.

La remarque en pourrait, au delà du Rhin, paraître d'un chevaleresque puéril; ici c'est tout simplement de la morale de galant homme.

lui et tous ceux qui, dans sa nation, ont servi l'esprit humain. Que voulez-vous? Nous sommes de cette pauvre race latine dont on se gausse à Berlin, et c'est pour nous que le grand Corneille fait dire à son Curiace :

> Je rends grâces aux dieux de n'être pas Romain,
> Pour conserver encor quelque chose d'humain...

Changez Romain en Germain, c'est bien de nous qu'il s'agit.

Soyons justes pourtant, même envers les Allemands. Il nous est venu de leur pays des exemples d'hommes célèbres à qui nos malheurs n'avaient pas fait oublier, ni ce qu'est la France, dans l'ordre des choses de l'esprit, ni ce dont ils lui étaient personnellement redevables. De cette petite élite est Liebig, l'inventeur si justement populaire dans nos ménages de l'extrait de viande qui porte son nom. Chimiste très éminent[1], élevé à l'école de quelques-uns de nos grands chimistes, dans toute leur gloire au temps où n'avait pas

---

1. Même depuis que les découvertes de Pasteur ont ruiné sa théorie des ferments tenue pour la vraie pendant vingt ans. Voir aux comptes rendus de l'Académie des sciences, n° du 20 janvier 1883, la réponse de Pasteur à M. Koch, de Berlin.

commencé la sienne, c'est d'eux qu'il avait appris à mieux connaître son fond et à se développer dans ses propres voies.

Et c'est au lendemain même de nos défaites, quand les épées n'étaient pas encore rentrées au fourreau, que Liebig reconnaissait hautement sa dette scientifique envers la France. Celui-là méritait bien de laisser à d'autres la tache indélébile d'avoir salué les obus lancés par les Prussiens sur la maison de Buffon, de Cuvier, de Geoffroy Saint-Hilaire et de Chevreul.

Deux ans avant la guerre, Liebig était venu à Paris. Il voulait voir les brillants successeurs des maîtres de sa jeunesse, devenus maîtres à leur tour. De ce nombre, et en tête, était le maître de conférences de chimie organique de l'École Normale, Henri Sainte-Claire Deville. Liebig lui fit visite dans ce qui était tout à la fois sa maison, son cabinet de travail et son salon, le laboratoire de l'école. C'est là que travaillait sans cesse, devant tout le monde et pour tout le monde, l'aimable et éminent chimiste. Quel savant, quel lettré curieux des choses de la science n'a pas vu Sainte-Claire Deville, ceint du classique tablier du laboratoire, la pipe à la bouche, allant et venant d'une cornue à l'autre, et, tout en suivant des yeux quelque expérience, ayant l'oreille et donnant la réplique à quiconque lui parlait; à la fois, et dans le même temps, tout aux choses et aux personnes, et, par la facilité et l'aisance qu'il y mettait, donnant à un prodigieux labeur l'air d'un amusement? Pour cet esprit aussi élevé que libéral, tous les vrais savants étaient les concitoyens d'une patrie idéale, où ne pénétraient ni les haines de races ni les préjugés politiques. Du moins il en faisait le rêve, avant qu'une dure expérience lui eût appris que cette patrie n'était qu'une chimère de son cœur, et qu'il y a des savants dont on pourrait dire, en parodiant l'*homo homini lupus* de Hobbes, *doctus docto lupus!*

Liebig reçut à l'École Normale tout ce qui pouvait être fait de bon accueil à un hôte illustre, à un maître, à un ami, à un des génies familiers du lieu. Chargé alors de la haute direction de l'École, je pus lui dire, dans le langage non de la cérémonie, mais de la vérité, que les lettres n'étaient pas moins honorées que les sciences de sa visite. Quant aux savants de la maison, nos chimistes à nous, Sainte-Claire Deville leur en donnant l'exemple, ils prenaient pour le chimiste allemand des sentiments de disciples, faisant leur part plus petite dans l'œuvre commune pour augmenter d'autant la sienne.

A trois reprises, dans le cours de mai 1867, Deville eut Liebig à déjeuner en compagnie de convives dignes de lui et de l'hôte. C'étaient de la Rive de Genève, Hoffmann et Magnus de Berlin, Warren de la Rue de Londres, le père Secchi de Rome. Je dus à ma double qualité de chef de l'École et d'ami personnel de Sainte-Claire Deville l'honneur d'être parmi les convives du dernier déjeuner. A défaut de salle à manger, le couvert avait été mis dans une des pièces de dégagement du laboratoire. La science y laissait aux convives tout juste autant de place qu'en peut offrir, dans sa chambre, un étudiant qui traite des camarades. Liebig nous avait promis de nous faire manger d'un potage de sa façon. On plaça devant lui une soupière remplie d'eau bouillante. Il y délaya une quantité d'extrait de viande proportionnée au nombre des invités, remua le mélange avec une cuillère et servit. Le potage était bon. L'homme célèbre qui l'avait préparé nous le fit trouver délicieux. Jamais vin fin ne mit des convives plus en belle humeur que ce bouillon. L'inventeur du Liebig rayonnait.

Hélas! L'hôte et l'amphitryon sont morts! Alors ils fraternisaient comme deux enfants de la patrie idéale, qui s'étaient illustrés chacun dans sa patrie naturelle, à travailler pour la même vérité, dans la même pensée de bien public.

Tous les deux vivaient encore quand, sous l'empire des souvenirs de mai 1867, qui en avaient réveillé d'autres, Liebig, moins de six mois après notre écrasement, le 28 mars 1871, présidant une séance où l'Académie des sciences de Munich célébrait le centenaire de sa fondation, rendait à la France l'hospitalité qu'il en avait reçue à deux époques de sa vie, et faisait asseoir la noble vaincue à côté de son fauteuil de président. A son pays, encore ivre de ses victoires, il disait : « Nous ne méconnaissons pas ce que nous devons aux grands philosophes mathématiciens, qui dans tant de directions, ont été nos maîtres et nos modèles. ». Et, rappelant ses obligations personnelles, son séjour à Paris à l'âge de vingt ans, la bienveillance que lui avaient témoignée les Arago, les Dulong, les Geoffroy Saint-Hilaire, les Thenard, Gay-Lussac qui l'avait admis dans son laboratoire privé et lui offrait son concours pour mettre à fin un travail, il disait les soins qu'il avait reçus « et dont toute sa carrière avait dépendu, et combien de ses compatriotes, médecins, physiciens, orientalistes, devaient comme lui être reconnaissants aux savants français qui les avaient aidés. » Il notait, parmi les traits les plus charmants du caractère français, « une chaude sympathie pour tout ce qui est noble et grand, unie au désintéressement et à l'hospitalité généreuse. » Enfin, dans une allusion délicate à la dernière guerre, il exprimait l'assurance « que la fraternité des deux nations, dans le domaine de la science, ne saurait disparaître, et qu'elle adoucirait l'amertume qu'avait dû laisser à la France sa lutte avec l'Allemagne dans une guerre « qui, ajoutait-il, nous avait été imposée. »

On ne peut qu'admirer ces belles paroles, et, pour mon compte, je m'associerais de bon cœur aux assurances de Liebig, moyennant une expresse réserve sur les derniers mots.

La guerre de 1870 a fait d'autres blessés que ceux du champ de bataille. Il y a, entre autres, les Français, en grand nombre, Dieu merci! qui ne se consolent pas qu'une partie de leur nation ait pu être dupe des protestations d'innocence de l'Allemagne, et qu'elle se soit, comme Pilate, lavé les mains du sang français versé dans cette guerre. Ils ont la simplicité de ne pas croire nos ennemis si naïfs. Ils estiment qu'entre provoquer la guerre et la déclarer, s'il y a une nuance, ce n'est pas à l'avantage du provocateur, qui, armé jusqu'aux dents, savait l'offensé d'humeur à repousser l'offense, avant de s'être mis en garde et sans attendre qu'il ne manquât rien à son armement. Au reste, nous sommes trop près de la lutte, nous avons encore, de part et d'autre, trop d'intérêt à nous y tromper pour décider à qui en revient le premier tort. C'est l'affaire de l'histoire. J'ignore quand viendra le jour où l'histoire elle-même sera assez désintéressée pour en connaître. Mais je mourrai avec la ferme conviction que nos petits-enfants n'auront pas à rougir de son arrêt.

Il est tout simple qu'un Allemand, fût-il de ces hommes que la grandeur de leur mérite a faits citoyens du monde, tienne le jugement de sa patrie pour le bon. Mais, dans cette partialité respectable du patriotisme, savoir garder envers la nation ennemie la justice et la reconnaissance, c'est une vertu à la portée de bien peu d'hommes. Ce fut celle de Liebig. Son vœu n'était pas le vœu platonique d'un philanthrope spéculatif; ce qu'il souhaitait de tous les savants, il avait commencé par le faire. L'humeur des savants de son pays changera-t-elle jusqu'à s'inspirer de ses sentiments fraternels pour les savants français? J'ai peur qu'ils n'aient trop à leur pardonner, et qu'ils ne continuent à nous en vouloir de cette puissance communicative par laquelle nous mettons en lumière nos émules étrangers, et leur faisons de la gloire, dans le monde, de ce qui n'est que de la réputation, dans leur pays. Que la noble invitation de Liebig soit écoutée et qu'il nous vienne, de ce côté-là, des adoucissements à nos amertumes, c'est bien douteux. Ce qui l'est moins, c'est que, nous prenant de nouveau au piège des qualités dont Liebig nous loue, nous ne prêtions trop l'oreille à son appel, et qu'entre nos savants et ceux d'Allemagne il ne s'échange encore des serrements de main dont ceux-ci, au premier différend, retireraient de nouveau la leur, pour recommencer la guerre de paroles derrière la guerre à coups de canon.

1874.

CHAPITRE XV

Supplément au chapitre du premier volume :
« *De quelques hommes qui m'ont fait du bien.* »

§ Ier. Pour quels motifs j'ai hésité à écrire ce chapitre. — Ce qui m'y décide. — J'ai longtemps ignoré ce que Napoléon III pensait de moi. — Ses préventions contre l'universitaire et le critique. — Mon adhésion au second Empire suspectée. — Attitude de l'Empereur à mon égard, lors de la présentation qui lui est faite par le bureau de l'Académie française, en 1856, de l'académicien nouvellement élu, le feu duc de Broglie. — Ce qu'on pense dans ses entours de ma réponse au discours de ce duc. — A quelle occasion le malentendu prend fin. — § II. Articles du *Moniteur universel*, où, sous le couvert de Colbert, je fais des objections aux projets de décentralisation qu'on prêtait à l'Empereur. — § III. Autres articles sur l'*Histoire de Jules César*. — J'y critique la qualification de *mission* donnée par l'historien au rôle de ce grand homme. — J'y prends la défense du Cicéron des lettrés. — Ce que m'en dit l'Empereur. — Qualités de commerce de Napoléon III. — Scène de tendresse paternelle. — § IV. Rencontre que je fais, au sortir d'une des réceptions des Tuileries, d'un assistant désappointé. — Un dîner à Compiègne. — L'Empereur m'y fait servir un biscuit à la cuiller. — Le 2 Décembre. — Ma conversation sur le pont des Arts avec M. Vieillard, aux approches du coup d'État. — Mes paroles à l'Empereur sur ce grand acte, et sa réponse. — § V. D'une ambition qui m'était venue. — A quoi j'aurais voulu qu'on bornât la réforme des études dans l'enseignement des lettres. — Rêve d'un régime où l'on y ferait la part du nécessaire et celle de l'utile. — Vues qu'ont eues sur moi, pour le réaliser, deux ministres de Napoléon III, M. Delangle et M. Billault. — Je crois la chance arrivée d'en parler à l'Empereur. — Comment finit, avec l'entretien, la seule ambition que je me sois connue. — § VI. L'Empereur et M. Victor Hugo. — § VII. L'Impératrice Eugénie. — Ce qu'il faut penser de sa prétendue religion étroite. — Solidité et éclat de sa parole. — Les thés de l'Impératrice aux voyages de Compiègne. — Sa manière de faire valoir ses invités. — L'amiral et son discours préparé. — L'Impératrice m'interpelle sur Louis XIV. — Les deux opinions des hôtes de Compiègne sur cette controverse. — A quelle occasion j'avais entendu pour la première fois parler l'Impératrice. — Une petite équipée des élèves de l'École normale supérieure. — Augustin Filon et Désiré André. — L'Impératrice préside, dans une soirée à Compiègne, une conversation sur quelques causes célèbres. — Comment l'Empereur y intervient. — § VIII. Marques de bonté que j'ai reçues de l'Impératrice Eugénie. — Part qu'elle prend aux tribulations des dernières années de ma direction de l'École normale supérieure et à ma nomination au Sénat. — Visite que nous lui faisons, ma fille aînée et moi, à Ragatz, en Suisse. — Détails sur la vie laborieuse du Prince Impérial. — Nos adieux à l'Impératrice.

I.

Par un scrupule que comprendront les lecteurs qui m'ont suivi jusqu'ici, la crainte de tomber dans l'insupportable travers des importants, j'ai longtemps hésité à écrire ce dernier chapitre. Je n'ai, en effet, rien de nouveau ni de curieux à dire sur le second Empire, ne l'ayant vu que de très loin, faute d'une situation qui m'ait mis dans ses secrets, ou d'une compétence qui m'ait préparé à le juger. Occupé de mes devoirs professionnels et, dans les intervalles, de mes travaux littéraires, je ne pouvais prêter aux événements publics qu'une attention distraite, outre mon penchant à négliger ce que je ne puis pas connaître à fond et à me défier des jugements d'emprunt ou d'imitation. J'ajoute qu'un seul rôle convient à ceux qui gardent un souvenir de gratitude à Napoléon III, c'est de ne pas l'exposer, par des apologies indiscrètes, aux injures des gens que sa chute n'a pas désarmés et qui continuent à le poursuivre jusque dans la paix de la mort. Ce que je vais dire ici n'aura pas cet effet. J'ai tenu trop peu de place dans le régime tombé, pour qu'on dispute à l'Empereur le peu de secours que recevra sa mémoire du bien que je dirai de lui, en retour de celui qu'il m'a fait.

Dans ce bien, ma reconnaissance se plaît à confondre ce qu'il m'en a fait de son propre mouvement, et ce qui ne pouvait m'en être fait par d'autres sans lui. Par exemple, lorsqu'après quatre années, de 1848 à 1852, pendant lesquelles j'avais été réduit, pour toute fortune, au traitement de la chaire de littérature latine au Collège de France, tombé de cinq mille francs à trois mille pour les besoins de la République, je fus appelé aux fonctions d'inspecteur général de l'Enseignement supérieur, de membre et de secrétaire du Conseil impérial de l'Instruction publique; si la proposition en vint du ministre d'alors, M. Fortoul, c'est par l'Empereur seul que la chose pouvait se faire et qu'elle se fit. Plus tard, lorsque la Faculté des lettres me désigna pour remplacer M. Villemain dans la chaire d'éloquence française, nul doute qu'aux libres suffrages des professeurs de la Faculté, je ne dusse ajouter le vœu bienveillant de l'Empereur, instruit de mes titres par son ministre. Voilà pour le bien qui ne pouvait m'être fait que par la volonté de Napoléon III. Du bien que je reçus directement de lui, je parlerai en son lieu.

Je fus d'ailleurs longtemps dans le doute sur l'idée qu'il avait pu se faire de moi comme écrivain, ou si même il s'en était fait une quelconque. En tout cas, il n'en avait rien paru le jour où Saint-Marc Girardin me présentait à lui comme le nouvel élu de l'Académie française. Pas un mot ne m'assura qu'il ne me prenait pas pour un autre. Mes écrits, soit par leur trop peu d'éclat, soit par leur spécialité, n'étaient pas de ceux qui auraient pu l'intéresser. Il avait autre chose à faire qu'à lire des livres de pure littérature, ou à s'enquérir des doctrines et des résultats de mon enseignement. La seule chose qu'il en pût penser, c'est que tout cela était œuvre d'universitaire, et je doute qu'il eût les universitaires en goût. Il est vrai que ceux-ci, pour la plupart, le lui rendaient bien. Critiques par profession, habitués à juger, à distinguer, à noter les fautes, ils étendent volontiers leur férule sur les gouvernants. C'est ce que savait à merveille Louis-Philippe, quand, à propos de je ne sais quel différend entre l'Université et l'Église, il disait : « C'est une querelle de cuistres à bedeaux. » De l'humeur qu'on a connue à Napoléon III, il n'eût peut-être pas dit le mot, mais il n'est pas impossible qu'il eût pensé la chose. J'étais un universitaire, et bien qu'animé d'un autre esprit à l'égard des gouvernants, j'étais enveloppé dans la défiance qu'inspirait le corps tout entier.

A ce premier tort, j'en ajoutais un autre : j'étais un critique, et je passais pour l'être plus que je ne l'étais. Or le propre des critiques est d'embarrasser tout le monde. Si sociable que soit leur humeur, on ne les croit occupés qu'à peser les paroles, à épier les fautes, à en chercher où il n'y en a pas. On se les figure épluchant jusqu'au style d'une invitation à dîner. Si on leur écrit, c'est en forçant son naturel, au risque de tomber sous leur censure par le travail même qu'on s'est donné pour y échapper. C'est ainsi qu'un critique, fût-il le plus inoffensif des hommes, est un souci pour tous ceux qui ont affaire à lui. Le prince lui-même ne se croit pas protégé par le prestige du rang suprême contre sa curiosité; il le craint sur sa réputation; et s'il est trop bien informé ou trop débonnaire pour lui en vouloir, il aura toujours de la peine à le prendre en gré.

J'avais un troisième tort. Des âmes charitables m'avaient dénoncé comme ménageant le passé et le présent. Il est bien vrai que je n'avais pas donné au gouvernement de l'Empereur le genre de gages que les gouvernements ont la faiblesse de tenir pour le plus sûr. Aucune parole sortie de ma bouche, aucune ligne écrite de ma main ne désavouait le gouvernement que j'avais servi. Tombé le même jour que la royauté de Juillet, si effacé qu'eût été mon rôle comme député, je savais me faire ma part dans les fautes qui avaient amené sa chute, et je ne profitais pas de mon peu de notoriété pour m'en laver les mains. Je n'en étais que plus à l'aise pour me montrer reconnaissant, comme Français, de l'acte qui avait tiré la France de l'abîme; comme particulier, de ma situation rétablie, sans que je l'eusse sollicitée par aucune démarche, ni, indirectement, par aucun propos, qu'on eût pu citer de moi contre le gouvernement qui avait disparu.

Mais un jour vint où j'eus sujet de craindre que le souvenir de respect que j'avais gardé pour ce gouvernement n'eût été interprété devant l'Empereur comme un regret discrètement hostile au gouvernement nouveau. Directeur de l'Académie française, je lui présentais le nouvel élu, le feu duc de Broglie, au discours duquel j'avais répondu [1]. Après les mots mémorables échangés entre le souverain et le récipiendaire, et les paroles de civilité de l'Empereur au secrétaire perpétuel, je pouvais m'attendre à quelque marque d'attention, ne fût-ce que par égard pour ma qualité. L'Empereur ne m'honora ni d'une parole ni d'un regard; il m'omit. La chose me fut d'autant plus dure que des trois membres de la députation je

---

1. Voir, au chapitre V du 1ᵉʳ volume de ces *Notes*, le récit de la réception du feu duc de Broglie.

pouvais me croire le seul qui lui fût ami. Je venais d'en donner une preuve publique. Le premier et le seul, depuis l'avènement du Président à l'Empire, j'avais repris la tradition de l'Académie, qui, dans tout discours prononcé par le directeur, donne une place d'honneur au chef de l'État. J'avais fait l'éloge de l'Empereur, et, sans défendre l'acte du 2 Décembre, que le récipiendaire n'attaquait plus, j'en louais sans ambages les effets généraux sur le rétablissement du pays.

Il n'y avait pas à en douter. La disgrâce de cette omission, je la devais au refus que j'avais fait de marchander la louange au duc de Broglie et de garder le silence sur le roi Louis-Philippe. Je voulus m'en assurer. Usant de la faveur que m'avait faite la princesse Mathilde de m'inviter à ses soirées, je me rendis à la plus prochaine. J'allais voir si elle me recevrait avec sa bonne grâce accoutumée, et si, cette fois encore, j'aurais d'elle ce franc sourire et ces bonnes paroles qui rendent son abord si attrayant. Un salut froid, ce fut tout ce que j'obtins de la princesse. De mon malheureux discours, pas un mot. Elle avait pourtant de quoi m'en parler. Elle assistait à la séance. Elle m'avait vu aux prises avec les chuchotements prémédités d'un auditoire hostile. Elle pouvait témoigner de l'attention que j'avais fini par lui arracher au passage du discours où, devant les orateurs les plus illustres de la monarchie de Juillet, je m'étonnais de sa chute, et je rendais hommage au prince par qui la France avait été relevée. La princesse s'y était-elle donc méprise? Lui avait-on insinué, à elle aussi, que je n'étais pas passé tout entier du côté de l'Empereur? Toujours est-il que les personnes de son entourage paraissaient se régler envers moi sur son attitude. Je ne voyais que des visages détournés, des yeux qui évitaient les miens. Deux personnes seulement, de Morny et Delangle, m'avaient recueilli dans ma détresse et m'avaient complimenté de mon discours. Devenus ministres de l'Empereur, sans avoir renié, l'un ses bons rapports avec le gouvernement déchu, l'autre les fonctions élevées qu'il y avait remplies, c'était le moins qu'ils m'approuvassent d'avoir fait comme eux.

Je ne prenais pas mon parti d'être si mal payé de l'acte le plus honorable de ma vie publique, et je cherchais auprès de qui m'éclaircir d'un si étrange malentendu. Rencontrant un chambellan qu'on disait très écouté du Prince, je lui fis toute l'histoire de mon discours. Il parut l'écouter avec curiosité et intérêt ; mais il ne m'offrit pas de l'aller redire à l'Empereur. Il lui importait peu qu'il y eût une personne de plus dans les bonnes grâces du souverain. Mon attitude dans l'échauffourée de la Sorbonne et les démarches que je fis à cette occasion auprès de l'Empereur dissipèrent tous les doutes. Je dus aux fâcheux de cette journée d'être jugé par Napoléon III tel que j'étais, et de pouvoir garder, avec son estime, les opinions et les sentiments que j'avais exprimés en recevant le duc de Broglie. Revenir à la justice envers les personnes, leur accorder sa bienveillance, c'était pour l'Empereur une seule et même chose. J'en reçus dès lors, et jusqu'à la fin de son règne, de nombreuses marques. Il agréa ma nomination à « la haute direction » de l'École Normale supérieure. Il y ajouta la grâce de me faire savoir que je l'obligeais personnellement en acceptant cette fonction, où m'était réservé, après tous les contentements d'esprit et de cœur qu'on peut goûter dans le commerce de jeunes gens et de maîtres d'élite, le plus grand chagrin de ma vie publique. Quand l'*Histoire de Jules César* parut, j'en reçus de l'auteur un exemplaire, avec une épigraphe de sa main. Enfin, presque au lendemain du jour où je dus, pour les raisons que l'on sait, quitter l'École Normale supérieure, Napoléon III m'appelait au Sénat, me désignant, par le dernier acte de sa bonté, à l'honneur d'être enveloppé dans sa chute.

II.

Assuré désormais que l'Empereur savait au vrai sous quelles inspirations j'avais écrit ma réponse au discours de réception du duc de Broglie, tout en prévoyant que ce ne serait pas impunément, je repris mes travaux de professeur et de critique. Comme critique, deux occasions s'offrirent d'étendre ma juridiction jusque sur le domaine impérial. Je ne les évitai point. Je savais l'Empereur assez libéral pour trouver bon que j'eusse gardé sur ce point toute ma liberté, dût cette liberté, mue par un attachement sincère et par l'intérêt de la vérité, effleurer le souverain de ses objections respectueuses, l'écrivain de ses critiques.

---

1. Voir le chapitre *Mes relations avec Sainte-Beuve*. Chap. VI de ce volume, p. 65 et suivantes.

Dans les années 1863 et 1864, les discours de l'Empereur témoignaient du désir d'opérer de nombreuses réformes. On ne s'en étonnait point parmi ceux qui le savaient et le voyaient sans cesse occupé de pensées de bien public. Mais on n'était pas sans s'inquiéter qu'il ne se mêlât quelques illusions à ses vues patriotiques. C'est sans doute pour le mettre un peu en défiance de lui-même que, dans l'adresse du Corps législatif, à l'ouverture de la session de 1864, on énumérait, non sans quelque affectation, les réformes diverses qu'annonçait ou faisait pressentir le discours de l'Empereur. Une, entre autres, lui était fort à cœur. Il voulait étendre les attributions communales.

Plus que personne, il avait à souffrir de l'encombrement résultant d'une législation qui attirait toutes les affaires au centre du gouvernement. C'est à lui, comme au seul qui pût les résoudre, que les difficultés étaient renvoyées. Il en sentait doublement le poids, d'abord par son peu de goût pour les détails, ensuite par les résistances ou l'inertie que rencontraient, chez les ministres ou dans les bureaux, ses décisions et ses désirs. Il se plaignait souvent que le bien fût si difficile à faire. Aussi recommandait-il avec instance une réforme qui, en le soulageant des petites affaires, lui laisserait plus de liberté et de temps pour les grandes. Trouver le point juste n'était pas chose aisée, outre qu'autour de lui plusieurs le cherchaient sans vouloir le trouver. En attendant, les esprits se montaient contre la centralisation, les uns par amour pour le changement, les autres pour complaire aux idées du maître, les opposants pour attaquer dans la centralisation le principe d'autorité.

Quoique fort peu instruit de ces matières, quand je vis toute cette campagne ouverte contre la centralisation, l'Empereur en tête, et la mode s'en mêler, je craignis une illusion. Justement je venais de lire les premiers volumes d'un recueil dont Napoléon III avait patronné la publication, en la faisant publier aux frais de l'État. Ce sont les *Lettres, instructions et mémoires de Colbert*[1]. Ces pièces forment comme le dossier de l'affaire. J'y avais appris ce qu'était la décentralisation, vers 1660, et à quels abus, à peine croyables, Colbert avait voulu porter remède, en substituant

---

1. *Lettres, instructions et mémoires de Colbert*, publiés par les ordres de l'Empereur, par M. Pierre Clément, membre de l'Institut.

à la décentralisation le système opposé. Était-ce pour attirer toutes les affaires dans les mains du roi, et des mains du roi dans celles de ses ministres ? Ou bien était-ce pour délivrer les communes de ces tyranneaux de clocher, qui, sous le nom de *coqs de village*, les opprimaient et les ruinaient au préjudice de l'État ? Était-ce une usurpation du pouvoir royal sur la liberté des communes, ou plutôt une révolution faite par la royauté à leur profit ? La main du roi ne devait-elle pas être plus légère au paysan que celle du seigneur, ou celle des *coqs de village* ? Avant de songer à la décentralisation, ne fallait-il pas examiner si le régime qu'on mettrait à la place n'aurait pas pour effet inévitable d'en faire renaître sous d'autres noms les insupportables abus ?

Ces réflexions m'étaient venues à l'esprit en lisant les lettres de Colbert. Au lieu de garder pour moi mon avis, comme me le conseillait ma compétence si imparfaite et si récente, je m'imaginai que ces lettres étaient d'utiles objections que le passé envoyait au présent par un des hommes les plus illustres de notre pays, et qu'il était du devoir d'un ami de l'Empereur de les lui signaler tout au moins comme bonnes à lire. J'en fis le sujet de

deux articles, qui parurent au *Moniteur* des 15 et
18 février 1864.

L'Empereur les lut, et parut y prendre de l'intérêt. Je le crois sans peine. Ce n'était d'un bout
à l'autre que du Colbert, ou cité textuellement, ou
commenté. Que mes articles lui aient donné l'envie
de consulter le recueil, et que le recueil l'ait refroidi pour la décentralisation, je n'en serais pas
surpris. Il n'en fallait pas tant pour rendre hésitant ce prétendu *entêté*. Soit cette raison, soit des
préoccupations plus pressantes, toujours est-il
qu'il ne fut présenté aux Chambres aucune loi de
décentralisation, et que l'engouement pour cette
réforme cessa, chez les uns par mobilité, chez les
autres pour faire place à des thèmes d'opposition
plus populaires et plus efficaces.

III.

Voilà ce que, sous le couvert de Colbert, j'osais
dire au souverain : voici ce que, deux ans après,
je me permettais de dire en mon nom à l'auteur.
Ayant lu le premier volume de l'*Histoire de Jules*

César, je ne pus me tenir d'exprimer des réserves sur la façon dont l'historien avait caractérisé le rôle de ce grand homme. En écrivant son livre, disait-il dans la préface, il avait voulu prouver que « des grands hommes tels que César, Charlemagne, Napoléon, sont suscités de Dieu pour tracer aux peuples la voie qu'ils doivent suivre, marquer du sceau de leur génie une ère nouvelle, et accomplir en quelques années l'œuvre de plusieurs siècles ». Le malheur ou le bonheur des peuples dépendait, ajoutait-il, du mérite de les avoir connus, ou de la faute de les avoir ignorés. Il comparait cette ignorance à celle des Juifs crucifiant leur Messie, et, par un léger anachronisme de langage, il qualifiait de *mission* la dictature de César. Les souvenirs d'un cours d'une année au Collège de France sur les *Commentaires de César*, l'étude passionnée que j'en avais faite (qui peut s'occuper de César froidement?), m'avaient appris que dans les mobiles des grandes vies il faut faire deux parts : l'une, la principale, à Dieu; l'autre à la liberté humaine. Le César que j'avais retenu de mon long commerce avec ses œuvres était moins mystique. Je me croyais compétent pour le dire, en gardant au souverain tout le respect qui lui était dû, à l'écrivain toute l'admiration qu'il m'inspirait. Dans un premier article, je donnais les raisons de mon dissentiment avec l'historien.

« Le propre d'une mission, disais-je, c'est que l'homme prédestiné qui l'a reçue de la Providence agit par inspiration plutôt que par calcul. Une main cachée le conduit vers des destinées qu'il ignore. Il succède à tout ce qui se laisse mourir. Il hérite de tout ce qui tombe en déshérence. Il ne fait pas faire de fautes à ses ennemis, il profite de celles qu'ils font. Il n'attaque pas, il se défend. Il n'usurpe pas, il prend une place vacante. Son ambition consiste à être attentif à toutes choses et à se tenir prêt pour sa fortune. Je suis de ceux qui, dans la fortune de César, donnent plus de place aux calculs, et qui le veulent aussi grand avec plus de mélange. Il faut donc que j'accepte ma part des critiques éloquentes que son historien adresse à cette opinion. J'ai cru César doué de la faculté de diriger les hommes et les choses à sa volonté, et de rendre chacun à son insu complice de ses profonds desseins; je l'ai cru, et j'aurais regret à ne plus le croire. Ce rôle ne le diminue pas.

« La *mission* subsiste, ajoutai-je, en ce sens que rien ne se fait dans les choses humaines sans l'intervention de la Providence. Seulement elle s'accomplit par le moyen humain de l'ambition et au prix de ses faiblesses. Les temps font l'ambition plus ou moins pure. Il y a des époques où le mal est si contagieux et si universel, qu'il gagne jusqu'à la main qui doit le réparer. Telle était l'époque de César. Ce qui fait sa gloire si grande, c'est que son ambition ne s'est pas donné toutes les licences où l'invitaient les mœurs de son temps, et que, dans un pays qui s'attendait chaque matin au retour des proscriptions, qui craignait même dans Pompée un Sylla, faisant ainsi juger de ses mœurs par ses terreurs, il en soit venu de bienfaits en bienfaits, et de pardons en pardons, jusqu'à rendre possible une conjuration contre lui, et mourir assassiné de la main de ses obligés [1]. »

---

[1]. Parlant d'une réimpression de cet article en 1874 [*], dans un volume où je le donne à la suite d'une première étude sur César écrite vingt ans auparavant, « si quelques passages dis-je, que j'aurais pu éclaircir ou abréger me laissent des scrupules de goût, je n'en ai aucun sur le fond des choses, et ce n'est pas sans quelque douceur que je me rends le témoignage de n'avoir ni sur César ni sur son historien, alors sur le trône, rien écrit qui ne soit l'exacte expression de ma pensée. »

[*] *Les quatre grands historiens latins.*

Telle était ma thèse. Pour prouver à la fois l'ambition de César et par quelles raisons, comparée à celle de ses concurrents, elle était seule légitime, — César seul voulant régénérer son pays et pouvant ce qu'il voulait, — j'avais étudié tour à tour tous les hommes qui lui disputaient le pouvoir sans être de taille à le prendre. J'en avais composé des portraits de tous les détails caractéristiques recueillis dans les historiens. Je montrais par quelle médiocrité de talent et de caractère, par quelles disproportions entre leurs visées et leurs moyens, par quels griefs envers César ils lui avaient laissé la route libre et avaient absous sa fortune.

Avant d'envoyer l'article à l'impression, j'en avais fait la lecture à deux personnes qui, par des raisons différentes, m'inspiraient une égale confiance. L'un était un Français depuis longues années établi en Belgique, qui avait fondé l'*Indépendance belge*, l'ami sûr et écouté des chefs du parti libéral dans ce pays, M. Perrot. L'autre était ma femme, depuis plus d'un demi-siècle la compagne et la conseillère de ma vie, à la louange de laquelle j'ai écrit en latin, pour plus de précision, cet aphorisme :

Nemo nemini amicior quam conjux conjugi[1].

Ma lecture achevée, M. Perrot m'en fit des compliments, où je n'eus pas de peine à démêler ce qui était de l'ami et ce qui était du juge sincère. Il approuvait le tout, le jugement sur César, les preuves à l'appui, les portraits, et il insistait pour que l'article fût envoyé au *Moniteur* tel qu'il venait de l'entendre. Je le savais aussi droit que judicieux. Mais à force de s'intéresser aux Belges, il en avait pris les sentiments, et, comme beaucoup de Belges, en ce temps-là et plus tard, il croyait aux desseins qu'on prêtait à Napoléon III contre l'indépendance de la Belgique. Peut-être lui en voulait-il de la peur qu'avait de lui son pays d'adoption. Peut-être se trompait-il, par prévention contre le souverain, sur la valeur et la convenance des critiques que je faisais de l'écrivain.

Quand il fut parti : « Qu'en pense ma conseillère ? » dis-je à ma femme, qui avait tout écouté en silence. — « Je pense, me dit-elle, qu'il y a

---

1. Je citais cet aphorisme à mon confrère Pierre Lebrun, qui lui aussi, plus qu'octogénaire, avait encore sa compagne et sa conseillère, à peine plus jeune que lui : « Comme vous me faites plaisir, me dit-il, de me fournir pour l'expression de mes sentiments la formule que je cherchais. »

des cas où il ne faut pas avoir trop raison. » Je compris. Aussi bien, tout en lisant, et à mesure que M. Perrot redoublait d'éloges, j'avais senti que les critiques prenaient peu à peu toute la place dans mon article, et que mon dissentiment, comme il arrive, dégénérait en polémique. Les portraits surtout étaient comme des témoins que je faisais comparaître dans un procès intenté à l'historien de César. Quoique, dans mon faible d'auteur, j'eusse volontiers dit de cette partie de mon travail, comme le méchant poète de Boileau : « C'est mon plus bel endroit! », je m'en dépris en un moment. Minute et copie, tout fut déchiré et jeté au panier. Qui fut désappointé en lisant le *Moniteur?* Ce fut M. Perrot. Mais il était homme de si grand sens que, n'y trouvant pas ce qu'il en avait le plus loué, il comprit, lui aussi, et il fit la réflexion que c'était assez, que c'était même déjà trop, pour peu que j'eusse d'ambition, d'avoir opposé un César pratique au César idéalisé de Napoléon III.

On rencontre, au second volume, un autre personnage qui me semblait avoir été un peu défiguré par la prévention de l'historien contre tous ceux qui ont fait obstacle à César; c'est Cicéron Je n'avais pu lire, sans envie d'y contredire, le portrait qu'il en a tracé. Non que ce portrait, à ne prendre l'original que par ses laideurs, ne soit d'une exactitude irréprochable. Impossible d'avoir plus raison contre le grand orateur par un choix de preuves plus décisives, par plus d'habileté à les faire valoir, par une gravité et une simplicité plus propres à écarter toute idée de parti pris. Ce n'en est pas moins un acte d'accusation, où rien ne manque, pas même la non admission de circonstances atténuantes. Or ce sont précisément les circonstances atténuantes que j'osais plaider contre l'historien, chef d'empire, jugeant l'homme à la double lumière du bon sens et de la pratique du gouvernement.

Je ne contestais aucun des défauts qu'il reproche à Cicéron, l'irrésolution, les amitiés douteuses, la versatilité, la pusillanimité à certains jours, la vanité, enfin, « ce faible, disais-je, sur lequel le génie de Cicéron a jeté une sorte d'illustration, et dont sa gloire a fait un type ». Encore trouvais-je à atténuer cette vanité même, en y mêlant l'amour de la gloire et l'ambition passionnée du titre de bon citoyen. La versatilité, regardée de près, ne me paraissait le plus souvent que de l'irrésolution, et cette irrésolution elle-même n'était-elle pas l'effet de son trop de lumières? N'est-ce point pour avoir trop bien vu, qu'aux prises avec des gens de guerre, ce *togatus* était empêché d'agir? Et que de combats intérieurs, que d'angoisses cette irrésolution ne lui a-t-elle pas coûtés? Il en était venu à écrire à Atticus, en mars 709 : « Je suis mort, mort depuis longtemps ; c'est pour cela que je cherche la solitude. » Quant à sa pusillanimité, n'y a-t-il pas justice à mettre, en regard des actes qui lui en ont mérité le reproche, ceux où, dans la lutte du devoir et de la nature, le plus fort a été le devoir? Était-ce pusillanimité de rejoindre Pompée en Thessalie, et d'aller au-devant de cette boutade par laquelle Caton le reçut à son arrivée au camp, « qu'il eût mieux fait de rester en Italie, où il pouvait être utile à sa patrie et à ses amis »? Était-ce timidité de dire, à la face de César, que « la guerre presque terminée, il était allé, par un libre mouvement de sa volonté, se joindre à ceux qui étaient armés contre lui [1]? » Sans compter sa belle mort, que glorifiait Racine, gourmandant son fils pour avoir donné « le vilain nom de pol-

---

1. Discours pour Ligarius.

tron » à Cicéron, « qui était mort, disait-il, en fort brave homme [1] ».

Laissant la défense de l'homme politique, j'ajoutais qu'il y a, pour le peuple des lettrés, un Cicéron auquel n'ont pas nui les faiblesses de l'autre, par tout ce qu'elles lui ont révélé de vérités du cœur humain. Je rappelais que César lui a la double obligation d'un jugement sur ses écrits, qui, pour tout homme compétent, fait loi, et d'une appréciation de son caractère, où est relevé le trait le plus humain et le moins romain, « ce charme » qu'il exprime par l'équivalent en latin *suavis*. Enfin, recommandant à l'historien de Jules César celui que, pour mon compte, j'ai toujours placé à côté de César, dans la région sereine des choses de l'esprit, je mettais la mémoire de Cicéron sous la protection de ces belles paroles par lesquelles débute le livre IV : « Des écrivains que la gloire irrite se plaisent à la rabaisser. Ils semblent vouloir infirmer le jugement des siècles passés. Nous préférons le contraire, en disant pourquoi la renommée de certains hommes a rempli le monde. » Ce que Napoléon III dit si juste-

---

[1]. *Racine*, lettre 104.

ment au profit de son héros, tous les amis de l'antiquité et de la vérité le tiendront pour dit au profit commun de César et de Cicéron.

J'étais naturellement très désireux de savoir ce que l'Empereur pensait de mes articles. L'occasion s'en offrit bientôt. Dans une fête donnée en son honneur par la princesse Mathilde, passant près de moi, il ralentit le pas comme pour m'inviter à lui parler : « N'ai-je point paru à Votre Majesté bien osé, lui dis-je, de diminuer, dans le rôle de César, la part du prédestiné pour grossir celle de l'homme de génie, libre dans sa volonté et maître de ses desseins? — C'est votre opinion, dit l'Empereur avec un léger sourire qui signifiait : Je garde la mienne, et ne trouve pas mauvais que vous en ayez une autre. » Je continuai : « Et mes humbles réclamations en faveur de Cicéron, l'Empereur ne les pardonnera-t-il pas au vieux professeur qui a reçu et transmis comme un double dogme l'indulgence pour l'homme et l'admiration pour l'écrivain? — Je les comprends à merveille », dit-il du même ton et avec le même sourire. Quelle apparence qu'auteur et empereur, l'historien de Jules César me concédât rien de plus? Et que pouvais-je désirer qui m'obligeât plus dans mes sentiments pour lui que de trouver chez le souverain ce respect pour la liberté de mes opinions, chez l'auteur cette tolérance pour la critique?

Depuis lors je n'eus plus, et n'en cherchai point, d'occasion de le contredire. Plus je voyais l'Empereur, plus je m'étudiais à cacher en moi le critique, plus je m'oubliais pour goûter ses qualités de commerce, sa douceur, sa simplicité, sa modestie. J'étais étonné qu'on pût aimer un souverain comme on aime un ami. Je le voyais dans ses réceptions de Compiègne si accueillant comme hôte, si affable comme maître de maison, d'une telle sérénité au milieu des difficultés croissantes de sa tâche et des symptômes de plus en plus visibles de la fragilité de son œuvre! J'admirais, dans l'éclat de ses fêtes, comme il était simple, et comme, au milieu de tant de gens empressés à se faire voir, il se souciait peu d'être vu! Je ne me souviens pas sans émotion d'un incident du séjour où ce contraste fut des plus touchants.

On allait partir pour une grande chasse à courre. Les chasseurs, en costume Louis XV, attendaient au salon l'arrivée de l'Empereur. Il entra, tenant par la main le Prince Impérial. Il portait le costume convenu, avec une sorte de gaucherie où je voulus voir une critique muette de l'affublement qu'on lui imposait. Il s'avança au milieu du groupe des chasseurs, n'arrêtant son regard sur personne, et comme absorbé dans la douceur de sentir son fils, qu'il rapprochait de lui en l'entourant de son bras caressant. Je regardais avec attendrissement cette scène silencieuse. Le souvenir qui m'en est resté, doux et encourageant, aussi longtemps qu'il s'y mêlait des espérances, s'est changé en un regret inconsolable, depuis que l'aimable enfant, devenu le rare jeune homme qui joignait à la précocité politique la vaillance et la chasteté, a été emporté, avec toutes les espérances, par une catastrophe aussi hors des prévisions humaines que l'a été la fortune du fondateur de son nom.

IV.

Je n'ai jamais trouvé ma part trop petite dans l'accueil que faisait l'Empereur, soit aux réceptions des Tuileries, soit dans les séjours de Compiègne, à ses visiteurs ou à ses hôtes. Aux Tuileries, où d'ailleurs j'allais fort peu, et où je me plaçais, sans me produire ni m'effacer, sur le passage du Prince, il était rare qu'il ne m'adressât pas quelques paroles de bienveillance, ou qu'il ne me fît quelques questions. Il arrivait même parfois que ces courtes entrevues se prolongeaient assez pour paraître un commencement de conversation. Cela me faisait des jaloux. Un soir, après une de ces réceptions où l'Empereur et, après lui, l'Impératrice m'avaient retenu quelques minutes, comme je regagnais le fiacre qui m'attendait dans la cour, je vis, à quelques pas devant moi, marcher ou plutôt se traîner vers le sien, le dos voûté, les yeux vers la terre, un visiteur qui paraissait accablé. Je le reconnus et le rejoignis. C'était un rallié de la presse, qui en avait été amplement récompensé dans sa personne et dans les siens. — « Vous êtes bien heureux, me dit-il, ils vous ont parlé. — Eh bien, lui dis-je, c'était votre tour hier, ce le sera encore demain, si vous voulez. Je viens rarement ici; c'est peut-être pour cela que j'ai la bonne aubaine que les hôtes m'y parlent. » Je ne voulais ni le consoler ni le railler. Il emporta son chagrin chez lui, et moi je m'en allai, en faisant la réflexion qu'il n'y a pas de courtisans plus avides de la faveur que les ralliés.

Ils y vont comme gens qui ont à regagner le temps perdu.

Dût-on m'accuser d'être de l'humeur de Dangeau, je raconterai une gracieuse marque de bonté que me donna l'Empereur, non en paroles, mais en action, dans un des voyages à Compiègne. On venait de se mettre à table. J'étais assis en face de l'Empereur, à côté de l'Impératrice, qui m'avait fait l'honneur de prendre mon bras pour aller dans la salle à manger. J'écoutais avec un vif intérêt l'explication que me donnait mon auguste voisine d'une nouvelle invention en mécanique. Pour se faire mieux comprendre, elle demanda aux convives les plus près d'elle un crayon et du papier, et elle se mit à dessiner la figure de la machine. Cependant le potage et déjà le premier plat avaient passé devant nous, sans que l'Impératrice se détournât de sa démonstration, ni moi de l'attention que j'y prêtais. L'Empereur, qui ne mangeait guère, nous regardait. — « Eugénie, dit-il, laissez donc dîner monsieur Nisard. » Et peu après un domestique me frôlant l'épaule m'offrait sur une assiette un biscuit à la cuiller. « De la part de S. M. l'Empereur », me dit-il. Je pris le biscuit, et regardant l'Empereur qui souriait : « C'est un mets d'immortel, lui dis-je ; un membre de l'Académie française peut s'en contenter. » L'Impératrice ne me prit pas au mot, et elle voulut bien me laisser dîner.

Il n'en coûte rien à mon amour-propre de dire que les quelques paroles que m'adressait l'Empereur n'étaient rien moins que des confidences. Il me demandait ce qu'on demande d'ordinaire aux gens de plume, si je pensais à publier quelque chose de nouveau, ou bien encore, au temps où je dirigeais l'École Normale supérieure, si j'étais content de l'École, et autres choses semblables, auxquelles je n'avais garde de répondre longuement. A quel autre genre de questions pouvais-je prétendre ? Renfermé dans mes devoirs publics et dans mes travaux personnels, vivant fort retiré, j'étais sans qualité pour parler à l'Empereur des affaires publiques, et je n'avais pas l'indiscrétion de lui parler des miennes.

Un soir, pourtant, qu'il paraissait en humeur de causer, je me hasardai à faire un peu de politique. C'était à l'époque où, parmi d'autres symptômes d'affaiblissement du second Empire, je remarquais, dans la presse et dans les conversations, un retour offensif d'opinion contre l'acte du Deux-Décembre. J'en étais, pour mon compte, — et la honte de le nier me toucherait plus que le péril de l'avouer, — resté partisan déclaré.

Je l'étais, toutefois, — ai-je besoin de le dire, — sans marchander ma sympathie aux maux particuliers qu'il avait coûtés, ni médiocrement déplorer les violences inévitables qu'entraîne un coup de force. Avec les cinq millions cinq cent mille voix du 10 décembre 1851, avec le *Journal des Débats*, qui, aux approches du coup d'État, déclarait « en être à regretter de ne pas le craindre », avec tant d'opposants de sa nuance, qui tout bas le désiraient, je demeurais convaincu que l'acte du Deux-Décembre avait été un acte de salut. J'étais de ceux qui l'appelaient de leurs vœux, qui s'étonnaient qu'il se fît attendre si longtemps.

Deux ou trois jours avant le Deux-Décembre, j'avais rencontré, sur le pont des Arts, l'ancien précepteur du frère de Napoléon III, M. Vieillard. Il paraissait cheminer sans but, rêvant peut-être au moyen de concilier la place de sénateur avec le vote négatif qu'il se préparait à donner contre l'Empire. Il était bibliothécaire à l'Arsenal, au temps où j'étais chef de division au ministère de l'Instruction publique, et nous avions eu quelques relations de service. Je lui frappai sur l'épaule : « Eh bien, lui dis-je, à quoi pense donc votre prince, et que faut-il faire pour le fâcher ? Est-ce qu'il n'a pas eu d'oreilles pour entendre ce que disait M. Thiers, ces jours-ci, au bois de Boulogne, à un député de mes amis, « qu'on tenait à l'œil le président, et qu'on saurait bien lui faire prendre le chemin de Vincennes? » Est-ce qu'il n'a pas compris ce que lui veut la loi des questeurs? » Et comme l'ancien précepteur, républicain par sentiment et sénateur par goût, semblait embarrassé pour me répondre. « Dites donc à Louis-Napoléon, ajoutai-je, qu'il prenne la France à témoin de l'impuissance où le réduit la fidélité même des partis à leurs opinions. Et surtout qu'on ne dise à ces partis aucune de ces vérités qui ne se pardonnent pas. » On ne fit pas la proclamation que je rêvais : mais celle qu'on fit fut la bonne, témoin les sept millions quatre cent trente-neuf mille deux cent seize voix qui la ratifièrent; et je n'en eus pas plus de scrupules que le pays.

Cette recrudescence des rancunes parlementaires m'avait remis tout cela en mémoire, et j'avais été amené à faire sur ce point mon examen de conscience. Il était fait, et je m'étais donné l'absolution, au moment où l'Empereur me demandant, selon son usage, à quoi je travaillais : « A rapprendre l'histoire du Deux-Décembre, lui dis-je, que je persiste à tenir pour ce que Votre Majesté a fait de mieux. — Ah! dit-il, pour toute réponse, c'est bien difficile ! » Que signifiaient ces mots vagues? Était-ce un ressentiment des difficultés qu'il avait eues à vaincre ? Était-ce une tentation de doute sur un acte auquel il s'était presque autant résigné que résolu ? Quoi qu'il en soit, j'eus l'air de le prendre au mot, et j'ajoutai : « L'acte était difficile, en effet; mais l'Empereur n'a pas été seul à le faire. Il s'est trouvé, ce jour-là, par un admirable accord, une nation pour le vouloir et un homme pour l'exécuter. Vous teniez à deux l'épée : la France et vous. » Le ton de conviction dont je parlais me sembla le toucher. Son front s'éclaircit : j'en avais chassé un nuage.

V.

Toutes ces preuves des bonnes dispositions de l'Empereur m'avaient donné une ambition. Je désirais qu'il me permît de l'entretenir de la chose qui a tenu la plus grande place dans ma vie : l'enseignement des lettres classiques. Dès les premiers temps du second Empire, j'avais vu s'établir et prévaloir peu à peu, et bientôt faire grand bruit, comme tout ce qui devient une mode, l'opinion que l'enseignement donné par l'État doit être un ensemble de préparations spéciales pour tous les modes d'activité intellectuelle, et un apprentissage aussi divers que les professions. Du jour où l'Empereur, en m'appelant au Conseil de l'Instruction publique, m'avait donné qualité pour parler de ce grand intérêt, j'avais opposé des doutes, puis des objections, puis des votes à la mise en pratique de cette doctrine. Je tenais pour le maintien de la tradition, c'est-à-dire pour un enseignement général par les études classiques. J'estimais que seul il peut préparer efficacement la jeunesse à tous les emplois de l'esprit dans la société moderne, et je bornais volontiers toutes les réformes à une seule : la recherche des moyens les plus propres à rajeunir cet enseignement par un usage discret de l'histoire et de l'érudition.

Je ne négligeais aucune occasion de le dire; mais, par des raisons diverses, parmi lesquelles je compte mon trop peu d'autorité ou de talent de persuader, j'avais vu la nouvelle doctrine gagner tous les jours du terrain. Les programmes s'enflaient de tout ce qu'y versaient à l'envi, à titre de compléments indispensables, les représentants de chaque science particulière. J'avais fini par regarder faire, avec le malaise d'esprit et l'air tant soit peu chagrin d'un homme public associé à une tâche où il ne veut pas être un obstacle, où il ne peut pas être un auxiliaire utile. Cependant, plus le temps s'écoulait, plus je sentais ma conviction s'affermir et s'accroître de tous les mécomptes que donnaient aux promoteurs de ces nouveautés les expériences qui s'en faisaient, au grand dommage de l'esprit français. Cet esprit, dont mes constantes études avaient fait pour moi comme une personne, aussi auguste que chère, je croyais voir, dans un avenir très prochain, sa physionomie s'altérer et ses forces vitales diminuer par l'effet d'un mauvais régime d'éducation.

Par une contradiction, d'ailleurs respectable, qu'explique le scrupule de toucher à des choses consacrées, tout en ôtant chaque jour de la place et de l'air aux études classiques, on semblait d'accord pour les conserver comme base de l'enseignement. Et en vérité, à qui donc aurait pu venir l'idée de les supprimer et la hardiesse d'en faire la proposition ? Dire qu'elles sont la base de l'enseignement, c'est trop peu. Elles sont les nourrices et les institutrices de l'esprit français. Elles sont une des qualités natives, je dirais volontiers une des propriétés de notre race. Et ce n'est pas un médiocre étonnement pour moi que, dans un temps où l'on professe jusqu'à la superstition la théorie des races, où l'on veut tout expliquer par l'atavisme, on ne se demande pas si cette théorie n'est pas tout aussi vraie des aptitudes intellectuelles que des inclinations physiques, et si dans chaque race l'esprit, comme le corps, n'a pas ses traits indélébiles. Notre originalité n'est que la liberté avec laquelle nous nous mouvons dans la discipline classique, et celle-ci n'est que la raison dans l'art. Les études classiques ne sont l'invention de personne. Elles ont eu, sur le trône et dans l'Église, des promoteurs puissants ; elles n'ont pas eu de fondateur. Le temps où elles ont commencé n'est pas connu. Elles ont été, dès les premiers jours de notre histoire et, d'âge en âge, avec des alternatives de progrès et d'arrêt, une continuation et une suite. Toutes les formes de la société française en sont sorties. Les mêmes écoles ont élevé les réformateurs les plus téméraires et les conservateurs les plus rebelles au changement. Elles ont été la discipline et la liberté. Elles ont tout aidé, elles n'ont rien empêché de sensé et d'utile.

Au xvie siècle, les sciences sont venues s'ajouter aux lettres. Elles s'y greffent comme une nouvelle branche à l'arbre commun, et les savants les plus illustres se ressemblent par ce trait qu'ils ont tous reçu et se sont assimilé l'instruction classique.

Que dire et qu'entreprendre contre cela? C'est la nature même des choses. S'il y a des lois qui règlent l'ordre intellectuel, quelle loi plus conforme au génie du pays a été plus acceptée, plus volontairement obéie?

Aussi ne parlait-on pas de l'abroger. Mais de plus en plus l'obéissance devenait de la résignation. L'inclination était pour les études prétendues appropriées. A chaque remaniement des programmes, effet inévitable de l'ébranlement donné aux vieilles institutions classiques, l'accessoire refoulait le principal.

Je croyais le moment venu (s'il n'était déjà passé) de faire le départ entre le nécessaire qui peut être limité et qui ne varie pas, et l'utile qui varie selon les besoins du temps et le progrès des méthodes, et qui n'a pas de bornes. J'imaginais qu'il était facile d'en faire deux départements distincts. Il suffisait que la puissance publique le voulût, qu'elle y préposât un choix d'hommes éminents et compétents, chargés de se mettre d'accord pour les définir et les régler. Ils arrêteraient un programme du nécessaire ; pour l'utile, on lui ferait sa part dans la mesure de la durée des études et des forces intellectuelles de la jeunesse, après vérification sévère, à la condition absolue de ne pas distraire une heure, de ne pas retrancher un exercice de la part faite au nécessaire.

J'ai toujours été occupé de ces idées ou, si l'on veut, de cette chimère. Le jour où le premier conseil électif de l'Instruction publique prit séance, me voyant devant une assemblée indépendante, que ne liait aucun vote antérieur sur cette question, j'osai, sans préparation, poussé par une conviction plus forte que ma répugnance à me mettre en avant, décharger mon cœur, sur lequel pesaient depuis vingt ans, sous le nom de réforme, tant de ruines accumulées. Je proposai au Conseil d'entreprendre, sur le principe du maintien des traditions classiques, une refonte du régime des études. Encouragé par des marques visibles d'assentiment, je demandai qu'il y procédât d'urgence, toute autre affaire cessante. C'était demander trop. S'il est vrai qu'aucune question n'intéresse plus directement les pères de famille, il n'en est pas sur laquelle ils hésitent plus à prendre une résolution. Les uns se défient des souvenirs incertains de leur première éducation. Les autres, sous prétexte d'incompétence, s'abstiennent d'opiner : combien plus de s'engager, dans une matière dont c'est, disent-ils, aux gens du métier à décider! Voilà ce que je crus lire sur les mêmes visages qui venaient de me donner des signes d'une approbation marquée. Ce fut, comme on dit, un coup d'épée dans l'eau.

Cela se passait en 1873.

Retournant de quelques années en arrière, je dirai, qu'au temps de mes plus vives préoccupations sur ce sujet, un des membres les plus considérables du gouvernement impérial, le ministre de la justice dans le cabinet de 1864, M. Delangle, la partageait. Humble maître d'étude, avant d'être un grand avocat et un grand magistrat, M. Delangle avait gardé de ses premières fonctions un intérêt filial pour nos vieilles études. Plus d'une fois, il me donna le plaisir d'entendre mes opinions exprimées par l'esprit le plus lucide et le plus net que j'aie connu. Son amitié me le permettant, je l'appelais d'habitude *Votre Netteté*. Il crut que mes travaux et mes services me donnaient l'autorité nécessaire pour combattre les nouvelles doctrines et pour rendre confiance aux anciennes. La place de vice-recteur de l'Académie de Paris étant devenue vacante, il eut l'idée de m'y faire appeler, avec le titre rétabli de recteur. Il en entretint son collègue, le ministre de l'Instruction publique, M. Rouland. Celui-ci parut d'abord goûter la chose; mais après des réflexions, où l'encouragèrent quelques universitaires tièdes ou indifférents, il crut n'avoir pas le droit de diminuer en sa personne les attributions du ministre de l'Instruction publique. « Dans l'état actuel, me dit-il, c'est le ministre qui est recteur de l'Académie. Je veux rendre à mon successeur le poste tel que je l'ai reçu. » Un ministre, ne fût-il pas normand, — et M. Rouland l'était, — n'aime pas à donner de son bien. Je pris pour un scrupule de bonne administration le motif qu'il m'alléguait pour garder tout. J'allai faire part de sa résolution à Sa Netteté, qui n'en fit pas une affaire, et qui fit bien.

A quelque temps de là, j'eus un nouveau sujet de douter que la chance s'offrît jamais pour moi d'intéresser l'Empereur à mes idées de réforme classique. M. Rouland avait quitté le ministère de l'Instruction publique pour la présidence du Conseil d'État. Le ministre dirigeant d'alors, M. Billault, ministre d'État, me fit l'honneur de penser à moi pour le remplacer, et il en parla à l'Empereur. Soit que ce prince fût d'accord avec mon sentiment intime sur l'insuffisance de mes moyens pour un poste qui me faisait peur, sans me faire envie; soit qu'il eût, sur la conduite des affaires de l'Instruction publique, des vues auxquelles il me soupçonnait de n'être pas favorable, la proposition de M. Billault ne fut pas agréée. La réponse de l'Empereur au ministre d'État, d'une grande bienveillance pour ma personne, signifiait clairement que je ne convenais pas à ce qu'il voulait faire. Et, en effet, s'il voulait, entre autres choses, qu'on ajoutât au programme de l'enseignement historique l'histoire contemporaine, c'est-à-dire le récit nécessairement apologétique de son règne, il me faisait justice en me croyant d'humeur à décliner respectueusement la tâche de l'aider à se faire autant d'ennemis qu'il y aurait de professeurs d'histoire obligés de le louer par ordre.

Je n'étais pourtant pas découragé. L'ambition que je continuai de nourrir était la seule qui me vînt de mon fonds. C'était la vraie, car elle était patiente. Un soir, enfin, dans un des voyages de Compiègne, je crus qu'elle allait être satisfaite. Après le dîner, l'Empereur s'étant approché de moi : « Asseyons-nous, me dit-il, et causons. » Je l'avais vu à plusieurs reprises faire la même faveur à certains invités. Je me souviens nommément d'un personnage qu'il retint longtemps à côté de lui, et qui l'en remercia, aux jours du malheur, en passant gaillardement du côté de ceux qui l'avaient renversé. Il est vrai que le personnage était de la race de Pierre, et de la foi de Pierre à l'heure du reniement. Quand j'eus pris place auprès de l'Empereur : « Expliquez-moi donc, dit-il, ce que c'est que l'École Normale supérieure ? » Voilà mon heure venue, me dis-je. Et comme je savais que cette heure ne durerait que quelques minutes, j'évitai les préliminaires et, allant de suite au fait, je dis par quels traits notre École était un établissement propre à la France, seul et unique en son genre; comment elle avait recueilli tous les débris des institutions d'enseignement détruites par la Révolution; renoué la tradition des études classiques; je rappelai son origine napoléonienne; j'indiquai son but, ses résultats. L'Empereur paraissait m'écouter avec intérêt. J'attendais qu'il me fît quelque question. Mais déjà survenait un personnage, qui avait sans doute à l'entretenir de choses plus pressantes. C'était l'ambassadeur d'Angleterre. L'Empereur se leva, et me dit gracieusement : « Nous reparlerons de tout cela. » Je savais ce que ce mot voulait dire; je voyais m'échapper une de ces occasions qui ne reviennent pas.

Ma réponse manqua-t-elle de clarté? Avais-je donné malgré moi dans le piège de ces matières, où ce qu'on dit à un interlocuteur a plus ou moins l'air d'une leçon qu'on lui fait? Ou bien l'Empereur avait-il en effet à causer avec l'ambassadeur de quelque affaire du moment, — le temps ne les lui ménageait guère, c'était en 1867; — ou enfin éprouvait-il quelque gêne à paraître apprendre d'un tiers ce qu'il était de son métier de souverain de savoir? Toujours est-il qu'il mit fin à l'entretien, sans me laisser persuadé qu'il le reprendrait. J'y gagnai d'être guéri d'une ambition, qui n'était peut-être qu'un rêve.

VI.

Dans ce même voyage, j'avais demandé à l'Empereur la permission de lui faire hommage d'un exemplaire de mon *Histoire de la littérature française* ; l'édition est celle où je fais de l'*Histoire de Jules César* un éloge qui aurait pu sembler un peu maigre à un auteur moins modeste que ne l'était l'historien [1]. Il me reçut dans son cabinet, et, après quelques mots de remerciement pour le livre et pour la place qu'il y occupait, il mit la conversation sur l'état des lettres en France. « Je serais heureux, dit-il, de les encourager en élevant leur

---

1. L'éloge, en tout cas, n'était pas d'un flatteur, si j'en crois ce que m'en écrivait, de l'Académie royale de Woolwich, le Prince Impérial, dans une lettre que sa mort m'a rendue si précieuse. « Ce que vous dites de l'*Histoire de Jules César* m'a charmé parce qu'une louange si bien mesurée et si finement motivée exclut toute idée de flatterie. Je souhaite que votre jugement demeure et soit adopté par tous les hommes éclairés. »

idéal. » Et il me demanda si j'en savais les moyens.

Jules Sandeau, à qui l'Impératrice avait fait une question du même genre, avait répondu : « Madame, il faut commencer par les aimer. » Je ne voulais pas reprendre le mot. Aussi bien, je le crois moins juste que sincère. Dans une société démocratique, le souverain ne peut rien pour la direction des lettres. C'est à la société elle-même, puisqu'elle est son seul maître et son seul juge, de se faire une littérature, comme elle a le devoir de se faire des mœurs. Tant vaudront ses mœurs, tant vaudra sa littérature. C'est au public, non au souverain qu'il conviendrait de dire, en amendant le mot de Jules Sandeau : Pour encourager les lettres, il faut commencer par ne pas aimer les méchants livres. C'est dans ce sens que je répondis à l'Empereur, me gardant bien de prendre le ton d'un docteur consultant. En une matière si délicate, où chacun juge de sentiment ou par impression, où est la vérité dont tout le monde soit d'accord ?

Quand on parle de l'état des lettres dans la France contemporaine, on ne peut guère ne pas nommer M. Victor Hugo. Le nom intervint en effet dans les quelques paroles qui s'échangeaient entre mon auguste interlocuteur et moi : « Comprenez-vous, me dit l'Empereur, d'un air à la fois grave et légèrement railleur, qu'un homme de ce mérite fasse des vers comme ceux-ci :

. . . . J'en suis émerveillé
Comme l'eau qu'il secoue aveugle un chien mouillé ? »

Je n'ai aucune raison d'avoir pour M. Victor Hugo plus qu'une admiration réservée; mais les injures dont il m'avait honoré dès ce temps-là, et sur lesquelles il a renchéri depuis, me donnent peut-être le droit de ne pas le défendre contre des critiques méritées. Il ne m'eût donc pas déplu, je l'avoue, que l'Empereur poussât plus loin les siennes, et j'en eus un moment la maligne espérance. Allais-je savoir enfin s'il était vrai que la haine du poète contre Napoléon III eût pour cause un ministère rentré ?

« Que n'a-t-il commis que ce péché-là ! » dis-je à l'Empereur. Il laissa tomber le mot. Aucun signe, sourire ni pli de lèvre, ne témoigna qu'il voulût en dire ou en entendre davantage et j'en fus pour mes avances de tentateur. Un peu décontenancé par le silence du Prince, je cherchais par quel moyen rattacher le fil de la conversation, quand l'Impératrice entra. Elle venait dire à l'Empereur qu'on l'attendait pour déjeuner. L'arrivée de la souveraine me permit de faire une honnête retraite. Je sortis, non sans quelque honte de mon manque de charité, mais emportant un motif de plus d'admirer un prince qui pratiquait à ce point l'oubli des injures. Je sus d'ailleurs qu'à ce noble sentiment se mêlait chez l'Emperereur une admiration sincère pour les beaux vers du poète, et que l'offenseur était protégé auprès de l'offensé par l'honneur que ses talents font à notre pays.

VII.

Je viens de nommer l'Impératrice Eugénie. Si c'est par un sentiment de gratitude pour l'Empereur que j'ai écrit les pages qui précèdent, comment ne pas associer à son souvenir celui de l'Impératrice à qui j'ai une obligation du même genre? Comment me défendre de parler d'elle, et comment en parler de façon à me contenter?

Quand je veux penser à l'Impératrice des belles années du règne, à tant de beauté et de grâce, à cette sincérité, à ce naturel qui donnaient souvent une autorité singulière, toujours de l'agrément à ses paroles, abondantes et éloquentes, à toutes ces qualités qui faisaient d'elle une vraie Impératrice de droit divin; quand je lève les yeux vers cet éblouissant passé, aussitôt une image vient se placer entre mes souvenirs et moi, l'image de la femme sans mari, de la mère sans enfant, de la souveraine découronnée. En me reportant vers les jours heureux, je croirais manquer de respect à tant d'infortunes. Je ne réveillerai pas les fêtes d'autrefois. Je me bornerai à raconter quelques particularités sur ce que j'ai vu ou su du caractère de l'Impératrice, de son esprit, ou éprouvé de sa bonté. Et j'aurai d'autant plus de plaisir à lui en rendre l'humble témoignage, que bien des fois j'ai entendu exprimer des doutes sur tous ces points, soit par des personnes bien décidées à ne s'en pas laisser éclaircir, soit par cette sorte d'indifférents qui ont plus d'inclination à croire au mal qu'au bien.

Par exemple, que n'a-t-on pas dit, que ne dit-on pas encore, de la prétendue religion étroite de l'Impératrice Eugénie? J'en parlais un jour à Delangle, alors ministre de la justice et des cultes sous la Régence, qui, avant d'avoir mis la souveraine à l'épreuve, la soupçonnait peut-être d'en avoir le travers. Voici ce qu'il m'en raconta. Un évêché était devenu vacant. Delangle avait choisi, pour remplir la place, le prêtre qu'il jugeait le plus capable et le plus digne. Il croyait savoir que l'Impératrice, mal informée par des protecteurs peu scrupuleux, avait un autre candidat, d'une nuance ultramontaine, et de mœurs peu édifiantes. Il s'attendait à une discussion deux fois délicate avec la souveraine et avec la femme, et il ne laissait pas d'en avoir quelque ennui. Le jour venu, il expose l'affaire à la Régente; il lui fait connaître la vérité sur les deux candidats. Quand il eut fini : « Monsieur Delangle, lui dit-elle, je suis Espagnole et bonne catholique ; mais je fais passer avant tout la vérité et la justice. Je suis édifiée. J'abandonne mon candidat et je suis prête à signer la nomination du vôtre. » Une telle preuve dispense d'en apporter d'autres, et voilà « la religion étroite » rejetée parmi les calomnies du lendemain de la chute.

On accordait volontiers à l'Impératrice Eugénie la vivacité de l'esprit, mais c'était pour lui en refuser la solidité. J'ai eu plus d'une fois à rappeler à certaines personnes qui croyaient, par cette espèce de compensation, rester dans la justice envers elle, une conversation où j'assistais comme témoin, et un moment comme interlocuteur. L'Impératrice y surprit même son entourage et charma tout le monde. Aux voyages de Compiègne, elle avait l'habitude de recevoir chaque jour, vers cinq heures, quelques-uns des invités de la série, auxquels elle offrait le thé de ses belles mains. Là, elle parlait à chacun de ce qu'il savait le mieux, à l'un de ses voyages, à l'autre de ses livres, au savant de ses découvertes, mettant ainsi chaque interlocuteur dans tous ses avantages. Ce n'était pas de sa faute si ceux qu'elle interpellait, avec la gracieuse pensée de les faire valoir, en manquaient l'occasion. Mais, dans ce cas, elle ne négligeait rien pour que la chose ne fût pas trop remarquée.

C'est le genre de service qu'elle eut à rendre cette fois à un des interrogés, qui, pour avoir voulu prendre plus que ses avantages, les perdit tous. C'était un amiral, marin très distingué, homme d'esprit, qui n'eut pas, ce jour-là, l'esprit qu'il fallait avoir. Il avait servi dans l'extrême Orient et il s'attendait à quelque question sur ce qu'il y avait vu. Mais, ne se fiant pas à l'improvisation, il s'était préparé comme pour une conférence. Après quelques phrases très soignées, qui sentaient l'exorde et qui paraissaient récitées, l'Impératrice voit sur tous les visages la surprise mal dissimulée d'un auditoire devant qui s'est fourvoyé un homme respectable. Elle fait tourner adroitement le monologue en dialogue, ne rompant pas le fil du discours de l'amiral, mais le dénouant, au grand soulagement de tous, même du pauvre amiral, qui, pour prendre un mot de sa profession, rentra au port avant d'en être tout à fait sorti.

S'adressant alors à moi : « Et vous, monsieur Nisard, me dit l'Impératrice, êtes-vous toujours aussi entiché de votre Louis XIV, et ne peut-on vous convaincre qu'il a mérité d'être sévèrement jugé ? » Et elle énuméra, en les caractérisant, les plus grosses de ses fautes, ses faiblesses pour ses bâtards, les lois du royaume violées pour les légitimer, les finances épuisées pour les établir. Il n'est que trop vrai que, sur ce côté de sa vie, Louis XIV ne peut avoir pour lui aucune honnête femme. Nous le sentions tous, à l'accent avec lequel l'Impératrice lui faisait son procès.

J'avais fort à faire pour que la défense ne fût pas trop au-dessous de l'accusation. Je commençai par accorder à l'Impératrice que, sur le Louis XIV des bâtards légitimés, il ne pouvait y avoir deux opinions. Mais il est, dis-je, un autre Louis XIV. C'est celui qui a reculé les frontières de la France, et fait accepter à l'Europe la suprématie militaire et intellectuelle de notre pays ; qui, dans les dernières années d'un règne de soixante ans, vaincu, seul dans son palais dévasté par la mort, trouvait dans son patriotisme de roi une énergie qu'il communiquait à sa dernière armée et à son dernier général, et qui sauvait la France à Denain. C'est le Louis XIV, protecteur et promoteur des lettres, des sciences et des arts, qui aimait Molière, qui s'était fait à Versailles une cour de grands hommes. De ces deux Louis XIV, le second ne pourrait-il pas servir de correctif au premier, et s'il n'est pas désirable que la morale publique devienne plus indulgente pour les faiblesses de l'homme, n'importe-t-il pas à la conservation de la France qu'on n'y change pas d'avis sur le roi, et qu'on ne se refroidisse pas pour sa gloire ?

Quand les assistants se retrouvèrent au salon, avant le dîner, mêlés aux autres invités de Compiègne, il y était question de la controverse sur Louis XIV. Quelques-uns vinrent m'en parler, soit pour en avoir été témoins, soit pour ce qu'ils venaient d'en apprendre, et je remarquai bientôt qu'il s'était formé comme deux courants d'opinion. Dans l'un, on m'enviait l'honneur d'avoir fourni à la souveraine l'occasion d'un véritable succès de parole; dans l'autre, on voulait bien lui savoir bon gré de m'avoir fourni l'occasion d'une défense heureuse de Louis XIV. S'il était tout simple que, familiarisé comme je le suis avec le sujet, j'eusse fait assez bonne figure dans le rôle imprévu de champion du grand roi, il l'était moins qu'attaquant dans ce prince les désordres de sa vie privée, l'Impératrice eût trouvé si à point, dans sa mémoire les faits, dans son cœur les raisons les plus propres à persuader ceux qui l'écoutaient.

Ce n'était pas d'ailleurs la première fois qu'il m'avait été donné d'entendre l'Impératrice parler avec cette abondance et cet accent. En 1863, des excitations du dehors, dont la politique était le sujet ou le prétexte, avaient monté les têtes à l'École Normale supérieure. N'ayant pas à s'en prendre à leurs maîtres, ni au régime des études, les élèves s'en étaient pris à l'économe et à ses menus. Un plat, entre autres, était impopulaire. C'était, s'il m'en souvient, un ragoût de veau, qu'on accusait de revenir plus qu'à son tour sur la table. On s'était compté sur ce plat. La minorité persistait à le trouver fort mangeable. La majorité en votait la suppression. L'administration n'ayant pas cédé, par des raisons de budget, on complota une démission en masse. Les pacifiques, qui ne voulurent pas se joindre aux conjurés, furent mis en quarantaine. On envoya les démissions au ministre. Mais comme on était à la veille des congés de Pâques, elles ne durèrent pas au delà des vacances. Le Ministre vint rouvrir les cours en personne. On en fut quitte pour une admonestation. Trois ou quatre seulement, parmi les meneurs, durent rester quelques semaines dans leurs familles.

Le bruit de ce désordre était arrivé jusqu'à l'Impératrice. Elle me fit prier de venir lui en parler. Je lui expliquai l'affaire, et je n'eus pas de peine à la rassurer sur les suites. Je lui dis que les meneurs en particulier, leur tour venu d'être des maîtres, ne seraient pas les moins zélés à faire respecter la discipline. Laissant alors le sujet, l'Impératrice me fit la faveur de m'exposer quelques-unes de ses idées sur l'éducation. Elle me dit dans quels principes elle faisait élever le Prince Impérial, et quel système d'éducation lui paraissait convenir le mieux à la jeunesse de notre temps. Je regrette de n'avoir pas noté ce que lui suggéra d'ingénieux, de juste et de touchant un sujet où la mère était de moitié dans les pensées de la souveraine; avec quelle netteté elle y faisait la part de la discipline et celle de la liberté; disant ce qu'il fallait permettre de jeunesse aux jeunes gens, ce que la jeunesse même n'excuse pas. Si attentif que je fusse au fond des choses, je ne pus me défendre de remarquer, en homme du métier, la propriété toute française du langage de l'Impératrice. Le plaisir que je prenais à l'écouter me fit oublier le motif de ma présence aux Tuileries. Je me retirai sans avoir conclu. Aussi bien il n'y avait rien à conclure. L'Impératrice savait à quoi s'en tenir sur l'incident, et j'emportai le souvenir aimable et imposant de tout ce qu'un grand cœur peut donner d'esprit à une femme, et inspirer d'idées de bien public à une souveraine digne de son rang.

Entre autres conséquences de l'équipée de l'École Normale, il en est une qui me donna sujet de réfléchir aux caprices de la justice distributive dans ce monde. Le plus compromis des délinquants, Augustin Filon, devint précepteur du Prince Impérial, rare chance, qu'il parut mériter. Quant au chef des pacifiques, qui avait donné l'exemple si méritoire, dans une grande école, de se défendre de l'esprit de camaraderie; qui s'était exposé virilement à la disgrâce de ses camarades, rentrés dans l'ordre avec un sentiment de rancune contre le brave jeune homme qui n'en était pas sorti, Désiré André, le gouvernement universitaire trouva moyen, non seulement de ne pas se l'attacher, mais de le rejeter dans l'enseignement libre. Aujourd'hui, maître des plus habiles, dans un genre d'enseignement où l'élève ne vaut que ce que vaut le professeur, mathématicien aussi inventif que savant, il avait été, au sortir de l'École, reçu le premier agrégé de mathématiques. Et telle avait été sa supériorité dans toutes les épreuves, qu'on avait dû, pour le recevoir, violer l'usage invariable à la Faculté des sciences, de ne conférer le titre d'agrégé et de n'en reconnaître l'acquisition possible qu'aux élèves éprouvés par une année de stage.

Revenant à l'Impératrice Eugénie, où je la vis déployer le plus de ressources d'esprit et de don de parole, ce fut à une des soirées de Compiègne, dans l'automne de 1868. Un choix d'invités pris

parmi les célébrités du barreau faisait cercle autour
d'elle. Soit le hasard, soit que cette catégorie
d'invités lui en eût suggéré l'idée, elle mit le
sujet de la conversation sur certaines causes célèbres. Il ne manquait pas de conteurs habiles pour
la rendre intéressante. On voyait là, entre autres,
Chaix-d'Est-Ange, Baroche, Pinard, Nicolet, les
premiers de ce temps, les uns dans la plaidoirie
d'affaires, les autres dans la plaidoirie d'assises;
Rouher, qui raconta un de ses souvenirs d'avocat
avec cette clarté d'exposition qui l'avait mis au
premier rang des orateurs d'affaires, avec une
chaleur que modérait, sans la rendre moins pénétrante, le sentiment de sa haute situation de président du Sénat. L'Impératrice intervenait, donnait
les raisons de croire ou de douter, jugeait après
les juges, parfois critiquait les sentences, toujours
inclinant vers l'indulgence, comme si, femme du
souverain à qui la constitution attribuait le droit
de grâce, elle eût été jalouse d'en avoir la moitié.
Être écoutée par des interlocuteurs de ce mérite
et de cette compétence, avec une attention que
justifiait la qualité des objections; faire goûter par
des gens du métier des raisons de sentiment et
des arguments improvisés, le succès n'était pas

médiocre. Et avec quelle vivacité de parole, quelle grâce de geste, quel feu dans le regard, tout cela était dit ! Avec quelle beauté, non peut-être de celle qui s'ignore, mais certainement de celle qui s'oublie ! Souvenirs imposants et charmants, sur lesquels on aurait plaisir à s'étendre, s'ils n'appelaient pas à leur suite ceux de la catastrophe qui a éteint tout cet éclat.

L'Empereur n'était pas présent à cette brillante joute. Il travaillait dans son cabinet, dont la porte, restée ouverte, laissait arriver jusqu'à lui le bruit des voix. Soit curiosité, soit qu'il eût entendu de quoi il s'agissait, il quitta son travail, et, se coulant derrière les invités qui entouraient l'Impératrice, il parut tout à coup au milieu du salon, et d'une voix grave, quoique d'un air de bonne humeur. — « La cause est-elle entendue ? » dit-il. Voulait-il insinuer par cette saillie qu'en pareil lieu un débat sur des affaires criminelles ne laissait pas d'être délicat, et que tout au moins il avait assez duré ? La présidente, puisque audience il y avait, parut le comprendre ainsi, et elle leva la séance.

VIII.

Écrivant ces *Notes* pour mes petits-enfants, je veux les associer à ma gratitude envers l'Impératrice, en racontant quelques marques de bonté que j'en ai reçues. Si ce chapitre en paraît trop long, j'aime mieux être long par reconnaissance que de taire mes obligations pour abréger.

Je n'appelle pas marques de bonté des faveurs sollicitées. N'ayant rien dû dans ma vie à la sollicitation, je n'ai eu à remercier personne de faveurs obtenues par ce moyen. Les marques de bonté de l'Impératrice envers moi n'ont été que des témoignages d'estime, auxquels elle m'a permis de croire qu'il se mêlait quelque sympathie. J'en citerai une entre autres, qui me fut donnée par elle, dans une des épreuves de ma vie publique, où quelques paroles de bonté me furent à la fois une consolation et un honneur.

On a pu lire, au chapitre de *Mes relations avec Sainte-Beuve*, le récit des tribulations que j'eus à souffrir, en 1867, dans la direction de l'École Normale supérieure. J'y rappelle, entre autres, ce rapport de la commission du budget dénonçant des sommes détournées du matériel au profit du personnel. Le reproche atteignait, à côté de moi, mon collègue et mon ami M. Pasteur, qui administrait l'École sous ma direction. Comment le méfait avait-il été signalé à la commission du budget, et par celle-ci porté à la connaissance du Corps législatif? Je savais qu'une inspection des services du matériel avait été faite, dans le cours de l'année, par un fonctionnaire chagrin et chicanier, qui ne voulait de bien à aucun des chefs de l'École, ni à personne autre, que je sache. Mais je ne lui croyais pas, je l'avoue, le crédit de nous rendre suspects en haut lieu, M. Pasteur et moi, et de faire tourner en malversation l'emploi le plus correct et le plus profitable qui pût être fait de l'argent de l'État. Malheureusement, il avait ce crédit, et il l'avait si bien, que sur la foi de ses rapports, on nous avait mis en cause devant une commission du Corps législatif [1].

---

[1]. Derrière cet homme d'exécution était le directeur du personnel au ministère de l'Instruction publique, M. Danton, duquel il a été parlé au chapitre de *Mes relations avec Sainte-Beuve*. Loin de lui avoir jamais donné sujet de se plaindre de moi, je n'évitais aucune occasion de parler avec estime de son mérite. Peut-être m'en voulait-il, sinon du peu que je vaux, du moins de l'opinion qu'en

Peut-être se souvient-on de la réponse péremptoire que nous fîmes au rapporteur, de la rectification qu'il dut faire lui-même, et comment, en fin de compte, l'administration et la direction de l'École sortirent de cette affaire justifiées et complimentées [1].

Cette justice obtenue directement, sans l'intervention de ceux qui devaient nous couvrir, était un tort de plus pour nous. Aussi continua-t-on à nous faire sournoisement la guerre. Pour mon compte, je me savais surveillé, discuté, épilogué. Sous prétexte de réformes, on prenait avec le règlement des libertés qui affaiblissaient du même coup la règle et les chefs chargés de l'appliquer. Je ne me sentais plus guère soutenu que par les bons sentiments des élèves. Mais, dans une école, les bons sentiments ne tiennent pas contre l'esprit de solidarité qui fait de la faute d'un seul la faute de tous.

---

avait un public bienveillant, et dont témoignaient soit les emplois qui m'avaient été conférés sans être sollicités, soit les nominations que je devais à l'élection. M. Danton agissait-il sous une impulsion venue de plus haut? Je l'ignore; mais il était bien homme à m'être malveillant de son propre mouvement. N'ai-je pas su dans ces derniers temps, d'une personne aussi autorisée que bien placée pour voir les choses, qu'il avait la main dans l'échauffourée de la Sorbonne?

1. Voir, au 1er volume de ces *Notes*, les pages 77 et suivantes.

Je dus m'en convaincre le jour où, ayant à tenir tête à un grave désordre, il ne me resta plus à opposer qu'une règle déconsidérée à des jeunes gens assurés de l'impunité.

J'étais allé confier mes ennuis à un ami des plus particuliers de l'Impératrice, lequel était le mien depuis le collège. Il crut devoir en parler à la souveraine. « Pourquoi, dit-elle, M. Nisard ne s'est-il pas plaint à nous? Nous n'aurions pas souffert, l'Empereur et moi, qu'il fût molesté. » Me plaindre n'est pas plus mon fait que solliciter. Je ne songeai donc pas un moment à me prévaloir de ces bonnes paroles; mais j'en trouvai mes ennuis plus supportables.

L'Impératrice s'en souvenait (comment en douterais-je?) lorsque instruite du décret qui m'appelait au Sénat, elle m'en faisait donner la nouvelle par une gracieuse lettre d'une de ses dames d'honneur, Mme de Latour-Maubourg. J'ignore si elle avait été consultée, mais je suis certain qu'en me conférant cette dignité, l'Empereur savait que la chose plairait à l'Impératrice. Je fis demander à celle-ci la permission d'aller l'en remercier. Elle me parla comme étant de moitié dans la haute faveur qui m'était faite, pour si peu de temps, hélas ! et comme pour me donner le privilège de tomber d'un peu plus haut ! Elle me félicita du loisir que j'y trouverais, mes devoirs de sénateur remplis, soit pour achever des travaux commencés, « soit pour nous en donner d'autres », dit-elle de sa voix la plus encourageante.

La dernière fois que j'eus l'honneur de la voir, c'était en 1875, dans un bourg de la Suisse, Ragatz, dont on lui avait conseillé les eaux comme favorables à sa santé. Elle habitait, sur la place du bourg, un modeste pavillon dépendant de l'hôtel où je devais prendre gîte. A peine arrivé, j'écrivis au secrétaire de l'Impératrice, M. Piétri, un billet que je portai moi-même. Je l'y priais de s'informer si elle voulait bien agréer ma visite, et à quelle heure. « Tout de suite, me répondit M. Piétri; venez dans vos habits de voyage. L'Impératrice vous attend. » Je fus reçu dans un petit salon, dont les fenêtres s'ouvraient sur la place. De quel air, avec quelle voix, elle répondit à mes premières paroles ! Ceux-là seuls ont cet accent qui, à la fois renversés du trône et exilés de leur pays, voient le visage d'un compatriote resté fidèle. Dans cette voix si écoutée au temps des grandeurs, je croyais distinguer une note plaintive, même dans les paroles de bonne humeur et de bienvenue que m'adressait, avec un sourire mélancolique, l'héroïque femme lâchement chassée des Tuileries, le 4 septembre. Me voyant aux yeux des lunettes bleues, elle alla prendre un des lourds fauteuils qui garnissaient plutôt qu'ils ne meublaient l'humble salon, et elle le plaça à contre-jour, pour que je n'eusse pas la lumière dans les yeux. Elle m'y fit asseoir, et elle-même s'assit devant moi sur un canapé qui faisait face à la fenêtre. Elle voulut d'abord que je lui parlasse de ma santé, de ma famille, de ce qu'elle savait de mes épreuves paternelles. Elle me persuada qu'elle tenait à savoir le tout. Je lui obéis, quoique bien plus pressé de l'entendre me parler d'elle que de lui parler de moi et des miens. A son tour, elle mit la conversation sur la France, sur son fils, sur l'Empereur. Aucune parole sur elle-même, aucune plainte d'impératrice déchue. Elle semblait avoir oublié cette partie de son malheur. Et quoique la tristesse fût au fond de tout son discours, le hasard y mêlait-il quelque souvenir heureux, je voyais un sourire éclairer son visage resté charmant.

Comme je devais passer deux ou trois jours à

Ragatz, où j'avais accompagné l'aînée de mes filles, l'Impératrice voulut bien me dire qu'elle aurait plaisir à nous recevoir tous les deux le lendemain. Ma fille lui avait été présentée dans l'automne de 1855, à une soirée intime au palais de Saint-Cloud. C'était l'époque où à tous les bonheurs de la souveraine allait s'ajouter celui d'être mère. Ma fille attendait elle-même la naissance d'un premier enfant. Les deux mères avaient échangé, sur leurs joies d'alors, des paroles dont l'Impératrice gardait le souvenir. Nous la félicitâmes à l'envi, ma fille et moi, de tout ce que lui donnait de consolations et lui permettait d'espérances le Prince Impérial, de tout ce qui se disait, de ce qu'on attendait de lui. « On me reproche, nous dit-elle, de le laisser trop travailler. Qu'y puis-je faire? Comment lui persuader de ne pas préférer le travail au plaisir? »

Le Prince Impérial venait d'entrer dans sa vingtième année. J'avais déjà lu de lui des lettres, des plans de gouvernement, des vues d'administration qui le montraient appliqué tout entier à l'apprentissage des grands devoirs auxquels il se croyait réservé. J'ai su d'un de mes amis, qui l'aidait dans ses recherches, qu'un jour, à Chislehurst, après sept heures d'un travail sans arrêt sur la situation et les dispositions du haut clergé de France, son collaborateur, fatigué d'une si longue séance, lui demanda s'il ne lui serait pas agréable d'aller prendre l'air et fumer une cigarette sur la terrasse. — « Pas encore, si vous le voulez bien, dit le Prince, finissons notre besogne. » Avec tous les autres dons, il avait la force, il recueillait le prix de ces jeunesses pures que Tacite appelle de ce mot superbe *inexhausta pubertas*. Puisqu'un tel prince, chez qui toutes les qualités avaient mûri avant le temps et à la fois, pour le jour où la France aurait besoin de lui, est allé mourir dans un coin de l'Afrique anglaise, d'une mort sans exemple, c'est qu'il n'a pas plu à la Providence que notre pays se relevât une troisième fois par la main d'un Napoléon.

Après quelques détails sur la manière de vivre de son fils, l'Impératrice revint sur le sujet douloureux de la France qui lui était désormais fermée. Elle paraissait n'en avoir gardé que l'amour au fond de son cœur. Elle ne disait rien des personnes, écartant les noms qui se présentaient en dépit d'elle à sa mémoire, pour étendre sur tout le monde l'excuse de la fatalité. Je fus si ému de tant de douceur que, l'interrompant : « Il semble,

madame, lui dis-je, que l'Empereur ait légué a
Votre Majesté toute sa mansuétude. « C'est en
effet ma règle », dit-elle, et, après un silence,
« je ne fais exception que pour une personne ».
Elle nous la nomma. « C'est, dit-elle, un homme qui
n'a pas craint de calomnier l'Empereur, parce
qu'il le savait incapable de publier des lettres où
il se donnait à lui-même un démenti. J'ai ces
lettres, et je les garde comme un moyen de
défense au besoin. L'Empereur m'a prié à plusieurs reprises de les lui rendre. Je ne veux pas,
me disait-il, qu'il y ait par mon fait une tache sur
l'honneur d'un homme qui a illustré son pays.
J'ai résisté à l'Empereur. Il me paraissait trop
dur de rester sous le coup d'un mensonge dont
nous avions dans les mains la preuve écrite. »
L'Impératrice disait cela d'un ton fort animé.
J'espère qu'elle reviendra, si déjà elle n'y est
revenue, à sa générosité naturelle. J'espère surtout,
pour l'honneur de mon pays, que le couple auguste
qui a régné sur la France de 1854 à 1870, sera
désormais défendu contre la calomnie par la majesté de son malheur.

Soulagée par cette courte explosion, bien permise à la veuve d'un souverain qui l'avait rendue si souvent témoin ou confidente de sa douceur envers ses ennemis, l'Impératrice finit l'entretien par des paroles qui n'exprimaient qu'oubli du mal, vœu de bonheur pour la France, souvenir affectueux pour les amis qu'elle y laissait. Je sentais les larmes me venir aux yeux et je fis signe à ma fille de partir. A l'adieu que daigna me dire l'Impératrice : « Madame, lui dis-je, pour un homme de mon âge, quel adieu peut n'être pas le dernier ? — Allons donc, reprit-elle vivement, à quoi sert d'être un homme d'esprit pour dire de ces choses-là ? » Et elle rit de bon cœur, du rire des temps heureux. Il est vrai qu'elle avait encore son fils.

J'ai plus d'une fois entendu des adversaires du second Empire me concéder que Napoléon III et l'Impératrice Eugénie avaient su se faire des amitiés fidèles. Fidèles, c'est trop peu dire. Ils en ont laissé de tendres, parce qu'ils ont été bons. Celle que je leur garde est de celles-là, et j'ai la confiance de m'honorer en le disant.

NOTE SUR M. BÉRANGER, CONSEILLER D'ÉTAT,

SE RAPPORTANT A LA PAGE 238 DE CE VOLUME.

Béranger (le comte Jean) siégea dans l'ancien Conseil d'État de 1810 à 1846, à travers tous les régimes qui se sont succédé dans ce laps de temps, et dont aucun ne voulut ou ne put se passer de lui. Deux fois vice-président de ce conseil, il en était vice-président honoraire en 1850, époque de sa mort. « Fonctionnaire par occasion, dit Cormenin, — Timon eût pu dire « par état », l'occasion ayant duré trente-six ans, — M. Béranger était « opposant par habitude, par caractère et presque par tempérament... Il était né pour combattre à la tribune du pays et pour s'y faire un renom. Je n'ai jamais rencontré, ajoute Cormenin, dans nos cirques parlementaires, d'orateur plus insinuant et de lutteur plus hardi. Il ne doutait quelquefois que pour mieux affirmer, ou il n'affirmait que pour mieux douter ; il semait si bien sous vos pas les artifices et les chausse-trapes de sa dialectique, qu'il était difficile de n'y pas choir [1]. »

Il y a tout lieu de croire que plusieurs de ces traits étaient déjà vrais de cet homme éminent, au temps où Napoléon Ier le nommait, le 5 octobre 1810, conseiller d'État, membre du conseil d'administration de la guerre. Dans les questions auxquelles l'Empereur s'intéressait personnellement, il tenait beaucoup à avoir M. Béranger de son avis. Un jour qu'il était venu en personne présider le Conseil d'État, pour y défendre un projet de décret qu'il avait fort à cœur de faire adopter, il y avait mis tant d'insistance et de chaleur, que, soit persuasion, soit scrupule de contredire le maître un jour qu'il

---

1. *Les Orateurs*, liv. II, ch. VI.

voulait bien discuter, l'Assemblée témoignait le désir d'aller aux voix. M. Béranger s'était tu. L'Empereur ne laissait pas d'en être inquiet. L'interpellant brusquement : « Monsieur Béranger, dit-il, vous devez avoir à nous dire quelque chose sur la question ; que ne le dites-vous ? » M. Béranger s'excusa. Où l'Empereur et le conseil d'État paraissaient d'accord, qu'avait-il à faire de mieux que se taire ? Poussé, et presque sommé de parler, il s'y décide, et il opine dans le sens opposé. L'Empereur se pique au jeu ; il veut avoir raison par des raisons, il redouble d'éloquence et de véhémence. Il remue, il enlève l'Assemblée, qui vote par acclamation. Se tournant alors vers M. Béranger : « Eh bien, vous le voyez, dit-il, le conseil vous donne tort. » M. Béranger accepta l'échec et garda son opinion. Le lendemain, du haut du fauteuil du président, où on ne l'attendait pas : « Messieurs, dit l'Empereur, la nuit porte conseil ; j'ai bien réfléchi aux objections de M. Béranger ; c'est lui qui a raison. »

FIN DES NOTES BIOGRAPHIQUES.

TABLE DES MATIÈRES

SECONDE PARTIE

SOUVENIRS ET PORTRAITS

CHAPITRE VI

MES RELATIONS AVEC SAINTE-BEUVE ET MES VARIATIONS LITTÉRAIRES

Occasion de ce chapitre. — I. Une épigramme et une injure. — II. Frédéric Dübner. — Que penser de l'ingratitude de l'Université de France envers Frédéric Dübner.—Une lettre de M. Delzons à Sainte-Beuve. — F. Dübner à la commission des livres, au Ministère de l'Instruction publique. — Ses procédés envers moi à propos d'un article que je publie sur l'éminent philologue hollandais, M. Cobet. — III. Commencement de mes relations avec Sainte-Beuve. — Le dîner aux Roches, à Bièvre, dans la maison de campagne de M. Bertin l'aîné.—Je loue dans le *Journal des Débats* les poésies de Sainte-Beuve. — Nous nous rencontrons au *National* sans nous rapprocher. — La publication de mes *Études de mœurs et de critique sur les poètes de la décadence latine* rend nos rapports encore plus réservés. — Sainte-Beuve croit s'y reconnaître. — Sa critique de l'ouvrage dans la *Revue des Deux Mondes*. — Papirius Enisus. — Où je suis de l'avis de mon juge. — IV. Opinion politique que me prête Sainte-Beuve. — Ma réponse. — Motifs auxquels il attribue ma fidélité à la cause de la tradition. — V. Mes variations en littérature. — Mes articles au *Journal des Débats*. — Duviquet. — Son office au journal. — A quel vers de Racine il préfère toute l'œuvre de Victor Hugo. — Réserve de Saint-Marc Girardin, et franche opposition de Sylvestre de Sacy. — On me regarde comme un classique hérétique. — Plus tard je serai qualifié d'apostat. — Mes premiers dégoûts pour les nouveautés. — Quelle a été ma vraie et constante doctrine. — VI. A partir de 1852, nous nous rapprochons Sainte-Beuve et moi. — Nos sentiments communs pour le second Empire. — Nos dissidences. — Causerie du lundi 10 juin 1861. — Réflexions de Sainte-Beuve à propos d'un passage des articles de M. J.-J. Weiss sur l'*Histoire de la littérature française*. — Nous sommes appelés en même temps à l'École Normale supérieure. — Sainte-Beuve maître de conférences. — Il reprend les *Causeries du lundi*. — Il est nommé au Sénat. — Conseil qu'il me donne pour y être nommé à mon tour. — VII. Son discours au Sénat pour certaines bibliothèques populaires. — Adresse des élèves de l'École Normale supérieure à Sainte-Beuve. — Conséquences de cette démarche. — Les élèves quittent l'école. — VIII. Sainte-Beuve modifie son jugement sur mon *Histoire de la littérature française*. — Il tombe malade. — Je lui fais demander si une visite de moi lui serait agréable. — Nous nous revoyons au Sénat. — Il y fait un nouveau discours qu'on refuse d'écouter. — IX. Mon opinion dernière et invariable sur l'œuvre critique de Sainte-Beuve... 1

CHAPITRE VII

DEUX ANECDOTES SUR LE CHANCELIER DUC PASQUIER

I. Dans quelle mesure je puis parler du chancelier duc Pasquier. — Visite que je lui fais comme candidat à l'Académie française. — Il m'invite à dîner avec deux académiciens qu'il voulait me rendre favorables. — Ce qui se passe dans l'intervalle entre l'invitation et le dîner. — Candidature inattendue de M. de Montalembert. — La mienne contrarie le duc; de quelle manière il me le témoigne. Conseil de M. de Barante. Figure que je fais au dîner. — Résultat des élections. — II. Autre invitation à dîner du duc, dont je suis devenu le confrère. — Saisie par le gouvernement impérial d'un ouvrage lithographié du duc de Broglie. — Acte de patriotisme du duc de Broglie au commencement du second Empire. — Mes réserves sur les *Vues sur le gouvernement de la France.* — Critique éloquente que fait le chancelier de la saisie de cet ouvrage. — Notre admiration en l'écoutant. — Contraste saisissant entre la décrépitude du corps chez le chancelier et l'intégrité de son esprit. — Ma conversation avec un ami en quête de preuves de l'immortalité de l'âme. J'ai vu une âme. Mon humble métaphysique.................................. 79

CHAPITRE VIII

SI J'AI CONNU LA JALOUSIE LITTÉRAIRE

I. S'est-il mêlé quelque jalousie à mes jugements littéraires? — Expérience que j'en fais à mes débuts dans le journalisme. — Saint-Marc Girardin au *Journal des Débats.* Faveur dont il y jouit. — Visite du baron, depuis duc, Pasquier. — Sylvestre de Sacy. — Son portrait. — Intimité entre lui et Saint-Marc Girardin. — Comparaisons qui se font des deux hommes au *Journal des Débats.* — Le parti de Sylvestre de Sacy. — II. Le Sacy de 1855 à 1879. — Onction de sa critique. — Déclarations de la préface de ses *Variétés littéraires.* — III. Saint-Marc Girardin. — Mon article sur le livre *De l'usage des passions dans le drame.* — J'ai deux griefs contre lui. — Le jour de mon élection à l'Académie française, il arrive après le scrutin. — Sa réponse à mon discours de réception. — La Faculté des lettres me présente pour la chaire d'éloquence française. Billet blanc de Saint-Marc Girardin. Paroles échangées entre nous. — Saint-Marc Girardin au Conseil impérial de l'Instruction publique. — Il s'y montre par moments plus ministériel que le ministre. — Sur quelques mots de mauvaise humeur qui m'échappent, il quitte la salle du conseil. — Notre brouille. — Mon opinion dernière sur l'homme public et sur l'écrivain.................................... 102

CHAPITRE IX

LES BEAUX CÔTÉS DE LA CANDIDATURE ACADÉMIQUE

I. Difficultés pour les gens de lettres d'être justes les uns envers les autres. — Ce qu'il faut penser des dégoûts d'un arrivé parlant des soins de sa candidature. — Souvenirs que m'a laissés la mienne. — II. Baour-Lormian. — Ce que je pensais de lui avant ma visite de candidat, ce que m'en apprennent cette visite et les suivantes. — Viennet. — Bonne opinion qu'il avait de lui. — Baour-Lormian dans son petit appartement aux Batignolles. — Récit de l'audience qu'il reçoit de Napoléon Ier à Saint-Cloud. — Impression dernière. — III. Droz, avant de l'avoir vu, et après. — L'*Histoire du règne de Louis XVI.* — Droz à ma seconde visite. — Sa chambre de malade. — IV. Emmanuel Dupaty. — Ce que je croyais par ouï-dire de son théâtre. — Comment je fais sa connaissance. — Il patronne ma candidature. — Après un premier échec et un ajournement, je suis nommé. — Dupaty en porte la nouvelle aux miens. — Notre intimité. — Il a, comme directeur d'académie, à recevoir Charles de Rémusat, en remplacement de Royer-Collard. — Sa peine d'esprit. — Mignet lui vient en aide. — Il croit avoir perdu son discours. — Pourquoi je ne parle point de son théâtre. — Son poème d'*Isabelle de Palestine*. — Mon voyage en Angleterre au moment de sa mort. — Villemain parle à ma place sur sa tombe. — Ressemblance de Dupaty avec mon père.. 123

CHAPITRE X

DU TORT QUE LA POLITIQUE FAIT AUX LETTRES

I. A quelles conditions Socrate permet qu'on se mêle de politique. — II. De trois écrivains éminents qui ont été victimes de la politique, Villemain, Saint-Marc Girardin, Vitet. — Villemain, orateur politique, ministre. Soin qu'il donne à la rédaction de la correspondance. Leçon que je reçois de lui à ce sujet. — Il me consulte pour la rédaction d'un article de son projet de loi relatif à l'enseignement secondaire. — III. Comment la politique a empêché Villemain de faire un *bon* livre, et ce qu'eût été ce bon livre. — Ses succès dans la chaire d'éloquence française à la Faculté des lettres. La politique à la Sorbonne. — IV. Villemain historien. Il me lit un des récits de son *Histoire de Grégoire VII*. — Il me demande mon avis pour sa préface de la nouvelle édition du *Dictionnaire de l'Académie*. — Ce que je pense par devers moi de cette remarquable pièce, et ce qui m'advient pour y avoir noté un mot qui ne se trouve pas dans le dictionnaire. — V. La fin politique de Villemain. — Débats de la Chambre des pairs pour la loi de l'enseignement secondaire. — VI. Que tous les torts ne sont pas du côté de la politique dans la fortune dernière de Villemain écrivain. — VII. Saint-Marc Girardin. — Son *Cours de littérature dramatique*. — Le gros défaut de l'ouvrage est d'être inachevé, et c'est à la politique qu'en est la faute. — Anecdote d'un provincial des amis de Saint-Marc Girardin, qui va le voir à son cours de la Sorbonne. — Rôle politique de Saint-Marc Girardin. — VIII. Vitet; ce qu'a été, ce que pouvait être l'auteur de l'*Étude sur Eustache Lesueur*. — Vitet négocie en 1848 avec les organisateurs de la campagne des banquets; il est rapporteur de la loi dite des questeurs. — A quoi l'emploie la politique. — Est-ce donc si peu d'être des hommes politiques dans la mesure de Saint-Marc Girardin et de Vitet? — Cause de leur mort prématurée. Leur vice-présidence à l'Assemblée nationale les 11, 12 et 15 mars 1875. — X. Faut-il que les lettrés éminents s'abstiennent de politique? Mon rêve d'un grand conseil d'État national, où ils auraient leur place parmi les plus écoutés 164

CHAPITRE XI

DEUX ESPIÈGLERIES MINISTÉRIELLES

Pourquoi je n'ai pas fait dans ces *Notes* une place plus grande à Villemain, et n'y ai point parlé de Cousin. — I. Cousin, l'auteur de la première espièglerie. — Dans la discussion de son budget, à la Chambre des députés, il est harcelé par Taschereau sur l'emploi de certains encouragements littéraires. — Cousin se plaint publiquement de la façon dont il est servi par ses bureaux. — Comme chef de ses bureaux, je lui en fais mes plaintes. — Le rapport ne se retrouve pas. — Le chef du bureau des lettres, Constant Berrier. — Nous cherchons vainement la pièce. — Le ministre, à ma demande, ouvre un des tiroirs de son bureau, où je la lui montre. — II. L'espièglerie de Villemain. — Il me demande mes propositions pour une place vacante dans une des bibliothèques de Paris. — Il les agrée : je rédige l'arrêté de nomination. — Je suis mandé par un huissier au cabinet du ministre, qui me fait une scène. — Motif de ce changement. — Échange de paroles vives entre le ministre et son subordonné. Conclusion... 242

CHAPITRE XII

SOUVENIRS DU CONSEIL DE L'INSTRUCTION PUBLIQUE SOUS LE SECOND EMPIRE. — LE VERRIER ET J.-B. DUMAS

I. Le Verrier après la découverte de la planète *Neptune*. — Mes premières relations avec lui. — Nous nous rencontrons comme collègues. — Sa part dans le plan d'études qui a pour principe la bifurcation. — II. L'évêque d'Arras, Mgr Parisis. — Les épigrammes du cardinal Mathieu contre la bifurcation qu'il raille et qu'il applique. — III. J.-B. Dumas. — Le président-né de toute réunion délibérante. — Son talent de parole. — Un modèle de l'éloquence administrative. — IV. Le Verrier. — Son caractère. — Ses rapports avec les élèves astronomes. — M. Tisserand, de l'Académie des sciences. — Les malices de Le Verrier. — Visite que me fait Le Verrier à l'École Normale, après la nomination de M. Duruy comme ministre de l'Instruction publique. — Il veut donner sa démission. Je l'en dissuade. — Un de ses mots : « Ceux qui ne font pas et ne veulent pas qu'on fasse ». — Notre querelle au Conseil. — Sa dernière maladie. — Je vais le voir......... 257

CHAPITRE XIII

SOUVENIRS DE LA DÉSIGNATION FAITE EN 1861, PAR L'ACADÉMIE FRANÇAISE, DE L'*Histoire du Consulat et de l'Empire* POUR LE PRIX DIT BIENNAL

Occasion de ce chapitre : I. Les procès-verbaux de Villemain. — Le mot de Royer-Collard. — II. Art admirable de Villemain pour insinuer son opinion dans la rédaction des opinions des autres. — Un Villemain inédit. — III. Les candidats au prix biennal et leurs patrons. — Les champions de George Sand. — Raison de mon vote pour George Sand. — Objections imposantes du feu duc de Broglie. — IV. Mon incompétence à l'égard de l'*Histoire de France* de M. Henri Martin. — V. Part que je prends à la discussion des titres de M. Jules Simon. — Mes sentiments pour sa personne. — Nos relations de maître à élève à l'École Normale supérieure. — Comment il devient, de par Cousin, premier agrégé de la Faculté de Paris, par préférence à son camarade et son concurrent, Alfred Lorquet. — Jules Simon successeur de Cousin à la Sorbonne. — VI. Intérêt que je prends aux accidents de sa vie politique. — Notre rencontre après une séance de la Chambre des députés où il n'avait pas voté avec son parti. — Rôle que je rêvais pour lui. — Motif de l'incertitude des jugements sur Jules Simon, homme politique. — Nos rapports après les événements de 1870. — VII. Mon opinion sur les ouvrages qu'il présentait au concours. — VIII. Discussion avec le patron principal de Jules Simon, Charles de Rémusat. — Effet produit sur l'Académie par la lecture d'une page de la *Religion naturelle*. — IX. L'Académie procède au scrutin. — Bulletin unique donné à Thiers. — Proposition de M. de Falloux appuyée par Dupin aîné. — Résultat définitif. — X. Ce que je pense aujourd'hui des objections faites au droit des cinq Académies de prendre dans leur sein les lauréats du prix biennal. — Mon opinion dernière sur les trois concurrents de 1861...................... 294

CHAPITRE XIV

PARTICULARITÉS SUR LES DEUX PREMIERS ROIS DES BELGES. — ANNIVERSAIRE DE LA FONDATION DE L'ACADÉMIE DE BELGIQUE

I. La légende du roi Léopold Ier. — Son attitude dans la crise de 1848. — Entretien que j'ai à ce sujet, à Compiègne, avec Napoléon III. — Version de M. Van Praet, ministre de la maison du roi sous les deux Léopold. — Léopold Ier me donne une audience. — Idée que se fait ce prince de la France. — Un roi constitutionnel. — Que penser de la maxime : *Le roi règne et ne gouverne pas*.. 329

II. Le centenaire de l'Académie de Belgique. — Mission que me donne l'Académie française. — Mes difficultés. — Ma visite à M. Quételet. — Un flamingant. — Un discours rentré. — Le chevalier d'Arneth. — Je complimente Léopold II. — Un délégué indiscret. — M. de Sybel et les savants allemands. — Caractère de nos haines nationales. — Henri Sainte-Claire Deville et Liebig. — Un déjeuner à l'École Normale dans le laboratoire de Sainte-Claire Deville. — Liebig y fait lui-même le potage à l'extrait Liebig. — La vraie cause de la guerre de 1870............ 343

CHAPITRE XV

SUPPLÉMENT AU CHAPITRE DU PREMIER VOLUME :

« *De quelques hommes qui m'ont fait du bien.* »

I. Pour quels motifs j'ai hésité à écrire ce chapitre. — Ce qui m'y décide. — J'ai longtemps ignoré ce que Napoléon III pensait de moi. — Ses préventions contre l'universitaire et le critique. — Mon adhésion au second Empire suspectée. — Attitude de l'Empereur à mon égard, lors de la présentation qui lui est faite par le bureau de l'Académie française, en 1856, de l'académicien nouvellement élu, le feu duc de Broglie. — Ce qu'on pense dans ses entours de ma réponse au discours de ce duc. — A quelle occasion le malentendu prend fin. — II. Articles du *Moniteur universel*, où, sous le couvert de Colbert, je fais des objections aux projets de décentralisation qu'on prêtait à l'Empereur. — III. Autres articles sur l'*Histoire de Jules César*. — J'y critique la qualification de *mission* donnée par l'historien au rôle de ce grand homme. — J'y prends la défense du Cicéron des lettrés. — Ce que m'en dit l'Empereur. — Qualités de commerce de Napoléon III. — Scène de tendresse paternelle. — IV. Rencontre que je fais, au sortir d'une des réceptions des Tuileries, d'un assistant désappointé. — Un dîner à Compiègne. — L'Empereur m'y fait servir un biscuit à la cuiller. — Le Deux Décembre. — Ma conversation sur le pont des Arts avec M. Vieillard, aux approches du coup d'État. — Mes paroles à l'Empereur sur ce grand acte, et sa réponse. — V. D'une ambition qui m'était venue. — A quoi j'aurais voulu qu'on bornât la réforme des études dans l'enseignement des lettres. — Rêve d'un régime où l'on y ferait la part du nécessaire et celle de l'utile. — Vues qu'ont eues sur moi, pour le réaliser, deux ministres de Napoléon III, M. Delangle et M. Billault. — Je crois la chance arrivée d'en parler à l'Empereur. — Comment finit, avec l'entretien, la seule ambition que je me sois connue. — VI. L'Empereur et M. Victor Hugo. — VII. L'Impératrice Eugénie. — Ce qu'il faut penser de sa prétendue religion étroite. — Solidité et éclat de sa parole. — Les thés de l'Impératrice aux voyages de Compiègne. — Sa manière de faire valoir ses invités. — L'amiral et son discours préparé. — L'Impératrice m'interpelle sur Louis XIV. — Les deux opinions des hôtes de Compiègne sur cette controverse. — A quelle occasion j'avais entendu pour la première fois parler l'Impératrice. — Une petite équipée des élèves de l'École Normale supérieure. — Augustin Filon et Désiré André. — L'Impératrice préside, dans une soirée à Compiègne, une conversation sur quelques causes célèbres. — Comment l'Empereur y intervient. — VIII. Marques de bonté que j'ai reçues de l'Impératrice Eugénie. — Part qu'elle prend aux tribulations des dernières années de ma direction de l'École Normale supérieure et à ma nomination au Sénat. — Visite que nous lui faisons, ma fille aînée et moi, à Ragatz, en Suisse. — Détails sur la vie laborieuse du Prince Impérial. — Nos adieux à l'Impératrice. 363

Note sur M. Béranger, conseiller d'État, se rapportant à la page 238 de ce volume.. 431

Index... 443

FIN DE LA TABLE DES MATIERES
DU SECOND VOLUME

INDEX ANALYTIQUE

DES

NOMS CONTENUS DANS LES DEUX VOLUMES

DES *NOTES BIOGRAPHIQUES* [1]

Les chiffres romains indiquent les volumes ; les chiffres arabes les pages. — L'astérisque après un chiffre renvoie aux notes des bas des pages.

A

ABBATUCCI, garde des sceaux ; mon entretien avec lui au sujet des troubles de la Sorbonne, I, 148.

ADDISON, comparé à Villemain. II, 177.

ADÉODAT, fils de saint Augustin, I, 135.

AMBROISE (Saint), I, 127, 134.

AMPÈRE (J.-J.), maître de conférences à l'École Normale, envoie à M. Guizot sa démission que reçoit M. Teste, I, 10, 14 ; — Article de Sainte-Beuve sur Ampère, II, 68, 72.

ANDRÉ (Désiré), ancien élève de l'École Normale supérieure, I, 75*, II, 418.

ANDRIEUX, II, 166*.

ARAGO (François) et LIEBIG, II, 360.

ARAGO (Étienne), directeur des postes en 1848, II, 334.

ARISTOTE ; ses idées sur l'amitié,

---

1. Cet *Index* est l'ouvrage d'un professeur de l'Université, ancien élève de l'École Normale supérieure au temps où j'avais l'honneur de la diriger, auteur de trois petits volumes de fine critique et de bibliographie décisive sur les deux Rotrou, M. Léonce Person. Je dois au dévouement affectueux de l'élève pour le vieux maître, outre d'autres secours dont il ne veut pas que je parle, cette précieuse *illustration* de mes *Notes biographiques*.

I, 6, 176, 177, 252; — sur la colère, 136.

Arneth (le chevalier d') et M. Geffroy, I, 349.

Aron (Henry), ancien élève de l'École Normale supérieure, I, 75*.

Arria, I, 135.

Arrien, disciple d'Épictète, I, 122.

Auguste et Napoléon Ier, I, 93.

Augustin (Saint), cité, I, 105, 106*.

B

Baillaud, ancien élève de l'École Normale supérieure, I, 75*.

Balzac; conseils que lui donne Montigny, I, 219.

Baour-Lormian; mes rapports avec lui, II, 127 et suiv.; auteur d'*Omasis*, 133.

Barante (de); reprend la voix qu'il m'avait promise à l'Académie française, II, 86.

Barbier, auteur de la *Curée*, I, 320.

Baroche, à Compiègne, en 1868, II, 419.

Barrot (Odilon), le 24 février 1848, I, 42.

Baudement (Théophile); préface, p. vii; — sa jeunesse; notre intimité; sa collaboration à la collection Nisard; ses travaux à la Bibliothèque nationale; ses projets interrompus; sa mort, I, 252 et suiv., 287.

Bellaguet (Louis), I, 283, 284.

Béquet (Étienne), auteur de *Marie ou le Mouchoir*, II, 42.

Béranger, le chansonnier; ses idées sur le style, I, 380.

Béranger (le comte Jean), membre de l'ancien Conseil d'État, II, 238, 363.

Bernage, ancien élève de l'École Normale supérieure, I, 75*.

Berrier (Constant), sous-chef de bureau au ministère de l'Instruction publique, et poète, II, 248.

Berthelot, chimiste, membre de la commission d'examen des livres, II, 14.

Bertin l'aîné, rédacteur en chef du *Journal des Débats*, I, 1, 244, 301; — prend mon parti au *Journal des Débats*, 304; — son portrait par Ingres, 308; — donne un dîner en mon honneur, 310; — sa maison de campagne aux Roches, à Bièvre, II, 19, 41; — et Duviquet, II, 36; — et Saint-Marc Girardin, II, 103.

— (Armand), fils de Bertin l'aîné, I, 4.

— (Mlle Louise), fille de Bertin l'aîné, devait écrire la musique d'un opéra dont Victor Hugo avait écrit le poème, I, 3.

Bichat, ancien élève de l'École Normale supérieure, I, 75*.

Bienaimé, mathématicien, membre de la commission d'examen des livres, II, 14.

Bignon (baron), I, 312, 316; — m'appelle, le 1er août 1830, pour être son chef de cabinet au ministère de l'Instruction

INDEX ANALYTIQUE.

publique, 319; — ses discours à la Chambre, 324; — ses idées sur la façon dont on peut rompre un mariage, 325; — sa mort, 328.

BIGOT (Charles), ancien élève de l'École Normale supérieure, I, 75*.

BILLAULT, ministre d'État, II, 403.

BISMARCK (de), I, 28.

BOÏELDIEU, II, 146.

BOILEAU ; préface, p. VII; I, 366, 371.

BOISSIÈRE, ancien élève de l'École Normale supérieure, I, 75*.

BONNECHOSE (Émile de), II, 140.

BOSSUET et le Père Lacordaire, I, 421, 430.

BOUGOT, ancien élève de l'École Normale supérieure, I, 75*.

BOURDALOUE, jugé par M. de Sacy, II, 113.

BOURQUENEY (de), rédacteur au *Journal des Débats*, I, 2 ; II, 41 ; — secrétaire d'ambassade à Londres, I, 3.

BOUTROUX, ancien élève de l'École Normale supérieure, I, 75*.

BOUTY, ancien élève de l'École Normale supérieure, I, 75*.

BRÉAL (Michel), I, 172*.

BRINCOURT, chef d'escadron, tué au combat de Mouzon, I, 184*.

BROGLIE (duc Victor de); son discours de réception à l'Académie française : le 18 brumaire et le 2 décembre, I, 155 et 399 ; — présenté à l'Empereur, 164, 417 ; — ministre de l'Instruction publique, 319 ; — ses *Vues sur le gouvernement de la France*, II, 90 ; — sur la traite des nègres, 92; — sur la loi de la liberté de l'enseignement secondaire, 142*, 198; — son jugement sur George Sand, 305.

— (prince Albert de), I, 162.

BUFFON, I, 411, 330; II, 145.

BURGAUD DES MARETS, éditeur de Rabelais et collaborateur de M. Rathery, I, 271 et suiv.

C

CAYX, auteur, avec Poirson, d'une *Histoire des empereurs romains*, I, 89 ; — vice-recteur de l'Académie de Paris, en 1856, au moment de l'échauffourée en Sorbonne, 142, 147.

CARRAU (Ludovic), ancien élève de l'École Normale supérieure, I, 75*.

CARREL (Armand) ; ma première entrevue avec lui, dans le bureau du *Journal des Débats* : il m'emmène au *National*, I, 4, 5; II, 22; — annonce aux lecteurs du *National* ma nomination de maître de conférences à l'École Normale, 12; — son âme généreuse, 308 ; — mon article sur Carrel, dans la *Revue des Deux Mondes*, alors que j'étais chef du cabinet de M. de Salvandy, 337.

CÉSAR; ce que je pense de sa mission providentielle, contrairement à l'opinion de Napoléon III, II, 380.

CHABAUD-LATOUR (le colonel de); engage la duchesse d'Orléans à parler, le 24 février 1848, à la Chambre des députés, I, 41.

CHAIX-D'EST-ANGE, à Compiègne, en 1868, II, 419.

CHARLES X, roi de France; sa fière réponse à l'ambassadeur d'Angleterre au moment de l'expédition d'Alger, I, 34; accusé de gouverner, au lieu de régner, 47.

CHARPENTIER, ancien élève de l'École Normale supérieure, I, 75*.

CHASSANG (A.), surveillant général et maître de conférences à l'École Normale supérieure, I, 72.

CHATEAUBRIAND; au *Journal des Débats*, en 1824, I, 300; — je lui suis présenté par M. Bertin l'aîné, 304; — ses imitateurs, II, 34; — ses admirateurs, 37.

CHAZAL (le général), ministre de la guerre en Belgique, II, 331; — sa promenade en voiture dans les rues de Bruxelles, en 1848, à côté du roi Léopold Ier; récit qu'il me fait de l'attitude du roi des Belges pendant la crise, 332.

CHRYSOSTOME (Saint Jean), cité dans ma leçon d'ouverture au Collège de France, en 1856, I, 104, 115.

CICÉRON, cité dans ma leçon d'ouverture au Collège de France, en 1856, I, 102, 106, 117, 135;
— ses idées sur l'amitié, 174; — jugé sévèrement par Napoléon III, et défendu par moi contre l'Empereur, II, 385 et suiv.

CLAIRIN, ancien élève de l'École Normale supérieure, I, 75*.

COBET, professeur à l'Université de Leyde; je publie sur lui, en 1864, un article au *Journal officiel;* compliment que je reçois, à ce propos, de Dübner (voyez Dübner), II, 16.

COLBERT, et la centralisation, II, 375.

COMBETTE, ancien élève de l'École Normale supérieure, I, 75*.

COMPAYRÉ, ancien élève de l'École Normale supérieure, I, 75*.

CORNU (Maxime), ancien élève de l'École Normale supérieure, I, 75*.

COUAT, ancien élève de l'École Normale supérieure, I, 75*.

COUSIN (Victor), chargé de la haute surveillance de l'École Normale supérieure, I, 63; — il dit de mon enseignement : « Nisard, c'est le sel de la terre », 66; — patronne la candidature du P. Lacordaire à l'Académie française, 439, 441; — intention politique de cette candidature, *ibid.;* — sa verve critique contre Louis-Napoléon, modérée par le chancelier duc Pasquier, II, 81; — adversaire de Villemain, ministre, dans la discussion de la loi sur la liberté de l'Enseigne-

INDEX ANALYTIQUE.

447

ment secondaire, 198; — une espièglerie ministérielle de Cousin, à propos d'une discussion, à la Chambre des députés, sur l'emploi du fonds des encouragements, 240 et suiv.; — favorise J. Simon, aux dépens de Lorquet, dans le concours de l'agrégation, 311.

CREUTZER, auteur de la *Symbolique*, voir Guigniaut.

CROISET (Alfred), ancien élève de l'École Normale supérieure, I, 75*.

— (Maurice), ancien élève de l'École Normale supérieure, I, 75*.

CRUICE (Mgr), directeur de l'École des Carmes, évêque de Marseille, membre de la commission d'examen des livres, II, 14.

CUVILLIER-FLEURY; je réponds à son discours de réception à l'Académie française, II, 76.

D

DALIMIER, ancien élève de l'École Normale supérieure, I, 75*.

DANTON, directeur du personnel au ministère de l'Instruction publique, I, 76; II, 67*, 422*.

DARBOUX, ancien élève de l'École Normale supérieure, I, 75*.

DARBOY (Mgr), archevêque de Paris, membre de la commission d'examen des livres, II, 14.

DARGAUD, secrétaire de Lamartine, I, 388.

DASTRE, ancien élève de l'École Normale supérieure, I, 75*.

DAUPHINÉ, ancien élève de l'École Normale supérieure, I, 75*.

DAVELUY (Léonce), mon ami de collège, I, 188, 192; — administrateur du palais du Luxembourg, 189; — ses idées libérales, ses goûts littéraires, sa modestie, 196; — sa mort, 199; — Daveluy et Louis Frémy, 203*.

DECHARME, ancien élève de l'École Normale supérieure, I, 75*.

DELACROIX, préféré à Ingres, en 1832, I, 309.

DELANGLE, ministre de la justice sous Napoléon III; me félicite de ma réponse au discours de réception du duc de Broglie, II, 371; — partisan des études classiques, a l'idée de faire rétablir en ma faveur le titre de recteur de l'Académie de Paris, 401; — propose à l'Impératrice Régente un sujet pour les fonctions d'évêque, 411.

DELAVIGNE (Casimir), sa popularité, I, 303; — mes réserves dans le *Journal des Débats*, 304.

DELZONS, professeur de seconde au lycée Saint-Louis; sa lettre à Sainte-Beuve à propos de Fr. Dübner, II, 10 et suiv.

Descartes, II, 76, 101.
Deschamps (Antony), convive de M. Bertin l'aîné, aux Roches, en 1827, II, 40.
Desdouits, ancien élève de l'École Normale supérieure, I, 75*.
Diogène de Laërte; rapporte un mot d'Aristote sur l'amitié, I, 175.
Ditte, ancien élève de l'École Normale supérieure, I, 75*.
Drapeyron, ancien élève de l'École Normale supérieure, I, 75*.
Droz, auteur de l'*Essai sur l'art d'être heureux*, II, 138; — de l'*Histoire de Louis XVI*, 139; — officier à l'armée du Rhin, en 1792, 141; — favorise ma candidature à l'Académie française, 143; — sa mort; quelques mots de Mignet à sa louange, 144, 145.
Dübner (Frédéric), auteur d'une grammaire grecque, II, 2; — me traduit à livre ouvert un passage d'Homère, 6; — son obséquiosité et son humeur médisante, 8; — ses plaintes contre l'Université, 9 et suiv.; — je propose à M. Rouland et je fais agréer sa nomination à la commission d'examen des livres classiques, 15; — il me félicite d'un article sur M. Cobet, et il me dénigre dans une lettre à un tiers, 17; — (voir Delzons).
Dubois, directeur de l'École Normale supérieure, I, 63.

Duclaux, ancien élève de l'École Normale supérieure, I, 75*.
Duguet, réédité par M. de Sacy, II, 113.
Dumas (Alexandre); son discours sur la tombe de Lemoine-Montigny, I, 240.
— (le général), aide de camp de Louis-Philippe, à Claremont, I, 46.
— (Jean-Baptiste), président de la commission d'examen des livres, II, 14; — ses qualités d'orateur, 269; — de président de commission, 271; — son discours sur la refonte des monnaies, en 1843, 272; sa part dans le système de la bifurcation, 260.
Dumont, membre de l'ancien Conseil d'État, II, 238.
— (Albert), ancien élève de l'École Normale supérieure, I, 75*.
Dupaty (Emmanuel); « entre à l'Académie française avec du billon », II, 146; — auteur des *Délateurs*, 147; — de la tragédie inédite d'*Isabelle de Palestine*, 157; — promoteur et patron de ma candidature à l'Académie française, 148; — son humeur au jeu d'échecs, 152; — croit avoir perdu le manuscrit de sa réponse au discours de réception de Charles de Rémusat, successeur de Royer-Collard; son effroi, 153 et suiv.; — sa mort, 159; — Villemain parle à ma place sur sa tombe, 161; —ressem-

INDEX ANALYTIQUE.

blance de Dupaty avec mon père, 163.
Dupin aîné; propose de décerner à M. Thiers le prix biennal, II, 324.
Duruy (Albert), ancien élève de l'École Normale supérieure, I, 75*.
— (Victor), professeur d'histoire au lycée Henri IV; ses thèses de doctorat sur Auguste et Tibère, I, 88; — occasion de la légende des deux morales, 93; — ministre de l'Instruction publique, I, 79; II, 283; — lettres que lui écrit Sainte-Beuve, en 1867, à propos de l'affaire de l'École Normale, 67*; — dépit que cause à Le Verrier sa nomination au ministère de l'Instruction publique, 285; — auteur de l'*Histoire des Romains*, 282.
Duvicquet, élève de Sainte-Barbe-Nicolle, I, 29.
Duviquet, ami et secrétaire de Fouché, à Lyon, en 1793, II, 35; — membre du Conseil des Cinq-Cents, au 18 brumaire, *ibid.*; — son rôle littéraire au *Journal des Débats;* inconsistance de ses opinions, 37; — Duviquet loue, par ordre, *Hernani, ibid.*

E

Édon (Georges), ancien élève de l'École Normale supérieure, I, 75*.

Elliot, ancien élève de l'École Normale supérieure, I, 75*.
Empis, membre de la commission chargée d'examiner le discours de réception, à l'Académie française, du Père Lacordaire, I, 442*.
Épictète, cité dans ma leçon d'ouverture, au Collège de France, en 1856, I, 108, 111, 114, 119, 120, 122, 128.
Espinas, ancien élève de l'École Normale supérieure, I, 75*.
Essarts (Des), ancien élève de l'École Normale supérieure, I, 75*.
Eugénie (Impératrice des Français), assiste à la séance de réception du Père Lacordaire, à l'Académie française; mot piquant qu'on lui prête à cette occasion, I, 449*; — l'Impératrice à Compiègne, II, 412, 419; — ce qu'il faut penser de sa prétendue religion étroite, 411; — solidité et vivacité de son esprit, *ibid.*; — je prends devant elle la défense de Louis XIV, 413; — elle me fait demander pour lui expliquer le désordre survenu à l'École Normale supérieure en 1863, 416; — elle me félicite de ma nomination au Sénat, 424; — accueil qu'elle me fait à Ragatz, en 1875, 425.
Evellin, ancien élève de l'École Normale supérieure, I, 75*.

F

FALLOUX (de), ministre de l'Instruction publique, I, 53; — propose de décerner à M. Thiers le prix biennal, II, 324.

FÉLETZ (L'abbé de), élève de Sainte-Barbe-Nicolle, I, 29.

FÉNELON ; ses idées sur le style, à propos de M. de Sacy, I, 111.

FEUGÈRE (Anatole), ancien élève de l'École Normale supérieure. I, 75*.

— (Gaston), ancien élève de l'École Normale supérieure, I, 75*.

FILON (Augustin), ancien élève de l'École normale supérieure, I, 75* ; — précepteur du Prince Impérial, II, 417.

FIX, helléniste, cité par Delzons, II, 12.

FONTAINE (Léon), ancien élève de l'École Normale supérieure, I, 75*.

FORTOUL, ministre de l'Instruction publique ; ma première entrevue avec lui, en mars 1852, I, 55 et suivantes ; — auteur du règlement d'études de 1852, 62 ; — voit ses projets défendus par Saint-Marc Girardin au Conseil supérieur de l'Instruction publique, II, 120 ; — me fait nommer, par décret impérial, inspecteur général de l'enseignement supérieur, membre et secrétaire du Conseil impérial de l'Instruction publique, I, 55 ; II, 366.

FOUCART, ancien élève de l'École Normale supérieure, I, 75*.

FOUCHÉ, voir *Duviquet*, II, 35.

FOULD (Achille), ministre d'État de 1858 à 1864 ; ce que lui doit l'École Normale supérieure, I, 74.

FRARY (Raoul), ancien élève de l'École Normale supérieure, I, 75*.

FRÉMY (Louis), mon ami de collège ; I, 201 ; — directeur du Crédit foncier de France, 202 ; — sa sollicitude et son dévouement pour Léonce Daveluy, 203*.

FRÉRET, comparé à Vitet, II, 219 ; — son opinion sur les mathématiques, 275.

FRÉVILLE, membre de l'ancien Conseil d'État, II, 237.

FROMENT, ancien élève de l'École Normale supérieure, I, 75*.

FRON, ancien élève de l'École Normale supérieure, I, 75*.

FURNE, associé avec le libraire Gosselin pour la publication de *Jocelyn* ; me félicite de la critique que je fais de ce poème dans la *Revue de Paris* en 1837, I, 383.

G

GAFFAREL (Paul), ancien élève de l'École Normale supérieure, I, 75*.

GARNIER (Adolphe), professeur de philosophie à la Faculté des lettres de Paris ; son opinion sur Tibère dans la sou-

tenance des thèses de M. Victor Duruy, I, 91.
Garsonnet, inspecteur général de l'Université; ses *Notes* sur Royer-Collard, II, 205*.
Gay-Lussac, maître et protecteur de Liebig, II, 359.
Gayrard père, statuaire, II, 88.
Gazier, ancien élève de l'École Normale supérieure, I, 75*.
Geffroy, coéditeur avec le chevalier d'Arneth de la *Correspondance secrète de Marie-Thérèse avec Marie-Antoinette et Mercy d'Argenteau*, II, 350.
Génin; me succède, en 1848, comme chef de division au ministère de l'Instruction publique, I, 53.
Geoffroy Saint-Hilaire, protecteur de Liebig, II, 359.
Gernez, ancien élève de l'École normale supérieure, I, 75*.
Gohierre de Lonchamp, ancien élève de l'École Normale supérieure, I, 75*.
Gorceix, ancien élève de l'École Normale supérieure I, 75*.
Gosselin (Charles), libraire, éditeur de *Jocelyn*, I, 373.
Goubaux (Prosper), chef d'institution; me donne un emploi dans sa maison, I, 268.
Gruey, ancien élève de l'École Normale supérieure, I, 75*.
Guérin (Le docteur Jules); son mot spirituel sur les causes de la mort de Le Verrier, II, 293*.
Guigniaut, traducteur de la *Symbolique* de Creutzer, directeur de l'École Normale supérieure; assiste à ma première leçon, I, 15 et suivantes.
Guizot, ministre de l'Instruction publique; me nomme maître de conférences à l'École Normale supérieure, I, 10; — un de ses fils est parmi mes élèves, 15; — et la duchesse d'Orléans, 39; — conserve l'estime de Louis-Philippe après la révolution de 1848, 45; — défenseur du principe d'autorité, 360; — répond au P. Lacordaire, comme directeur de l'Académie française, 441, 448; — appuie ma candidature à l'Académie contre M. de Montalembert, II, 84; — ses discours, en 1844, dans la discussion de la loi sur la liberté de l'enseignement secondaire, II, 201; — me conseille de prendre la parole au nom des délégués des compagnies savantes envoyés à Bruxelles à l'occasion de la célébration du centième anniversaire de la fondation de l'Académie de Bruxelles, le 28 mars 1872, II, 343.
Gusse, ancien élève de l'École Normale supérieure, I, 75*.
Guyot Desherbiers, oncle d'Alfred de Musset, I, 404.

H

Hallberg, ancien élève de l'École Normale supérieure, I, 75*.
Hase, professeur en Sorbonne; compliment qu'il adresse à

un domestique du marquis Fortia d'Urban, II, 7*.

Henri IV, empereur d'Allemagne, adversaire de Grégoire VII, II, 189; voir *Villemain*.

Herbault, ancien élève de l'École Normale supérieure, I, 75*.

Hérold, musicien, II, 146.

Hippodamus, pythagoricien, « l'inventeur du représentatif », d'après Royer-Collard, II, 205.

Hoffmann, convive de Sainte-Claire Deville en 1867, II, 358.

Horace; ce qu'il dit des poètes médiocres, I, 366.

Hugo (Victor); son influence au *Journal des Débats* en 1831; I, 3; — loué par Duviquet, II, 39; — mes articles sur Victor Hugo au *Journal des Débats* en 1829, 44*; — un de ses vers critiqué par l'empereur Napoléon III, 408.

I

Ingres, auteur du portrait de M. Bertin l'aîné; — mon jugement sur le portrait et sur le peintre dans un feuilleton du *National* en 1832, I, 308, 311.

J

Jacquinet, directeur des études littéraires à l'École Normale supérieure, I, 72, 81; — ami de Delzons, II, 9.

Jallifier, ancien élève de l'École Normale supérieure, I, 75*.

Janin (Jules), candidat à l'Académie française, I, 243; ma querelle avec lui au sujet de la littérature facile, 244; — mauvaise humeur que lu cause mon élection à l'Académie française, 245; — je vote pour lui à l'Académie française, 248. (Voir *Lemoine-Montigny*.)

Joly (Henri), ancien élève de l'École Normale supérieure, I, 75*.

Joubert, ancien élève de l'École Normale supérieure, I, 75*.

K

Koch, de Berlin; réponse que lui adresse M. Pasteur, à propos de la théorie des ferments, II, 356*.

L

Lacordaire (le Père); mes préventions contre lui, I, 419; — ses idées en politique au moment de la révolution de Février et de la révolution romaine, 421 et suiv.; — opinion de Sainte-Beuve sur le caractère de son éloquence, 435; visite que me fait le P. Lacordaire, candidat à l'Académie française; scrupule qui m'empêche de voter pour lui, 441; — il lit son discours de réception devant la commission de lecture; — mes objections approuvées par la commission ; le Père promet de faire des changements qu'il ne fait pas, 442 et suiv.; — mot de l'Impératrice Eugénie qui avait assisté à la séance de réception, 449*.

LACTANCE, cité dans ma leçon d'ouverture au Collège de France en 1856, I, 108, 109, 111.

LAFON, acteur au Théâtre-Français, I, 259 ; — je dîne chez lui avec Talma, 263.

LA FONTAINE, I, 370; II, 76*.

LALLIER, ancien élève de l'École Normale supérieure, I, 75*.

LANTOINE, ancien élève de l'École Normale supérieure, I, 75*.

LAMARTINE ; mes articles au *Journal des Débats* sur ses *Harmonies poétiques* en 1836, I, 356; — son projet de *Revue* en collaboration avec moi, 357; — mon entrevue avec lui à ce sujet, 361 et suiv.; — mon opinion sur *Jocelyn*, 366 ; — *Jocelyn* et le libraire Gosselin, 372; — mon article sur Lamartine, en 1837, dans la *Revue de Paris*, 376 et suiv.; — jugement de George Sand sur *Jocelyn*, 379*; — ma réconciliation avec Lamartine, en 1846, à la Chambre des députés, 384; — Lamartine et les *Girondins;* son *mea culpa*, 385 ; — Lamartine en février 1848, 388; — ma dernière visite au moment où il écrivait le roman de *Geneviève*, 393 ; — son isolement à l'Académie française, 394; son opinion sur la loi des questeurs, II, 223*.

LAPRADE (De), membre de la commission chargée d'examiner le discours de réception du P. Lacordaire à l'Académie française, I, 442*.

LA ROCHEFOUCAULD ; en quelles circonstances je vérifie sa maxime : « Les occasions nous font connaître aux autres et encore plus à nous-mêmes », I, 144.

LA VILLE DE MIRMONT, auteur de *Charles VI*, pièce jouée en 1826, au Théâtre-Français. Talma y joue le rôle du roi. Je suis arrêté et conduit au poste à cette occasion, I, 259 et suiv.

LATOUR-MAUBOURG (Madame de), dame d'honneur de l'Impératrice Eugénie, II, 424.

LAVISSE (Ernest), ancien élève de l'École Normale supérieure, I, 75*.

LEBÈGUE (A), ancien élève de l'École Normale supérieure, I, 75*.

LEBRUN (Pierre), membre de la commission chargée d'examiner le discours de réception du P. Lacordaire à l'Académie française; I, 442*; — me fait compliment de mon aphorisme latin sur l'amitié conjugale, II, 382*.

LECHARTIER, ancien élève de l'École Normale supérieure, I, 75*.

Le Clerc (J.-Victor), doyen de la Faculté des lettres de Paris, I, 88; — son jugement sur Tibère, à propos de la thèse de M. V. Duruy, 90; auteur du mot : « Il n'y a pas deux morales », 93.

Legouvé, auteur d'une notice sur M. Goubaux, chef d'institution, I, 268; membre de la commission chargée d'examiner le discours de réception du Père Lacordaire à l'Académie française, 442*.

Leibniz, son opinion sur les jugements de la foule, I, 418.

Lemas, ancien élève de l'École Normale supérieure, I, 75*.

Lemercier (Népomucène), auteur de la *Démence de Charles VI*, I, 259.

Lemoine-Montigny, mon ami de collège, I, 205; — sa vocation d'acteur, ses débuts au Théâtre-Français, 206, 207; — ses sentiments chrétiens, 208, 209; — son sens politique, 240; — directeur du Gymnase dramatique, 216 et suiv.; — encourage Sardou à ses débuts, 222; — me fait voter pour Jules Janin à l'Académie française, 248. — (Voir *Rose Chéri*.)

Lenain de Tillemont; son histoire de saint Louis, I, 126.

Léopold Ier, roi des Belges; son attitude pendant la crise de 1848, d'après le récit du ministre de la guerre d'alors, le général Chazal, II, 331 et suiv.; — ma conversation avec Napoléon III à ce sujet, 333; — version de M. Van Praet, 333 et suiv.; — Léopold Ier me donne audience, 337 et suiv.; — son jugement sur Napoléon III, 338; — sur Louis-Philippe, 341.

Léopold II, roi des Belges; je lui présente les délégués des compagnies savantes envoyés pour la célébration du centième anniversaire de la fondation de l'Académie de Bruxelles ; — son obligeante réponse à mes paroles; II, 351.

Le Verrier, membre du Conseil impérial de l'Instruction publique; nos votes toujours contraires, I, 58; — son caractère, II, 274; — prédit par Fréret, 275; — sa direction despotique à l'Observatoire, 277; — ses malices, 279; — son dépit lors de la nomination de M. Victor Duruy comme ministre de l'Instruction publique, 283; — les dernières années de Le Verrier et sa mort, 289 et suiv.; — ma visite à son potager, 291.

Liard, ancien élève de l'École Normale supérieure, I, 75*.

Liebig, auteur de l'extrait de viande qui porte son nom; — II, 355; — quoique Allemand, reconnaît, après la guerre, sa dette scientifique envers la France, 256; — reçu à l'École Normale supérieure par Sainte-Claire Deville en 1867, 257; —

ses paroles sympathiques pour la France, le 28 mars 1871, à l'Académie des sciences de Munich, 359.

LIÉVEN (La princesse de); ses soirées; Montalembert y rencontre M. Guizot et passe sans le saluer, II, 84.

LORQUET (Alfred), philosophe et musicien, II, 310; — ses préventions contre Boileau, *ibid.;* — concurrent de Jules Simon à l'agrégation des facultés, 311; — Cousin lui préfère Jules Simon et ne lui donne que la seconde place, *ibid.*

LOUIS-PHILIPPE Ier, roi des Français; ne lisait pas mes livres, I, 36; — je lui rends visite à Claremont en 1849; il me retient à dîner, 43 et suiv.; — nous parlons de la révolution de Février et de M. Guizot, 44 et suiv.; — approuve, dans le Conseil des ministres, les sentiments qui m'avaient dicté mon article sur Armand Carrel dans la *Revue des Deux Mondes*, 339; — son mot sur les querelles de cuistres à bedeaux, II, 367; — conseil que lui adresse, en 1848, Léopold Ier, roi des Belges, 341.

LUC (Saint), cité dans ma leçon d'ouverture au Collège de France en 1856, I, 112.

LUCAS, ancien élève de l'École Normale supérieure, I, 75*.

LUGUET, ancien élève de l'École Normale supérieure, I, 75*.

M

MAGNIN, rédacteur au *National*, I, 5.

MAGNUS, de Berlin, chimiste, hôte de Sainte-Claire Deville, en 1867, II, 358.

MAILLARD, ancien élève de l'École Normale supérieure, I, 75*.
— membre de l'ancien Conseil d'État, II, 237.

MAILLET, ancien élève de l'École Normale supérieure, I, 75*.

MAILLOT, ancien élève de l'École Normale supérieure, I, 75*.

MAQUET (Auguste); son discours sur la tombe de Lemoine-Montigny, I, 240.

MARC-AURÈLE, cité dans ma leçon d'ouverture au Collège de France, en 1856, I, 120, 122, 123, 125, 128.

MARGRY (Pierre), auteur des *Origines françaises des pays d'outre-mer*; — sa visite à Sainte-Beuve, au moment de l'affaire de l'École Normale, II, 68*, 69*.

MARIE-AMÉLIE (la reine), épouse de Louis-Philippe; s'oppose à ce que la duchesse d'Orléans, sa bru, assiste aux séances de la Chambre, I, 39; — donne au roi, m'a-t-on dit, le 24 février, le conseil de tirer l'épée, 46.

MARIE-ANTOINETTE, d'après Lamartine, dans les *Girondins*, I, 386*.

MARIE-THÉRÈSE, fondatrice de l'Académie de Bruxelles, II,

343; — facilité avec laquelle elle écrivait et parlait le français, 345.

MARION (Henri), ancien élève de l'École Normale supérieure, I, 75*.

MARS (Mlle); préparait tous ses rôles, jusque dans les plus petits détails, I, 266.

MARTIGNAC; ma campagne aux *Débats*, pour soutenir son ministère, I, 32.

MARTIN (Henri); candidat au prix biennal, en 1861, a pour patrons MM. Guizot et Mignet, II, 301; — jugements et critiques portés sur son œuvre, 307; — M. de Viel-Castel répond à son discours de réception à l'Académie française, 82*.

MASCART, ancien élève de l'École Normale supérieure, I, 75*.

MASPERO, ancien élève de l'École Normale supérieure, I, 75.

MASQUERAY, ancien élève de l'École Normale supérieure, I, 75*.

MATHIEU (le cardinal); prononce, à la distribution des prix de l'école catholique, à Besançon, une spirituelle harangue en latin contre la bifurcation; ma conversation avec lui, à ce sujet, II, 263.

— (Saint), cité dans ma leçon d'ouverture au Collège de France, en 1856, I, 115.

MATHILDE (la princesse); lettre que lui écrit Sainte-Beuve à propos de l'affaire de l'École Normale, II, 67*; — ses soirées et ses fêtes, sous l'Empire, 370, 387.

MAZE (Hippolyte), ancien élève de l'École Normale supérieure, I, 75*.

MERCY D'ARGENTEAU, ministre de Marie-Thérèse, II, 345; — voir *Geffroy*.

MÉRIMÉE; sa lettre à Panizzi, rendant compte d'un dîner chez le duc Pasquier, âgé de quatre-vingt-quinze ans, II, 97.

MIGNET; son Éloge de Droz, II, 145; — vient au secours de Dupaty qui avait à faire l'éloge de Royer-Collard, en répondant à Charles de Rémusat, 153 et suiv.; — patron de Henri Martin pour le prix biennal, 301.

MOLÉ (le comte); se plaint vivement au Conseil des ministres de mon article sur Armand Carrel, dans la *Revue des Deux Mondes*, I, 338; — se trouve contrarié de certains emportements de plume de M. de Salvandy, 343.

MONGINOT, ancien élève de l'École Normale supérieure, I, 75*.

MONIQUE (Sainte), I, 135.

MONMERQUÉ (Mme de); Gayrard père fait son buste, et, mécontent de son ouvrage, le met en pièces, II, 89.

MONOD (E.), ancien élève de l'École Normale supérieure, I, 75*.

MONTAIGNE; son amitié avec La

Boëtie, I, 173 ; — ses idées sur le droit qu'a tout homme sensé de ne pas « s'excepter de son jugement », II, 135.

MONTALEMBERT (le comte de), auteur du livre intitulé : le Père Lacordaire, I, 415, 420, 423*, 424 ; — est mon concurrent à l'Académie française, II, 83, 151 ; — combat, en 1844, le projet de loi sur la liberté de l'Enseignement secondaire, présenté par Villemain, 199.

MORNY (le duc), un des rares approbateurs qu'ait eus, auprès de Napoléon III, ma réponse au discours de réception du feu duc de Broglie, II, 371.

MOY, ancien élève de l'École Normale supérieure, I, 75*.

MÜLLER (Lucien), érudit allemand, adversaire de M. Weichener, commentateur de Virgile, I, 370*.

MUSSET (Alfred de) ; mes premiers articles sur ses Contes d'Espagne et d'Italie, au Journal des Débats, en 1829, II, 397 ; — auteur de l'expression, une perruque, appliquée aux poètes de l'école impériale, 399 ; — comparé à M. de Norvins, ibid.; — indépendance de son caractère ; il ne doit rien à la politique, ni à la presse, 401 ; — chargé de le recevoir à l'Académie française, comme directeur de cette compagnie, je vais lui lire mon discours, rue Mogador, 402 ; — lecture des deux discours à la commission de l'Académie : on trouve l'éloge du récipiendaire un peu maigre, 408 ; — épître sur la Paresse : la poésie de Boileau qualifiée de « tisane à la glace », 407 ; — mon article nécrologique sur A. de Musset, dans la Patrie, en 1857, 409 et suivantes ; — A. de Musset avait été mon concurrent à l'Académie française, II, 83, 150.

N

NAPOLÉON Ier ; adresse la parole à mon père, député de sa ville natale, à la fête du Champ de Mai, I, 27 ; — ce qui m'arrive à la Sorbonne, le jour de la soutenance des thèses de M. V. Duruy, pour avoir admiré dans Napoléon Ier la réunion du génie militaire et du génie civil, 94 ; — jugement de Napoléon Ier sur l'Omasis, de Baour-Lormian ; pension de 6,000 francs accordée à l'auteur, 133, 134 ; — ses idées sur les sciences et les lettres, 288 ; — Napoléon Ier et M. Béranger, conseiller d'État, II, 431.

NAPOLÉON III, président de la République et Empereur des Français ; — je lui suis présenté, à l'Élysée, en 1851, comme nouvel élu de l'Académie française, I, 51; II, 366, 367; — sympathie discrète du chancelier Pasquier pour le Prince Président, I, 80; — ma lettre à l'Empereur, en 1867, pour refuser les compensations qui me sont offertes au moment où je suis relevé de mes fonctions à l'École Normale, I, 82; — réponse de l'Empereur, 83; — l'Empereur me donne audience au moment de l'échauffourée de la Sorbonne, et m'accorde la grâce des étudiants, 148, 149; — son mot au feu duc de Broglie, sur le Dix-huit Brumaire et le Deux Décembre, 164; — froideur de l'Empereur à mon égard, II, 369; — l'Empereur fonde le prix biennal, en 1859, 295*; — je rectifie l'opinion de l'Empereur sur l'attitude de Léopold Ier, roi des Belges, lors des événements de 1848, 333; — l'Empereur lit les articles que je publie au *Moniteur* sur les plans de centralisation de Colbert, 375; — je critique l'opinion de l'Empereur sur la « mission providentielle » de Jules César, 379; — je défends Cicéron contre l'historien de Jules César, 385; — Napoléon III et son fils, à Compiègne, 389; — l'Empereur m'envoie, à un dîner, à Compiègne, un biscuit à la cuiller, 391; — j'exprime à l'Empereur mon opinion résolument approbative sur le Deux Décembre, 395.

NETTEMENT (Alfred), mon camarade de collège, I, 281; — son attachement à la monarchie légitime, *ibid.*

NICOLE; ne dédaignait pas les preuves philosophiques en fait de religion, I, 135; — Sylvestre de Sacy, comme écrivain, était de sa famille, II, 113.

NICOLET, avocat; aux soirées de Compiègne, II, 419.

NICOLLE (l'abbé), fondateur du collège Sainte-Barbe-Nicolle, depuis collège Rollin, I, 28; — reproches que je reçois de lui à propos d'une pièce de vers latins où je faisais allusion à M. de Villèle, 31; — recteur de l'Académie de Paris; — souvenir d'un déjeuner auquel il m'invita, 299.

— (Henri), frère du précédent, directeur du collège Sainte-Barbe-Nicolle, I, 190; — ses bontés pour moi, 297; — il me présente à M. Bertin l'aîné, 301.

NISARD, mon père, adjoint au maire de Châtillon-sur-Seine; refuse de porter l'insigne de l'ordre du Lys et est révoqué, I, 25; — interpellé par Napoléon Ier, à la fête du Champ de Mai, 27; — m'amène à Paris et me fait entrer au collège de Sainte-Barbe-Nicolle dont il était lui-même ancien élève, 177, 296.

— (Auguste), le troisième de

mes frères, élevé à Sainte-Barbe-Nicolle, I, 297.
NIVERNAIS (le duc de), membre de l'Académie française; son mot sur le bonheur public, I, 334.
NOLEN, ancien élève de l'École Normale supérieure, I, 75*.
NORVINS (de); son poème sur l'immortalité de l'âme, I, 398.

O

OLIVIER (l'abbé), curé de Saint-Roch; prêtre mondain dont on disait qu'il eût pu être directeur de l'Opéra, I, 433.
OLLÉ-LAPRUNE, ancien élève de l'École Normale supérieure, I, 75*; — auteur d'un remarquable essai sur la morale d'Aristote, 177.
ORLÉANS (le duc d'), fils de Louis-Philippe; m'adresse des compliments à propos de mon *Histoire de la littérature française*, I, 37.
— (la duchesse d'); me fait prier un soir, aux Tuileries, de venir prendre le thé à côté d'elle; notre conversation sur les débats de la Chambre et les orateurs politiques de cette époque; sa préférence pour M. Thiers, I, 39; — sa présence à la Chambre des députés, le 24 février 1848, 41; — arrive en Belgique, dans le même train que M. Van Praet et le citoyen Antony Thouret, II, 334.

P

PANIZZI, un des correspondants de Mérimée, II, 97*.
PARISIS (Mgr), évêque d'Arras; son active participation aux travaux du Conseil impérial de l'Instruction publique; partisan du thème latin au baccalauréat, II, 262.
PASCALIS, un de mes anciens collègues à la députation, beau-père de M. H. Fortoul, I, 54.
PASQUIER (le chancelier duc), ne désapprouve pas le Deux Décembre, II, 81; — me promet sa voix à l'Académie française, et m'invite à dîner, 83; — entre l'invitation et le dîner, il s'engage à voter pour M. de Montalembert; étrange réception qu'il me fait, 85; — M. de Barante me conseille de rester au dîner, 86; — le scrutin n'ayant pas donné de résultat, le duc Pasquier propose de remettre l'élection à sept mois, 88; — manière dont il ressent et apprécie la saisie opérée par ordre du Gouvernement du manuscrit lithographié des *Vues sur le gouvernement de la France*, par le duc de Broglie, 90 et suivantes; — âgé de quatre-vingt-quinze ans, il étonne, par sa lucidité et son esprit, Mérimée, 97*.
PASTEUR, administrateur de l'École Normale supérieure, I, 60, 81; — son « incroyable roi-

deur », au dire de Sainte-Beuve, II, 67*; — et la théorie des ferments de Liebig, 355*; — est mis en cause avec moi, sur de faux renseignements, par le rapporteur du budget de l'École Normale, 422.

Patin, membre de la commission de l'Académie chargée d'examiner les discours du P. Lacordaire et de M. Guizot, I, 442*; — chez le chancelier Pasquier, en 1861, II, 94.

Paul (Saint), cité dans ma leçon d'ouverture au Collège de France, en 1856, I, 100, 115, 118, 130, 133.

Peisse (Louis), rédacteur au *National*, I, 5; — je le remplace pour rendre compte du Salon, en 1832, 308.

Perrier (Edmond), ancien élève de l'École Normale supérieure, I, 75*.

Perrin (Émile); son discours sur la tombe de Lemoine-Montigny, I, 240.

Perrot, fondateur de l'*Indépendance belge;* je lui lis un article que j'avais écrit, pour le *Moniteur*, sur l'*Histoire de Jules César;* insiste pour que je n'y change rien, II, 381 et suivantes.

Perraud, ancien élève de l'École Normale supérieure, I, 75*.

Person (Léonce), ancien élève de l'École Normale supérieure, I, 75*; — II, 443*.

Petit de Julleville, ancien élève de l'École Normale supérieure, I, 75*.

Piéron, ancien élève de l'École Normale supérieure, I, 75*.

Piétri, préfet de police; assiste à ma leçon à la Sorbonne, et me félicite de mon attitude, I, 143; — secrétaire de l'Impératrice en 1875, II, 425.

Pinard, avocat; aux soirées de Compiègne, II, 419.

Pingaud, ancien élève de l'École Normale supérieure, I, 75*.

Planche, helléniste, ancien élève de Sainte-Barbe-Nicolle, I, 29.

Platon, cité dans ma leçon d'ouverture au Collège de France, I, 118.

Poirson, historien, I, 89. — (Voir *Cayx*.)

Polignac (le prince de); je fais campagne, aux *Débats*, pour renverser son ministère, I, 32.

Portets (de), professeur de droit naturel au Collège de France, en 1826; bruit à son cours, I, 141*.

Prince Impérial (le), fils de Napoléon III et de l'Impératrice Eugénie, II, 389; — Augustin Filon, son précepteur, 417; — ses rares facultés, 427; — idées de l'Impératrice sur son éducation, 417, 428; — lettre qu'il m'écrit de l'Académie royale de Woolwich, 406*.

Proudhon; son jugement sur Lamartine, I, 367*.

INDEX ANALYTIQUE.

Q

Quételet, secrétaire perpétuel de l'Académie de Bruxelles; sa sympathie pour les flamingants, II, 346.

Quintilien; ses idées sur l'amitié, I, 175; — sur le travail, 368; mis en regard de Tacite, II, 182.

R

Rabelais, édité par Burgaud des Marets et Rathery, I, 272; — mon chapitre sur Rabelais, plein « d'énormités », au dire de Burgaud des Marets, 273 et suiv.

Rabier, ancien élève de l'École Normale supérieure, I, 75*.

Rambaud (Alfred), ancien élève de l'École Normale supérieure, I, 75*.

Rachel, jugée par Sainte-Beuve et comparée avec Talma, I, 265*.

Rathery. (Voir *Burgaud des Marets.*)

Raulin, ancien élève de l'École Normale supérieure, I, 75*.

Rayet (G.), ancien élève de l'École Normale supérieure, I, 75*.

— (O.), ancien élève de l'École Normale supérieure, I, 75*.

Rémusat (Charles de), reçu par Dupaty, à l'Académie française, II, 153; — patron de Jules Simon pour le prix biennal, 320 et suiv.

Ribot (Th.), ancien élève de l'École Normale supérieure, I, 75*.

Richelieu (le duc de), protecteur de l'abbé Nicolle, I, 296.

Rive (de la) de Genève, chimiste, hôte de Sainte-Claire Deville, en 1867, II, 358.

Robespierre, jugé par Lamartine dans les *Girondins;* amende honorable que fait Lamartine à propos de son premier jugement, I, 386*.

Rocherolles (Édouard), ancien élève de l'École Normale supérieure, I, 75*.

Rodolphe de Souabe, empereur d'Allemagne, rival de Henri IV, un des personnages qui figurent dans l'*Histoire de Grégoire VII* par Villemain, II, 189.

Rolle (Hippolyte) rédacteur au *National*, I, 5.

Rollin, comparé à Quintilien, II, 183.

Romberg (Édouard), mon gendre; distinctions que lui confère Léopold Ier, roi des Belges, II, 337.

Rose Chéri, femme de Lemoine-Montigny, I, 215, 216, 250.

Rossi; défend à la Chambre des pairs le projet de loi sur l'Enseignement secondaire, déposé par Villemain, en 1844, II, 142, 198.

Rossini; son mot sur un poème d'opéra de Viennet, II, 131.

Rouher, président du Sénat, hôte de Compiègne, II, 419.

ROULAND, ministre de l'Instruction publique, auteur de la nouvelle organisation qui me charge de la haute direction de l'École Normale supérieure et m'adjoint M. Pasteur comme collaborateur, I, 60 et suivantes ; — nomme, sur ma proposition, Dübner membre de la commission d'examen des livres, II, 15 ; — refuse de rétablir en ma faveur le titre de recteur de l'Académie de Paris, suivant la proposition que lui en faisait son collègue M. Delangle, II, 402 ; — sa retraite du ministère, I, 77.

ROUSSEAU (J.-B) ; M. Weiss loue l'indépendance d'esprit dont je fais preuve dans mon jugement sur cet écrivain, II, 71.

ROYER-COLLARD, orateur ; ses harangues annuelles, I, 317 ; — son éloge par Dupaty, à l'Académie française, où il a pour successeur Charles de Rémusat, II, 153 ; — son jugement sur le chapitre consacré par Villemain à Montesquieu, 205, 206 ; — son jugement sur Villemain, 296.

— (Hippolyte), neveu du précédent ; je lui succède dans la place de chef de la division des lettres et des sciences au ministère de l'Instruction publique, I, 284, 346 et suivantes ; — il devient professeur d'hygiène à l'École de médecine, *ibidem*.

ROZERIE (de la), secrétaire particulier de M. H. Fortoul, aujourd'hui conseiller référendaire à la Cour des Comptes, I, 55.

S

SACY (Sylvestre de), l'orientaliste ; à quel titre l'ai-je tenu pour un grand orientaliste, II, 288.

— rédacteur au *Journal des Débats*, I, 2 ; — n'assiste pas au dîner que donna Bertin l'aîné, aux Roches, en 1828, II, 19, 41 ; — son talent d'écrivain, en parallèle avec Saint-Marc Girardin, 105 et suivantes ; — son originalité, 111 ; — sa sincérité, 115.

SAINTE-AULAIRE (de) ; a pour successeur à l'Académie française le duc Victor de Broglie, I, 155.

SAINTE-BEUVE, rédacteur au *National*, I, 5 ; — ne peut continuer son cours au Collège de France en 1856, 141 ; — son opinion sur Talma, 265* ; — sa *Causerie* sur le discours de réception du Père Lacordaire à l'Académie française, 431 ; — son discours lu à l'inauguration d'un monument élevé à Frédéric Dübner, II, 2 ; — lettre que lui écrit Delzons à ce sujet, 10 ; — mes relations avec Sainte-Beuve, 49 ; — Sainte-Beuve et M. J.-J. Weiss, 53 ; — je loue ses poésies, dans le *Journal des Débats*, en 1830; — son article sur mes *Poètes latins de la décadence*, dans la *Revue des Deux Mondes*, en 1836, 25; — Sainte-Beuve sénateur; sa lettre à l'Empereur; son échec à la tribune, 59, 75; — Sainte-Beuve, maître de conférences à l'École Normale supérieure en 1858, 56 et suivantes; — Sainte-Beuve et les pétitionnaires de Saint-Étienne, 61; — affaire de l'École Normale, 63 et suivantes; visite que lui fait M. Pierre Margry, 68*; — comment nos relations prennent fin à cette occasion, 67 et suivantes; ses *lettres à la Princesse*, I, 76*; — son jugement sur le discours de Villemain en tête du dictionnaire de l'Académie de 1836, II, 191; — se trompe avec moi sur l'authenticité de certaines lettres de Marie-Antoinette, 348; — patron de George Sand, pour le prix biennal que devait décerner l'Académie française en 1861, 300.

SAINTE-CLAIRE DEVILLE et les savants étrangers ses convives, au laboratoire de l'École Normale supérieure, en 1867, II, 356, 358.

SAINT LOUIS, comparé à Marc-Aurèle, I, 126.

SAINT-MARC GIRARDIN, rédacteur au *Journal des Débats*, I, 2; II, 19, 40, 103, 105 et suivantes; — comparé avec de Sacy, 107 et suivantes; — mes articles et mes opinions sur son talent, 116, 210; — son cours du jeudi, 213; — mes griefs contre lui, à l'Académie française, II, 117; — je suis présenté par lui au Prince Président comme nouvel élu à l'Académie, I, 51; — son attitude au Conseil Impérial de l'Instruction publique, 120 et suivantes; — Saint-Marc Girardin victime de la politique, député en 1871 et vice-président de la Chambre, II; 171, 215, 228; — avocat du discours latin contre le thème, pour les épreuves du baccalauréat, 262.

SAINT-PRIEST (Alexis de), un de mes concurrents à l'Académie française, II, 150.

SAND (George); ses rapports avec Lemoine-Montigny, directeur du Gymnase, I, 219; — ses patrons et ses champions pour le prix biennal décerné, en 1861, par l'Académie française, II, 302; — mes arguments en sa faveur, 305; — objections du duc Victor de Broglie, *ibid.*; — opinion de George Sand sur *Jocelyn*, I, 379.

SANDEAU (Jules), un des champions de George Sand pour le prix biennal, II, 303; — sa réponse piquante à l'Impératrice Eugénie, à propos des encouragements à donner aux lettres, 407.

SALLUSTE; son opinion sur la seule amitié solide, I, 249.

Salvandy (de); fait campagne au *Journal des Débats* contre le ministère de Villèle, I, 328; — mes articles dans ce même journal sur son *Histoire de Sobieski*, 329; — il me nomme chef de son cabinet, en 1837, au ministère de l'Instruction publique, 331; — sa conscience et ses honorables scrupules, 335; — embarras où le met mon article, dans la *Revue des Deux Mondes*, sur Armand Carrel, 337; — ses légers travers, 343; — ses belles qualités, 345; — sa générosité, 351; — il vient m'apprendre, dans l'atelier du sculpteur Gayrard, l'ajournement de l'élection à l'Académie française où je me présentais concuremment avec Alfred de Musset et Montalembert, II, 89.

Sardou; ses débuts au théâtre, sous les auspices de Lemoine-Montigny, I, 222, 231; note qu'il me fournit sur les perfectionnements introduits par Lemoine-Montigny dans la mise en scène, *ibid.*

Sayous, ancien élève de l'École Normale supérieure, I, 75*.

Scribe; son heureuse intervention dans la commission de l'Académie française où je lis ma réponse au discours du duc Victor de Broglie, I, 159.

Sébastiani (le général), ministre des Affaires étrangères, en 1831, auteur de la fameuse parole : *l'ordre règne à Varsovie*, I, 2.

Secchi (le Père), hôte de Sainte-Claire Deville, en 1867, II, 358.

Ségur (le général Philippe de); son mot à propos d'un discours de Guizot, dans la discussion du projet de loi sur la liberté de l'Enseignement secondaire, en 1844, II, 201*.

Sénèque, cité dans ma leçon d'ouverture au Collège de France, en 1856, I, 104.

Sévigné (Mme de), auteur favori de Sylvestre de Sacy, dans les temps d'émeute, II, 113.

Simon (Jules), mon élève à l'École Normale, II, 309; — concurrent d'Alfred Lorquet, à l'agrégation des facultés, 310 et suivantes; — son rôle en politique; — de l'école de Gorgias, 313 et suivantes; — je lui donne ma voix à l'Académie française, 317; — Charles de Rémusat le patronne pour le prix biennal, à l'Académie française, en 1861; mes objections, 320 et suivantes.

Sinner (de), helléniste, II, 12.

Socrate, cité dans ma leçon d'ouverture au Collège de France, en 1856, I, 114; — et Glaucon, II, 165; — et Charmide, 167.

Sophocle, cité, II, 144.

Stephan, ancien élève de l'École Normale supérieure, I, 75*.

Straten Ponthoz (le comte van der), grand maréchal du Palais, à la cour de Belgique, II, 352.

SYBEL (de), auteur d'une *Histoire de la Révolution française*, et de deux brochures, *la Paix de 1871*, et *le Droit des Allemands sur l'Alsace et la Lorraine*, II, 348; — délégué par l'Université de Bonn, pour la fête donnée, le 28 mai 1872, par l'Académie de Bruxelles, à l'occasion du centième anniversaire de sa fondation, 352; — ses lettres trouvées aux Tuileries, le 4 septembre, 353*.

SYMMAQUE, adversaire de saint Ambroise, I, 134.

T

TACITE; sa fortune politique sous les Flaviens, I, 19, 22; — cité dans ma leçon d'ouverture au Collège de France, en 1856, I, 110; — une de ses pensées appliquée à Sainte-Beuve, II, 73.

TALMA; dans *Charles VI*, de la Ville de Mirmont, en 1826, I, 259, 262; — son génie, 264 et suivantes. — (Voir *Lafon*.)

TANNERY, ancien élève de l'École Normale supérieure, I, 75*.

TASCHEREAU, député; harcèle le ministre de l'Instruction publique, Victor Cousin, en 1840, II, 246, 251.

TERRIER, ancien élève de l'École Normale supérieure, I, 75*.

TESTE, ministre de l'Instruction publique, dans le ministère dit des trois jours, I, 14. (Voir *Ampère*.)

THÉNARD, un des maîtres de Liebig, II, 360.

THIÉNOT (Jules), professeur d'histoire au lycée Charlemagne, maître de conférences à l'École Normale supérieure, I, 97, 98.

THIERS; son jugement sur Napoléon Ier, I, 28; — apprécié par la duchesse d'Orléans, 39, 40; — son mot sur la politique facile, par allusion à ma définition de la littérature facile, 244; — commande à Gayrard la statuette de la *Jeune Péruvienne*, II, 88*; — mes articles au *Journal des Débats* sur son *Histoire de la Révolution française*, dans lesquels j'attaque la morale des faits inévitables, I, 307; — l'Académie française lui décerne, en 1861, le prix biennal, à la suite de plusieurs scrutins, II, 323 et suiv.; — mon opinion sur l'*Histoire du Consulat et de l'Empire*, 327.

THOURET (Antony), conduit la duchesse d'Orléans en Belgique, en 1848, II, 334.

TIBÈRE. (Voir *Victor Duruy* et *J.-V. Leclerc*.)

TISSERAND, ancien élève de l'École Normale supérieure, I, 75*; astronome à l'Observatoire, en 1866, II, 277.

TOCQUEVILLE (Alexis de); comment il apprécie les condamnations prononcées contre les perturbateurs de mon cours à la Sorbonne, I, 148 ; — a pour successeur, à l'Académie française, le Père Lacordaire, 437, 443.

TRANCART (Jean), mon plus ancien ami de collège, I, 181 ; — lieutenant du génie au siège d'Anvers, 182 ; — adjoint au maire de Nancy en 1862, 183 ; — mort en 1869, 183 et suiv. (Voir *Brincourt*.)

TRÉVERRET (de), ancien élève de l'École Normale supérieure, I, 75*.

V

VAN PRAET, ministre de la maison du roi des Belges, II, 334 ; — son récit de la conduite du roi Léopold Ier pendant la révolution de février 1848, 335 ; — j'obtiens, par son entremise, une audience du Roi, 337.

VAN TIEGHEM, ancien élève de l'École Normale supérieure, I, 75*.

VAUGELAS ; un mot de lui sur la langue du bon usage, applicable à Sylvestre de Sacy, II, 113.

VERNET (Horace), préféré à Ingres, en 1832, I, 309.

VÉRON (Le D^r), partisan zélé de la candidature de Jules Janin à l'Académie française ; nous réunit dans un dîner de réconciliation, 1, 248 ; — comme quoi il eût pu être curé de Saint-Roch, s'il n'eût été directeur de l'Opéra, 433 ; — offre à Sainte-Beuve, en 1845, pour ses *Causeries du Lundi*, les colonnes du *Constitutionnel*.

VIDAL DE LABLACHE, ancien élève de l'École Normale supérieure, 1, 75*.

VIEILLARD, précepteur du frère de Napoléon III, bibliothécaire à l'Arsenal, II, 393 ; — mon entretien avec lui sur le pont des Arts, quelques jours avant le Deux Décembre, 394.

VIEL-CASTEL (de) ; sa réponse au discours de réception d'Henri Martin à l'Académie française, II, 82.

VIENNET ; pourquoi, à l'entendre, il ne faisait qu'un discours par session à la Chambre des pairs, II, 130 ; — pourquoi, d'après lui également, Rossini refusait de mettre en musique un poème d'opéra qu'il lui avait adressé, 131.

VIGNY (Alfred de), portrait qu'il trace, dans ses *Notes*, de Baour-Lormian, II, 134*.

VILLÈLE (de) ; je le qualifie de *latro publicus*, dans une pièce de vers faite au collège Sainte-Barbe-Nicolle, I, 30 ; — combattu par M. de Salvandy, dans le *Journal des Débats*, 328.

VILLEMAIN ; ses débuts difficiles au *Journal des Débats*, II, 172. 173 ; — ses succès médiocres à la tribune, 173 et suiv. ; — ses talents comme professeur, 184 ; — ses succès d'allusions, 186 ; — ministre de l'Instruction publique, 175; — ministre de « rédaction, non d'action », 178; — ministre régulier, 198; — auteur d'un projet de loi sur la liberté de l'Enseignement secondaire, 179; — protecteur de M. H. Fortoul, dont il appréciait le brillant talent de parole, I, 54; — trouble d'esprit qui l'éloigne des affaires en 1845, II, 4; — je le remplace, en 1854, à la Faculté des lettres, I, 57, 139; — Villemain, secrétaire perpétuel de l'Académie française; assiste en cette qualité à la présentation du duc Victor de Broglie à l'Empereur, I, 164; — son art pour rédiger les procès-verbaux, II, 297; — sa Préface du Dictionnaire de l'Académie, II, 191; — le mot « déconstruite », 193; — parle à ma place sur la tombe de Dupaty, 161; — jugé par Royer-Collard, 296; — Villemain historien; il me lit un fragment de son *Histoire de Grégoire VII*, 188; — son opinion sur la morale déclamatoire, à propos de l'affaire des « deux morales », I, 94; — il m'envie le « bain d'antiquité » que j'ai pris en faisant la *Collection des auteurs latins traduits en français*, I, 270; — son mot obligeant sur mon « orthodoxie indépendante », II, 71; — me conseille d'offrir mes ouvrages à la duchesse d'Orléans, I, 39; — Villemain, une des victimes de la politique, II, 171, 197 et suivantes; — ce qu'il nous devait et ne nous a pas donné, 186.

VINTÉJOUX, ancien élève de l'École Normale supérieure, I, 75*.

VIOLLE, ancien élève de l'École Normale supérieure, I, 75*.

VIRGILE; sa dureté pour les vers de l'*Énéide;* opinion de M. Weichener sur les vers inachevés de ce poème; réponse de M. Lucien Müller, I, 370; — j'applique quelques-uns de ses vers aux victimes de la politique, II, 171.

VITASSE, ancien élève de l'École Normale supérieure, I, 75*.

VITET, membre de la commission de l'Académie chargée d'entendre le discours de réception du Père Lacordaire, I, 442*; — appuie mes objections à quelques passages, 447; — Vitet, critique d'art, II, 217; — son étude sur Eustache Lesueur, 218; — Vitet comparé à Fréret, 219; — ses *Études sur l'histoire de l'Art*, 220; — Vitet, une des victimes de la politique, 171, 209; — ses négociations, en 1848, avec les organisateurs des banquets, 222; — prête son concours actif et sa plume au projet de la loi dite « des questeurs », 223; — rapporteur de la Constitution Rivet, *ibid.;* — vice-président de la Chambre en 1871 et en 1872, 228 et suiv.; — ne réussit pas à diriger les débats dans la séance du 11 mars 1872, 231.

VOLTAIRE, sujet de mes leçons à la Sorbonne, en 1854, I, 142, 147.

W

WAILLY (Alfred de); assiste, en 1827, au dîner des Roches, chez M. Bertin l'aîné, II, 41.

WALTZ, ancien élève de l'École Normale supérieure, I, 75*.

WARREN DE LA RUE, chimiste, un des hôtes de Sainte-Claire Deville, en 1867, II, 358.

WEICHENER. (Voir *Virgile*.)

WEISS (J.-J.); son article dans le *Journal des Débats*, à propos du quatrième volume de mon *Histoire de la Littérature française*, II, 53, 71.

X

XÉNOPHON; rapporte dans ses *Mémoires de Socrate* les dialogues entre Socrate et Glaucon, entre Socrate et Charmide, II, 165, 167. (Voir *Andrieux*.)

Z

ZÉVORT (Edgard), ancien élève de l'École Normale supérieure, I, 75*.

FIN DE L'INDEX ALPHABÉTIQUE.

NOUVEAUX OUVRAGES EN VENTE

Format in-8°.

DUC DE BROGLIE — f. c.
FRÉDÉRIC II ET MARIE-THÉRÈSE, 2 vol. 15 »

VICTOR HUGO
TORQUEMADA, 1 vol. .... 6 »

A. BARDOUX
LE COMTE DE MONTLOSIER ET LE GALLI-
CANISME, 1 vol. 7 50

BENJAMIN CONSTANT
LETTRES A MADAME RÉCAMIER, 1 vol. 7 50

LORD MACAULAY
ESSAIS D'HISTOIRE ET DE LITTÉRA-
TURE, 1 vol. .... 6 »

L. PEREY & G. MAUGRAS
DERNIÈRES ANNÉES DE MADAME D'É-
PINAY, SON SALON ET SES AMIS 1 vol. 7 50

MADAME DE REMUSAT — f. c.
LETTRES, 2 vol. .... 15 »

ERNEST RENAN
INDEX GÉNÉRAL DE L'HISTOIRE DU
CHRISTIANISME, 1 vol. 7 50
SOUVENIRS D'ENFANCE ET DE JEU-
NESSE, 1 vol. 7 50

JULES SIMON
DIEU, PATRIE, LIBERTÉ, 1 vol. 7 50

THIERS
DISCOURS PARLEMENTAIRES. T. I à XV. 112 50

VILLEMAIN
LA TRIBUNE MODERNE, 2 vol. .... 15 »

Format gr. in-18 à 3 fr. 50 c. le volume.

J. J. AMPÈRE — vol.
VOYAGE EN ÉGYPTE ET EN NUBIE 1

TH. BENTZON
TÊTE FOLLE 1

DUC DE BROGLIE
LE SECRET DU ROI 2

F. BRUNETIÈRE
LE ROMAN NATURALISTE 1

CHARLES-EDMOND
LA BUCHERONNE 1

G. CHARMES
LA TUNISIE 1

GEORGES ELIOT
DANIEL DERONDA 2

O. FEUILLET
HISTOIRE D'UNE PARISIENNE 1

ANATOLE FRANCE
LE CRIME DE SYLVESTRE BONNARD ... 1

J. DE GLOUVET
LA FAMILLE BOURGEOIS 1

GYP
AUTOUR DU MARIAGE 1

LUDOVIC HALÉVY
L'ABBÉ CONSTANTIN 1
CRIQUETTE 1

VICOMTE D'HAUSSONVILLE
A TRAVERS LES ÉTATS-UNIS 1

PAUL JANET
LES MAITRES DE LA PENSÉE MODERNE. 1

EUGÈNE LABICHE — vol.
THÉÂTRE COMPLET 10

MADAME LEE CHILDE
UN HIVER AU CAIRE 1

PIERRE LOTI
FLEURS D'ENNUI 1

MARC MONNIER
UN DÉTRAQUÉ 1

MAX O'RELL
JOHN BULL ET SON ILE 1

E. PAILLERON
LE THÉATRE CHEZ MADAME 1

GEORGES PICOT
M. DUFAURE, SA VIE, SES DISCOURS. 1

A. DE PONTMARTIN
SOUVENIRS D'UN VIEUX CRITIQUE ... 3

P. DE RAYNAL
LES CORRESPONDANTS DE J. JOUBERT. 1

G. ROTHAN
L'AFFAIRE DU LUXEMBOURG 1
LA POLITIQUE FRANÇAISE EN 1866 .. 1

GEORGE SAND
CORRESPONDANCE 4

DE SÉMÉNOW
SOUS LES CHÊNES VERTS 1

JULES SIMON
LE GOUVERNEMENT DE M. THIERS 2

E. TEXIER ET LE SENNE
LE TESTAMENT DE LUCIE 1

LOUIS ULBACH
CONFESSION D'UN ABBÉ 1

Collection de luxe petit in 8°, sur papier vergé à la cuve.

LUDOVIC HALÉVY — vol.
DEUX MARIAGES 1
LA FAMILLE CARDINAL 1

J. RICARD
PITCHOUN ! 1

CAMILLE SELDEN — vol.
LES DERNIERS JOURS DE HENRI HEINE 1

JULES SIMON
L'AFFAIRE NAYL 1
***
LA VIE PARISIENNE SOUS LOUIS XVI. 1

Paris. — Imprimerie J. CATHY, 3, rue Auber.

www.ingramcontent.com/pod-product-compliance
Lightning Source LLC
Chambersburg PA
CBHW060516230426
43665CB00013B/1535